KRON / PAPKE / WINDISCH
ZUSAMMEN AUFWACHSEN

ZUSAMMEN AUFWACHSEN
Schritte zur frühen inklusiven Bildung und Erziehung

herausgegeben von
Maria Kron, Birgit Papke
und Marcus Windisch

VERLAG
JULIUS KLINKHARDT
BAD HEILBRUNN • 2010

Bildnachweise
Das Umschlagfoto stammt von Birgit Papke.
Birgit Papke Seiten 111, 127, 130, 142, 165, 177, 188
Stephanie Schür: Seite 153
Ana Serrano: Seiten 174, 194
Casrsten Weiß: Seite 198
ECEIS-Team: Seiten 139, 156, 196
Fotos für die Symbole: Maria Kron, Birgit Papke

Bildung und Kultur

Sokrates

Dieses Projekt wurde mit Unterstützung der Europäischen Kommission finanziert.
Die Verantwortung für den Inhalt dieser Veröffentlichung tragen allein die Verfasser;
die Kommission haftet nicht für die weitere Verwendung der darin enthaltenen Angaben.

Bibliografische Information der Deutschen Nationalbibliothek
Die Deutsche Nationalbibliothek verzeichnet diese Publikation in der Deutschen
Nationalbibliografie; detaillierte bibliografische Daten sind im Internet abrufbar über
http://dnb.d-nb.de.

Druck und Bindung: AZ Druck und Datentechnik, Kempten.
Printed in Germany 2010.
Gedruckt auf chlorfrei gebleichtem alterungsbeständigem Papier.

ISBN 978-3-7815-1762-2

Inhalt

Vorwort

Dieses Manual, das Sie als Leserin oder als Leser in der Hand halten, entstand in der Zusammenarbeit von Autoren und Autorinnen, die gemeinsam drei Jahre lang ein Forschungsprojekt realisierten. Es handelt sich um das Projekt ‚Early Childhood Education in Inclusive Settings'/ ‚Frühe inklusive Bildung und Erziehung' – ein Projekt, in dem es um die frühe inklusive Erziehung in europäischen Ländern ging, unter besonderer Beachtung der Inklusion und Teilhabe von Kindern mit besonderen pädagogischen Bedürfnissen, von Kindern mit Behinderungen. Wissenschaftler/innen und Praktiker/innen arbeiteten hier zusammen. Es kooperierten wissenschaftliche Experten und Expertinnen (inklusiver) frühkindlicher Bildung und Erziehung der Universität Siegen (Deutschland), der Eötvös Loránd University/ Budapest (Ungarn), der Université René Descartes/ Sorbonne (Frankreich), der University of Minho/ Braga (Portugal) und der Mälardalen University/ Västeras (Schweden). Sie arbeiteten jeweils in ihren Ländern mit Einrichtungen zusammen, die Kinder mit und Kinder ohne besonderen pädagogischen Förderbedarf im Alter ab ungefähr drei Jahren bis zum verpflichtenden Schuleintritt gemeinsam betreuen. Übergreifendes Ziel des Projekts ist die Unterstützung von Pädagoginnen und Pädagogen, die in dem Feld der inklusiven frühkindlichen Bildung und Erziehung mit Kindern dieses Alters arbeiten. In einem ersten Schritt hin zu diesem Ziel wurden die verschiedenen nationalen Kontexte und Erfahrungen mit den pädagogischen Rahmenbedingungen analysiert und verglichen, dies vor allem auch unter Berücksichtigung der Bedingungen für Kinder mit besonderen pädagogischen Bedürfnissen. In dem Vergleich konnten erhebliche Unterschiede zwischen den gesetzgeberischen Maßnahmen der beteiligten Länder, ihren institutionellen Systemen und den Konzepten der Bildung und Erziehung in früher Kindheit aufgezeigt werden.[1]

In den beiden letzten Jahren konzentrierten wir unsere Aufmerksamkeit auf die pädagogischen Komponenten, die die gemeinsame Bildung und Erziehung, d.h. Inklusion in verschiedenen Situationen ermöglichen; unsere Absicht war/ ist, damit gemeinsame Fortschritte in der inklusiven pädagogischen Arbeit zu erreichen. Resultat dieser Arbeit ist das hier vorliegende Handbuch.

Wir möchten den Kindergärten, Kindertagesstätten, Vorschulen und der école maternelle, die mit uns zusammen gearbeitet haben, unsere Wertschätzung und unseren Dank für das Engagement und die Unterstützung dieses Projekts aus-

---

1 Kron, M. (ed.) (2008): Early Childhood Education in Inclusive Settings – Basis, Background and Framework of Inclusive Early Education in Five European Countries. Siegen: ZPE

drücken. Sie hießen uns herzlich willkommen und ließen uns anderthalb Jahre lang an ihrem Alltag teilnehmen.
Ganz besonders danken wir jenen Erzieherinnen und Erziehern, Sozialpädagoginnen, Lehrerinnen, Assistentinnen, Sonderpädagoginnen und Psychologinnen/ Psychologen, die mit uns in dem Projekt zusammen gearbeitet haben, die ihre Erfahrungen, Erfolge und Zweifel mit uns austauschten und gemeinsam mit uns über neue Wege nachdachten.
Einen ganz herzlichen Dank richten wir auch an die Jungen und Mädchen dieser Kindertageseinrichtungen und Vorschulen, die so sehr in ihre wichtigen Aktivitäten und Projekte involviert waren, dass sie sich (glücklicherweise) kaum durch unsere Besuche und Beobachtungen irritieren ließen.
Internationale Kooperation ist eine herausfordernde und aufwendige Angelegenheit. Unsere Zusammenarbeit war nur auf Grund der finanziellen und materiellen Unterstützung unserer Universitäten möglich sowie der EU-Kommission, die dieses Vorhaben mit einem Hauptanteil im Rahmen des Sokrates/ Comenius-Programms finanzierten. Dies alles ist nicht selbstverständlich, weshalb wir auch den dort Verantwortlichen für ihre Unterstützung danken.

Die Projektgruppe ‚Inklusive frühkindliche Bildung und Erziehung‘/ ‚Early Childhood Education in Inclusive Settings‘ (ECEIS)

Das ECEIS-Autorenteam:
Frankreich: Brigitte Belmont, Aleksandra Pawlowska, Eric Plaisance, Cornelia Schneider, Aliette Vérillon. *Deutschland*: Maria Kron, Birgit Papke, Stephanie Schür, Marcus Windisch. *Ungarn*: Dóra Garai, Valéria Kerekes, Csilla Schiffer, Katalin Tamás, Zsófia Trócsányi, Júlia Weiszburg, Péter Zászkaliczky. *Portugal*: Ana Maria Serrano, Joana Lima Afonso. *Schweden*: Kerstin Göransson, Maria Karlsson, Agneta Luttropp.

1 Einleitung

Die Begleitung und Förderung der kindlichen Entwicklung in inklusiven Zusammenhängen ist in Zeiten immer heterogener werdender Gesellschaften ein zentrales Anliegen. In der frühen Sozialisation werden die Grundsteine gelegt für den Umgang mit Vielfalt, für den Respekt gegenüber Menschen, die sich von uns unterscheiden, für die Entdeckung von Gemeinsamkeiten. Dafür ist eine Pädagogik unabdingbar, die die Teilhabe aller Kinder, ihre individuellen Ausgangslagen und Lernstrategien wie ihre gemeinsame Sozialisation mit anderen Kindern im Auge hat.

In europäischen Ländern sind die Erfahrungen in inklusiven Arrangements unterschiedlich – nicht nur was die Zeitspanne betrifft, sondern auch in Bezug auf die pädagogischen Konzepte, die dafür entwickelt wurden. Kinder mit besonderen pädagogischen Bedürfnissen, hier: Kinder mit Behinderung, sind davon besonders betroffen, waren sie doch vielfach lange Zeit aus der allgemeinen Bildung und Erziehung ausgeschlossen.

Wir, das Autorenteam, möchten mit dem vorliegenden Handbuch Materialien für Erzieher/innen, Lehrer/innen und andere Pädagogen zur Verfügung stellen, die im Rahmen inklusiver Erziehung tätig sind und die offen sind für Beispiele aus verschiedenen Ländern. Wir haben dabei aber besonders die Anbindung an Bildungsrahmenpläne und Bildungsempfehlungen im Auge, die für die Kindertageseinrichtungen in den deutschen Bundesländern gelten. Unser Blick richtet sich vor allem auch auf Kinder mit besonderen pädagogischen Bedürfnissen. Wir werden beschreiben, wie die Basis gemeinsamen Aufwachsens, Spielens und Lernens aussehen kann. Dabei werden wir Theorie und Praxis verknüpfen.

So sollen zum einen der philosophische Hintergrund gemeinsamer Sozialisation, die fachlichen Debatten, die sich mit den Begriffen von Integration und Inklusion verbinden und einige fachliche Überlegungen zur Gestaltung der Praxis inklusiver Bildung und Erziehung sichtbar werden.

Zum anderen wollen wir praktische Beispiele vorstellen, die deutlich machen, wie und wie unterschiedlich inklusive Erziehung gestaltet werden kann. Parallel zu den Situationsbeispielen zeigen wir auf, wie pädagogische Rahmenbedingungen unter besonderer Berücksichtigung der Kinder mit besonderem pädagogischem Förderbedarf angepasst werden können, wie Barrieren abgebaut werden können, um die Beteiligung aller Kinder zu begünstigen, wie gemeinsame Aktivitäten von Kindern auf sehr unterschiedlichem Entwicklungs- und Lernniveau angeregt werden können, welche pädagogischen Überlegungen dahinter stehen, welche Kompetenzen darin erworben werden können, welche Prinzipien hier vorrangig zur Geltung kommen und welche günstigen Bedingungen ihr Gelingen unterstützen.

12|

Enthalten sind auch Hinweise, die sich auf die methodische Planung und Umsetzung individueller Förderung von Kindern in inklusiven Zusammenhängen beziehen. In den Situationsbeispielen kommen unterschiedliche nationale Gegebenheiten zur Geltung, um ihre Vereinbarkeit mit existierenden regionalen oder nationalen Rahmenbedingungen für Kinder im Alter von etwa drei Jahren bis zu ihrem (Pflicht-) Schuleintritt zu gewährleisten.

Die Kapitel der theoretischen Überlegungen und die der praktischen Beispiele können unabhängig voneinander gelesen werden, aber wir möchten die Leser einladen und anregen, sie im Zusammenhang zu interpretieren. Wir unterstützen dies durch entsprechende Verweise, die Sie in den jeweiligen Kapiteln und bei den jeweiligen Situationsbeispielen finden. Dabei können und sollen Sie natürlich auch Ihre eigenen Erfahrungen in Bezug auf die jeweiligen Themen reflektieren, um den Zusammenhang zwischen Theorie und Praxis zu konkretisieren.

Indem wir unsere Untersuchungsergebnisse mit dem Leser teilen, wollen wir nicht nur Informationen über die konzeptionelle Basis und praktische Umsetzung von Inklusion zur Verfügung stellen. Wir möchten einen Dialog beginnen: Die Interpretation unserer Befunde kann unterschiedlich sein, je nach Situationen, auf die sie bezogen wird. Aber das Wichtigste beim Lesen dieses Manuals ist es, dass Sie, liebe Leserin/ lieber Leser, sich fragen, was aus Ihrer Sicht von Bedeutung ist.

Sie werden feststellen, dass dieses Manual aus zwei großen Teilen besteht: Zunächst finden Sie die Kapitel, in denen es um den konzeptionellen bzw. theoretischen Hintergrund von Inklusion geht.

In **Kap. 2** zeichnet zunächst *Kerstin Göransson* (Kap. 2.1) die Perspektiven nach, unter denen Kinder mit besonderem pädagogischen Unterstützungsbedarf betrachtet wurden und werden, ebenso wie ein wichtiger Teil ihres Umfeldes, das Bildungs- und Erziehungssystem. Sie wägt die Integrations- bzw. Inklusionsvorstellungen ab, die damit verknüpft sind. Die Diskussion wird im Folgenden (Kap. 2.2) durch *Eric Plaisance* fortgesetzt. Er thematisiert die unterschiedliche Verwendung der Begriffe Integration und Inklusion sowie das Konzept der Zugehörigkeit von Robert Castel mit besonderem Blick auf die französische Situation, trifft damit jedoch generelle Diskussionen. *Maria Kron* (Kap. 2.3) greift den mit der Inklusionsdiskussion eng verbundenen Begriff der Heterogenität auf. Sie reflektiert auf verschiedenen Ebenen den Spannungsbogen, der sich aus den beiden normativen Ecksteinen der Inklusion speist, aus Gleichheit und Verschiedenheit. **Kap. 3** wendet sich konzeptionellen Fragen zu. *Ana Maria Serrano* und *Joana Afonso* (Kap. 3.1) begründen von den Entwicklungslinien des Kindes her die Notwendigkeit, in inklusiven Bildungs- und Erziehungszusammenhängen die praktische Pädagogik wie ihre Rahmenbedingungen anzupassen. Die personale Seite der Inklusion wird von *Dóra Garai, Valéria Kerekes, Csilla Schiffer, Katalin Tamás,*

Zsófia Trócsányi, Júlia Weiszburg und *Péter Zászkaliczky* diskutiert (Kap. 3.2). Ausgehend von dem gemeinsamen Ziel der Inklusion entwickeln sie Orientierungen auf den Ebenen der professionellen Haltung, des Fachwissens und der Interventionen, die sie zudem in Bezug auf verschiedene pädagogische Berufsgruppen reflektieren. Dasselbe Autorenteam wendet sich in seinem nächsten Beitrag (Kap. 3.3) der Kindergruppe zu. In verschiedenen Dimensionen der Strukturierung beschreiben sie die Gruppenaktivitäten und analysieren deren Charakteristika, ihre Bedeutung, die (mögliche) Beteiligung von und Beeinflussung durch die Kinder. *Ana Maria Serrano* und *Joana Afonso* gehen im Weiteren (Kap. 3.4) auf eben die Kinder mit besonderem pädagogischem Unterstützungsbedarf näher ein. Mit engem Praxisbezug diskutieren sie die Frage, wie spezifische individuelle Unterstützung in einer Gruppe gewährleistet werden kann, die gemeinsame Sozialisationserfahrungen ohne Besonderung eines Kindes ermöglichen soll.

Die Arbeit pädagogischer Fachkräfte wäre wenig wirkungsvoll, würde sie nicht in enger Zusammenarbeit mit den Eltern stattfinden. Der Beitrag von *Brigitte Belmont, Aleksandra Pawlowska und Aliette Vérillon* (Kap. 3.5) macht deutlich, dass dies eine unbedingte Notwendigkeit ist, doch nicht immer quasi von selbst gut gelingt. Die Partizipation der Eltern und die einer Institution bzw. des Teams der Einrichtung sind in ein Gleichgewicht zu bringen. Das Autorenteam reflektiert, wie dies in kooperativen Prozessen gelingen kann.

In allen den genannten Bereichen wird davon ausgegangen, dass professionelle Erzieher/innen, Lehrer/innen und andere Pädagogen für die Qualität ihrer Arbeit verantwortlich sind, die entsprechenden Rahmenbedingungen vorausgesetzt. Wir können dem ohne Zweifel zustimmen, doch ist dies nicht einfach eine Frage des guten Willens, sondern von den Qualifikationsmöglichkeiten des Einzelnen und den Kooperationsmöglichkeiten innerhalb des Teams und darüber hinaus abhängig. Davon handeln die letzten Beiträge des dritten Kapitels.

Maria Karlsson (Kap. 3.6) macht auf Basis aufschlussreicher Forschungsergebnisse deutlich, dass die Qualität der pädagogischen Fachkräfte wesentlich von Formen der Fort- und Weiterbildungen gestärkt wird, die als Ziel auch die Nachhaltigkeit der Maßnahme im Auge behalten. Mit Blick auf das ganze Team gilt inzwischen Kooperation unumstritten als wesentliches professionelles Element. *Brigitte Belmont und Aliette Vérillon* (Kap. 3.7) entwickeln vor diesem Hintergrund Vorstellungen und Vorschläge, wie kooperative Arbeitsprozesse installiert werden können. Dazu stellen sie die wesentlichen Prinzipien und günstigen Bedingungen zum Aufbau von Teamarbeit vor, die sich in einrichtungsinternen Zusammenhängen oder über die Institution hinaus als kooperationsförderlich erwiesen haben. Letzteres, die über die Einrichtung hinausgehende Kooperation wird von *Birgit Papke* (Kap. 3.8) noch unter einem anderen Gesichtspunkt betrachtet. Die Kindertageseinrichtung als Teil des Gemeinwesens muss sich unter dem Aspekt der Lebensweltorientierung in der Kommune positionieren. Kooperationen der Mitarbeiter/innen von Kindertageseinrichtungen sind die Basis und geben den Rückhalt dafür, dass sich die Jungen und Mädchen auf verschiedenen Ebenen als Teil dieses Gemeinwesens erleben können. Einen wichtigen Gesichtspunkt daraus greift *Agneta Luttropp* (Kap. 3. 9) auf, der vor allem die letzte Phase der frühkindlichen Erziehung in der Kindertageseinrichtung, der Vorschule oder der école maternelle betrifft: den Übergang in einen neuen Lebensabschnitt, den Übergang in die Schule bzw. in die école élémentaire. Als eine der größten Herausforderung für Jungen und Mädchen ist dies die letzte Phase, die besondere Aufmerksamkeit der Pädagoginnen und Pädagogen in der frühen Bildung und Erziehung einfordert.

In dem zweiten großen Teil unseres Handbuchs dominiert die unmittelbare Praxis. In **Kap.** 4 geben wir zunächst eine Einführung zum grundlegenden Verständnis unterschiedlicher nationaler Strukturen (Kap. 4.1). Anschließend (Kap. 4.2) werden in aller Kürze die Strukturen frühkindlicher Bildung und Erziehung in Deutschland, Frankreich, Portugal, Schweden und Ungarn skizziert sowie aktuelle gesellschaftspolitische Herausforderungen und pädagogische Debatten in diesen Ländern, bezogen auf den Bereich frühkindlicher Bildung und Erziehung. Wir stellen die Einrichtungen vor, in denen wir unsere Beobachtungen machen durften und in denen wir mit den Erzieher/innen und Lehrer/innen darüber diskutieren konnten (Kap. 4.3). Letztendlich geben wir vorab in Kap. 4.4 wichtige Erläuterungen zu den Situationsbeispielen, die in Kap. 5 bis 9 vorgestellt werden, und didaktische Hinweise, wie diese Materialien produktiv zum eigenen Nutzen verwendet werden können.

Ab Kap. 5 findet die Leserin/ der Leser Situationsbeispiele aus inklusiven Einrichtungen der frühen Bildung und Erziehung verschiedener Länder. Ihre Analyse bezieht sich auf die Intentionen der Erzieher/innen und Lehrer/innen soweit sie an der Gestaltung der Situationen beteiligt waren sowie auf ihre Interpretation der Situation, auf die Kompetenzen, die die Kinder dabei erwerben können, auf wichtige pädagogische Prinzipien, die dabei zum Zuge kommen sowie auf begünstigende Bedingungen, die zum Gelingen der Situationen beitragen. Die Situation der Kinder mit besonderen pädagogischen Bedürfnissen findet in all dem spezielle Berücksichtigung. In den Analysen der zu erwerbenden Kompetenzen sind Parallelen beabsichtigt zu den Bildungszielen oder Kompetenzbereichen, wie sie in den Bildungsrahmenplänen oder -empfehlungen des Elementarbereichs formuliert sind.

Kap. 5 hat Spiel- und Lernsituationen zum Inhalt, die nach verschiedenen Herausforderungen für die Kinder strukturiert sind: Kognitive, soziale und motorische Herausforderungen, Situationen, mit ästhetischen und künstlerischen Inhalten, Situationen, in denen es um kulturelle Normen und Werte sowie um das

Gemeinwesen geht und Situationen mit verschiedenen und komplexen Herausforderungen für die Kinder.

Kap. 6 bezieht sich auf Situationen, in denen Kinder mit besonderen pädagogischen Bedürfnissen individuelle Unterstützung in der Kommunikation, Mobilität, Pflege u. a. erfahren, zudem auf Beispiele von Therapie in der Einrichtung.

In **Kap.** 7 gehen wir auf Situationen ein, die besonders die pädagogische Unterstützung der Jungen und Mädchen in Fragen des gegenseitigen Verständnisses verdeutlichen, sei es in Spiel- und Lernsituationen oder auch in konflikthaftem Zusammentreffen der Kinder.

In **Kap.** 8 stehen Situationen des freien Spiels im Mittelpunkt, die für Kinder komplexe Anforderungen enthalten: Selbstorganisation, Kommunikation und Beziehungsgestaltung u. v. m. Der Verlauf von Freispielsituationen wird von den Kindern selbst bestimmt, doch gibt es auch gelegentliche Möglichkeiten oder Notwendigkeiten, dass sich Erzieher/innen oder Lehrer/innen einbringen, ohne die Situationsgestaltung zu übernehmen.

Im letzten Kapitel der Beispiele (**Kap. 9**) zeigen wir Situationen aus dem Gruppenleben, in denen Eltern einbezogen werden und für die Kinder wie für die pädagogischen Fachkräfte wichtige Funktionen übernehmen.

Zum Abschluss (**Kap. 10**) fassen wir die wichtigsten Prinzipien inklusiver pädagogischer Arbeit noch einmal übersichtlich zusammen (10.1), die wir in den vorhergehenden Beispielen herausgearbeitet haben. Wir hoffen, damit sinnvolle Orientierungen für die tägliche praktische Arbeit geben zu können. Dennoch, sie sind kein Rezept, mit dem sich alle Probleme lösen lassen; es bleiben auch Fragen und Dilemmata, die vielleicht gar nicht lösbar sind und unsere ständige Aufmerksamkeit brauchen. Diese Überlegungen finden sich in Kap. 10.2, gefolgt von einem kurzen abschließenden Resümee (**Kap. 11**).

Vor allen weiteren Ausführungen müssen wir an dieser Stelle noch auf die Verwendung der beiden wichtigsten, aber nicht immer klar definierten bzw. umstrittenen Begrifflichkeiten eingehen. Wir wollen damit transparent machen, welches Verständnis unsere Ausführungen trägt.

Integration und Inklusion. Wenn wir über ‚Inklusion' sprechen, können wir nicht mit Sicherheit davon ausgehen, dass wir unter diesem Begriff das Gleiche verstehen wie andere. Wir – das Autorenteam dieses Handbuchs – haben ein gemeinsames Verständnis von Inklusion, das unsere Kommunikationsgrundlage bildet:
Wir verstehen Inklusion als einen Prozess, der darauf abzielt, ein angemessenes Umfeld für alle Kinder zu schaffen. Das bedeutet für die pädagogische Arbeit, dass Konzepte, Programme und Aktivitäten an die Bedürfnisse und Interessen

der Kinder anzupassen sind und nicht etwa umgekehrt die Kinder sich den von ihnen unabhängig entworfenen Vorstellungen anzupassen haben. Dies schließt die Gestaltung von Teilhabemöglichkeiten aller Kinder ein. Auf allgemeiner Ebene ist unser Verständnis von Inklusion, dass die Gesellschaft unter Berücksichtigung der Bedürfnisse aller ihrer Mitglieder solche Bedingungen zu entwickeln hat, die die Inklusion aller gewährleisten können.

Kinder mit besonderen pädagogischen Bedürfnissen. Um die Perspektive zu überwinden, dass eine Person gänzlich durch eine organische Beeinträchtigung definiert wird, die sie möglicherweise hat, und um zu unterstreichen, dass eine Behinderung nicht eine Person charakterisiert, sondern die Situation, die die Gesellschaft für diese Person schafft, treten traditionelle Konzepte von Behinderung mehr und mehr in den Hintergrund. 2001 verabschiedete die Weltgesundheitsorganisation (WHO) eine neue Definition, in der individuelle Konstitution, Aktivität und Teilhabe in Wechselwirkung gesehen werden. Demnach ist eine Behinderung Resultat negativer Wechselwirkungen zwischen einer Person mit einer Beeinträchtigung und ihrem Umfeld, den Kontextfaktoren. Innerhalb der Diskussion um die Integration oder Inklusion von Kindern mit Beeinträchtigungen ist in vielen Zusammenhängen der Terminus ‚Kinder mit Behinderung‘ durch den der ‚Kinder mit besonderen pädagogischen Bedürfnissen‘ (oder Kinder mit besonderem Unterstützungsbedarf bzw. Kinder mit sonderpädagogischem Förderbedarf) ersetzt worden. In Schweden wird auch der Ausdruck ‚Kinder mit Bedürfnissen‘ (‚children in needs‘) verwendet. Ungeachtet dessen ist es gelegentlich notwendig zwischen Kindern zu unterscheiden, die wegen einer organischen und/ oder seelischen Beeinträchtigung besondere pädagogische Unterstützung brauchen oder aus verschiedenen anderen Gründen wie z. B. Hochbegabung, erschwerende Migrationserfahrungen usw. In unseren Ausführungen sprechen wir in der Regel von ‚Kindern mit besonderen pädagogischen Bedürfnissen‘ (oder von Kindern mit besonderem Unterstützungsbedarf bzw. Kindern mit sonderpädagogischem Förderbedarf) und werden dort, wo es zum Verständnis nötig ist, die Beeinträchtigung bzw. die Situation des Kindes kurz beschreiben.

Um die Anonymität der Kinder und Erwachsenen zu sichern, wurden selbstverständlich die Namen der Kinder und Erwachsenen geändert. Zudem handhaben wir im Fall von Berufsbezeichnungen die männliche und weibliche Form frei (Pädagoge, Pädagogin, Erzieher, Erzieherin etc.). Wenn es nicht um bestimmte Personen geht (z.B. *die* Pädagogin in einer *bestimmten* Gruppe), ist immer die Personen- bzw. Berufsgruppe, d. h. Männer wie Frauen gemeint.

Maria Kron

2 Reflexionen über das Konzept der Inklusion

Kerstin Göransson

2.1 Unterschiedliche Perspektiven – unterschiedliches Verständnis von Inklusion

In diesem Kapitel werden wir verschiedene Ansätze diskutieren, die sich mit den Ursachen befassen, weshalb einige Kinder aktive Teilnehmer bei Unternehmen in Kindertageseinrichtungen/ in der Vorschule sind, während andere mehr oder weniger ausgeschlossen bleiben. Ebenso werden wir unterschiedliche Ansätze des Konzepts der Inklusion diskutieren. Wir werden erklären, wie unser Verständnis des Problems von ‚Draußen sein‘ unser Verständnis von Inklusion beeinflusst und wie sich beides zusammen auf den Rahmen von Kindertageseinrichtungen für Kinder mit Behinderung und/ oder mit besonderen Unterstützungsbedürfnissen auswirkt.

Verschiedene Erklärungsansätze der Bildung und Erziehung von Kindern mit Behinderung und/ oder in besonderer unterstützungsbedürftiger Situation
Es kommt nicht oft vor, dass wir anhalten und uns fragen, weshalb etwas funktioniert. Warum, zum Beispiel, ist es so, dass Anne die meiste Zeit mit Begeisterung an den Spiel- und Lerntätigkeiten in der Kindertageseinrichtung beteiligt ist? Liegt es an außergewöhnlichen Fähigkeiten oder liegt es daran, dass diese Aktivitäten entwickelt wurden, um (ihr) Interesse zu wecken und sie für sie und die anderen Kinder in der Gruppe „passend" zu machen? Die meisten von uns würden wahrscheinlich der letzten Begründung zustimmen. Die Frage ist, ob wir auch das gleiche Erklärungsmodell anwenden, wenn es ein Problem gibt, wenn sich z.B. Anne nicht an den Aktivitäten beteiligt. Unsere Erklärung dafür, *warum* ein Problem vorliegt, ist deshalb bedeutend, weil sie zeigt, *wie* wir das Problem verstehen; und dies hat oft Auswirkungen auf die Maßnahmen, die wir vorschlagen, um das Problem abzumildern.
In vielen Ländern gibt es eine lange Tradition, das Problem der Teilhabe und der Bildung und Erziehung von Kindern mit Behinderung als ein Problem ihrer eingeschränkten funktionalen Fähigkeiten zu verstehen. Das Problem ist damit eines des Kindes und Maßnahmen zur Abmilderung des Problems fokussieren das Kind, um seine Schwäche z.B. durch spezielles Training zu kompensieren.

18|

Dieses spezielle Training oder die spezielle Behandlung erfolgt in Sondergruppen, oft in abgesondertem Bereich, um die Tätigkeiten in der regulären Gruppe oder Klasse nicht zu stören. Das Training zielt darauf ab, die Fähigkeiten des Kindes in einem solchen Maß zu verbessern, dass es an den gängigen Aktivitäten der Kindertageseinrichtung teilnehmen kann. Die Praxis des Diagnostizierens und Kategorisierens von Kindern ist auch eine Konsequenz dieser Perspektive. Dieser Erklärungsansatz bzgl. des Problems der Teilnahme, Bildung und Erziehung von Kindern mit Behinderung wird gelegentlich als die kompensatorische Perspektive bezeichnet (Nilholm 2006), als die medizinisch-psychologische Perspektive (Bailey 1998), die klassifizierende (kategorisierende) Perspektive (Emanuelsson, Persson & Rosenqvist 2001) oder die funktionalistische Perspektive (Skrtic 1995). In dieser Perspektive werden die Kinder als ‚anders‘ identifiziert, was nach Emanuelsson (2001) bedeutet: *„Sobald die Kinder einmal als ‚anders‘ identifiziert sind, ... werden sie für die regulären Schulen und die Lehrer zum Problem. In der kategorialen Perspektive hat der Prozess, die Kinder abzustempeln als diejenigen, ‚die Schwierigkeiten haben‘, den Effekt, die Quelle von Schwierigkeiten oder Problemen in das Kind zu verlagern. Sobald dieser Prozess abgeschlossen ist, wird es einfacher, die Verantwortung ‚Spezialisten‘ zuzuschieben, die dafür ausgebildet wurden, mit den durch das Kind erzeugten ‚Problemen‘ umzugehen"* (a.a.O., 135). Die Auffassung des Problems als eines des Kindes manifestiert sich auch in dem Terminus ‚Kinder mit besonderen pädagogischen Bedürfnissen‘ (‚children with special educational needs‘), im Gegensatz zu dem Terminus ‚Kinder in besonderer unterstützungs-bedürftiger Situation‘ (‚children in need of special support‘)[2], der uns zu einem anderen Problemverständnis führt.

In den 1960er und 1970er Jahren gab es in vielen Ländern eine Veränderung, die als Hinwendung zur Umwelt (environmental turn) bezeichnet werden kann (vgl. Gustavsson, 2004; Tössebro & Kittelsaa 2003). Das Problem wurde neu formuliert und als Wirkung eines Umfeldes verstanden, das sich nicht an die Fähigkeiten des Individuums und die Unterschiede zwischen Individuen anpasst, d.h. als ein Verhältnis zwischen Umfeld und Individuum. Nach diesem Verständnis ist das Problem der Bildung, Erziehung und Teilhabe einer unzureichenden Fähigkeit des Umfeldes geschuldet, sich an die Vielfalt der Kinder anzupassen. Maßnahmen, um das Problem zu mildern, sollten deshalb auf das Schulsystem als Ganzes zielen – und nicht darauf, die Vielfalt der Kinder zu reduzieren. Dieser Erklärungsansatz wird gelegentlich als der relationale (Emanuelsson, Persson &

---

2 Der Terminus ist in deutscher Sprache schwer wiederzugeben, wenn die besondere Nuance zum Ausdruck kommen soll. ‚Kinder in besonderer unterstützungsbedürftiger Situation‘ versinnbildlicht wohl am besten die entscheidende Nuance, ist aber sprachlich schwerfällig. ‚Kinder, die besondere Unterstützung brauchen‘ oder ‚Kinder in spezieller Bedürfnislage‘ ist uns im deutschen Sprachkonzept näher, trifft aber nicht ganz die intendierte Botschaft.

Rosenqvist 2001) oder als der post-positivistische Ansatz bezeichnet (Clark, Dyson & Millward 1998) oder als die kritische Perspektive (Nilholm 2003). Kurz gesagt, der erste Ansatz konzentriert sich auf die Anpassung oder Änderung des Kindes in Bezug auf ein existierendes Schulsystem und seine Pädagogik, während der zweite auf die Änderung oder Anpassung des Schulsystems, der Aktivitäten, der pädagogischen Strategien usw. in Bezug auf die Vielfalt der Kinder zielt, das heißt auf die zumindest teilweise Neuformulierung dessen, was wir als beste Praxis in Kindertageseinrichtungen betrachten.

Seit kurzem wächst jedoch die Kritik, das Problem der Teilhabe, Bildung und Erziehung von Kindern in dieser dichotomen Form – *entweder* nur das Kind *oder* nur das Umfeld – als die Ursache der Schwierigkeiten zu betrachten (vgl. Clark, Dyson & Millward 1998; Dyson & Millward 2000; Nilholm 2003; Göransson 2007). In ihrem Kern läuft die Kritik darauf hinaus, dass beide Perspektiven dazu neigen, die Komplexität des Erziehungssystems zu vereinfachen und deshalb den Charakter der Probleme verfehlen, denen das Erziehungssystem gegenüber steht, wenn es sich zu einem inklusiven System zu entwickeln versucht. In der traditionellen Perspektive wird die Bedeutung der individuellen Funktionsfähigkeit oder der spezifischen Beeinträchtigung des Kindes überbetont. Auf der anderen Seite wird in der alternativen Perspektive zu einseitig die Rolle hervor gehoben, die das Umfeld in der Erzeugung der Beeinträchtigung oder Behinderung hat. Man könnte auch sagen, dass in dem traditionellen Verständnis der Schwerpunkt zu stark auf das Spezifische gelegt wird, während in den alternativen Ansätzen zu sehr das Allgemeine heraus gehoben wird. In beiden Perspektiven liegt der Fokus auf der Behinderung – entweder auf Behinderung als soziales Konstrukt oder als Merkmal des Individuums. Keines der Konzepte betrachtet derzeit den Charakter des Systems, innerhalb dessen sich Bildung, Erziehung und Teilhabe entwickeln soll.

Eine dritte Perspektive, die nach dem Vorschlag Nilholms (2003) als Dilemma-Perspektive zu bezeichnen ist, konzentriert sich auf das Bildungs- und Erziehungssystems als ein komplexes Praxisfeld, in dem Widersprüche und Dilemmata existieren, mit denen in den konkreten Abläufen des Bildungs- und Erziehungssystems umzugehen ist. Ein grundlegendes Dilemma, das für die Entwicklung einer inklusiven Bildung Bedeutung hat, ist das Dilemma, jedem die gleiche Bildung und Erziehung zu offerieren, gleichzeitig die Bildung und Erziehung der Vielfalt der Kinder bzw. Schüler/innen anzupassen. In dem Dilemma-Ansatz wird vorgeschlagen, dass wir – ausgehend von den zu handhabenden Dilemmata – die konkreten Praktiken des Bildungs- und Erziehungssystems in ihrer ganzen Komplexität zu analysieren haben, um das Problem der Teilhabe, Bildung und Erziehung für Kinder mit Behinderung und/ oder in speziellen Bedürfnislagen zu verstehen.

Zusammenfassend können wir festhalten, dass wir in diesem Abschnitt drei verschiedene Ansätze in Bezug auf das Problem der Bildung und Erziehung von Kindern mit Behinderung beschrieben haben – einen Ansatz mit dem Fokus auf der Beeinträchtigung des Kindes, einen zweiten mit der Konzentration auf das Umfeld und sein Verhältnis zu den Fähigkeiten des Kindes und einen weiteren mit dem Schwerpunkt auf den Dilemmata einer komplexen Bildung und Erziehung. Wir haben auch denkbare Interventionsmaßnahmen mit Bezug auf die verschiedenen Ansätze erörtert. Im Weiteren werden wir die drei Ansätze auf den Begriff der Inklusion beziehen.

Der unterschiedliche Bedeutungsgehalt von ‚Inklusion‘

Das Konzept der Inklusion oder der inklusiven Bildung und Erziehung wurde mit der Salamanca-Deklaration eingeführt und ist inzwischen ein weit verbreitetes Konzept bezüglich der Bildung und Erziehung von Kindern, die besondere Unterstützung brauchen. Vordem wurde von ‚Integration‘ gesprochen. Über beide Konzepte lässt sich sagen, dass sie sich mit dem Problem des ‚Draußen-seins‘ oder der sozialen Isolation von Menschen mit Behinderung befassen (Gustavsson 2004). Ohne tiefer auf die Geschichte des Konzepts der Integration einzugehen, wollen wir hier nur festhalten, dass die begrifflichen Bestimmungen des Konzepts wechselten und es zu oft dazu benutzt wurde, die Anpassung des ‚devianten‘ Individuums an das unveränderliche System darzustellen (z.B. Nilholm 2006). Als Antwort darauf wurde das Konzept der Inklusion eingeführt. Auch wenn es sich um ein weit verbreitetes Konzept handelt, ist sein Bedeutungsgehalt doch ziemlich schwer fassbar; es gibt keinen wirklichen Konsens über den Inhalt des Begriffs der inklusiven Bildung und Erziehung. Das Konzept kommt in verschiedenen Kontexten unterschiedlich zur Anwendung, was u. E. in der theoretischen Debatte genauso viele Unklarheiten verursacht wie in der Entwicklung inklusiver Bildungseinrichtungen. Das Verständnis von Inklusion impliziert darüber hinaus, wie über Inklusion geforscht wird. Wir werden im Folgenden drei unterschiedliche Interpretationen des Inklusionskonzepts kennen lernen, indem wir uns jeweils auf einen der drei oben beschriebenen Ansätze beziehen.

Die erste Interpretation des Konzepts kann auf den Ansatz zurück geführt werden, in dem die Beeinträchtigung fokussiert wird. Oft wurden aus dieser Perspektive heraus separierende Lösungen befürwortet. In späteren Jahren wurde es jedoch üblicher, irgendeine Form der ‚Inklusion‘ vorzuschlagen. Meistens bezeichnet das Wort nicht mehr als die Platzierung eines Kindes mit Behinderung zusammen mit Kindern ohne Behinderung in derselben Gruppe oder Klasse, d.h. eine organisatorische Maßnahme. Inklusion wurde damit auf eine bloße Methode/ Maßnahme unter anderen reduziert, bestehend aus bestimmten Prinzipien der Gruppierung von Kindern. Diese Auslegung von Inklusion gestattet es, Abwägungen in der Terminologie von Pro und Contra der Inklusion durchzuführen. Es ermöglicht z.B. den Einwand, Kinder mit Behinderung seien dem Risiko ausgesetzt, in inklusiven Gruppen marginalisiert zu werden. Dies ist u. E. ein begrifflicher Widerspruch zu dem ursprünglichen Verständnis von Inklusion (siehe unten). Aufgabe der Forschung ist es, eine Antwort auf die Frage zu finden, ob Inklusion, d.h. heterogene Gruppen z.B. starke soziale Beziehungen unterstützen und ein gutes Lernfeld für jedes Kind bieten.

Nilholm (2006) weist darauf hin, dass der ursprüngliche Begriff der ‚Inklusion‘ ein Resultat jener Perspektive ist, die das Umfeld in seinem Bezug zu den Fähigkeiten des Kindes fokussiert. Dieses Verständnis von Inklusion, das nach unserer Auffassung den ursprünglichen Gehalt des Begriffs ausmacht, sieht Inklusion als grundlegenden Wert, ähnlich des Frauenwahlrechts, der Meinungsfreiheit usw. In dieser Interpretation wird Inklusion als ein demokratisches Recht auf gesellschaftliche Zugehörigkeit und Teilhabe unter gleichen Bedingungen betrachtet, ungeachtet dessen, ob jemand beeinträchtigt ist oder nicht. ‚Inklusion‘ gilt als Ziel. Auf dieser Basis kann ein inklusives System der Bildung und Erziehung als ein System verstanden werden, in dem die Unterschiede und die Teilhabe aller Kinder hoch gehalten werden (celebrate differences), in dem starke soziale Beziehungen aufgebaut werden und das jedem ermöglicht, gute Lernerfahrungen zu machen. Mit seinem Schwerpunkt auf der systemischen Veränderung liegen die Wurzeln dieses Inklusionsverständnisses in der alternativen Perspektive bzw. dem alternativen Ansatz (s.o.). Die Herausforderung für die Forschung liegt hier darin, einen Beitrag zur Entwicklung einer inklusiven Bildung und Erziehung zu leisten. Diese eben beschriebene Auffassung könnte als das weltanschauliche Verständnis bezeichnet werden.

In einer dritten Interpretation, die in Zusammenhang zu dem oben beschriebenen Begriff des Dilemmas steht, wird darauf hingewiesen, dass trotz wünschenswerter Inklusion andere Werte ebenso bedeutsam sind (vgl. Clark, Dyson & Millward 1998). ‚Inklusion‘ ist demnach eine Art von *die-beste-aller-Welten,-aber-sie-wird-nie-Wirklichkeit*-Logik. Während Inklusion ein wertvolles Ziel ist, das es anzustreben gilt, sind andere Ziele ebenso wichtig. Besonders relevant sind die demokratischen Prozesse, in denen die Ziele formuliert werden. So können wir uns Situationen vorstellen, in denen das Ziel ‚Inklusion‘ in einer völlig ‚un-inklusiven‘ Art und Weise beschlossen wird. Im Kontrast zu dem oben beschriebenen alternativen Ansatz, in dem es die Aufgabe der Forschung ist, zur Herstellung inklusiver Bildung und Erziehung beizutragen, wird hier der Forscher zum kritischen Prüfer der Umsetzung inklusiver Erziehung und Bildung in der Praxis. In diesem Sinn wird Inklusion zum Schwerpunkt einer Untersuchung und nicht zu einem analytischen Konzept, das mit der empirischen Realität kontrastiert wird. Noch einmal – dies schließt keine positive Haltung zu Inklusion aus.

Zusammenfassend lässt sich sagen, dass wir in den beiden vorhergehenden Abschnitten eine kurze Beschreibung von Ansätzen der Bildung und Erziehung von Kindern mit Behinderung und/ oder in der Situation eines besonderen Unterstützungsbedarfs gegeben haben. Wir stellten die drei neben einander existierenden, unterschiedlichen Erklärungsmöglichkeiten des Problems vor – mit einem Schwerpunkt auf der Beeinträchtigung, mit der Konzentration auf die Beziehung zwischen Umfeld und Kind und mit dem Fokus auf den Dilemmata eines komplexen Systems der Bildung und Erziehung. Wir haben dann den Zusammenhang zu entsprechenden Interpretationen des Konzepts der Inklusion hergestellt.

Es gibt viele Verbindungen dieses Themas zu den Situationen, die in Kap. 5-9 beschrieben werden. Wir weisen besonders auf Kap. 5.1.1, Kap. 5.1.4, Kap. 5.3.3, Kap. 6.1.1, Kap. 8.4 und Kap. 8.5 hin.

Einige Fragen zur Reflexion:
- Diskutieren Sie einige Formen sonderpädagogischer Unterstützung, die Sie erlebt haben, in Bezug auf die drei oben beschriebenen Perspektiven. Wie würden Sie den Grund dieser Unterstützung beschreiben? Wird er z. B. als Mangel des Kindes oder als Unzulänglichkeit des pädagogischen Umfeldes beschrieben? Versuchen Sie die Perspektive zu wechseln und diskutieren Sie alternative Wege der Unterstützung.
- Geben Sie Beispiele aus Ihrer eigenen Erfahrung, wie das Konzept der Inklusion in verschiedenen Bedeutungen benutzt wird. Diskutieren Sie, welche Implikationen bzw. Auswirkungen dies für den Prozess der Inklusion haben kann. Müssen Sie z.B. eher mit dem Nutzen der Inklusion argumentieren als darüber zu diskutieren, wie sie zu erreichen ist?

Eric Plaisance
2.2 Integration oder Inklusion?
Anmerkungen zu den Begrifflichkeiten

Die Idee der Inklusion und inklusiven Bildung und Erziehung hat durch die Unterstützung von Organisationen wie UNESCO und OECD und die der ‚European Agency for the Development of Special Needs Education' internationale Legitimität gewonnen. Die *Salamanca-Deklaration* der UNESCO von 1994 z. B. gibt Leitlinien vor, die eine Veränderung der traditionellen Sondererziehung von Kindern ‚mit Defiziten' in Richtung einer inklusiven Erziehung von Kindern ‚mit besonderen pädagogischen Bedürfnissen' bewirken sollen. Andere europäische Deklarationen postulieren auch das Prinzip einer ‚Schule für alle und jeden' (Luxemburg 1996) oder erinnern an das Prinzip der Nicht-Diskriminierung. In einigen Ländern wie z.b. Frankreich und Italien wird der Integrationsbegriff offiziell und ‚amtlich' benutzt, auch wenn Integration in beiden Ländern völlig unterschiedlich umgesetzt wird. In anderen Ländern, so z.B. Brasilien, wird der Begriff als überkommen und nicht akzeptabel betrachtet. Dort ist ‚Inklusion' zum regierungsamtlichen Schlagwort geworden; sie bezieht sich nicht nur auf Kinder mit besonderen Bedürfnissen, sondern auch auf andere Bereiche und andere Bevölkerungsgruppen, z.B. auf die Beschäftigung von Menschen afrikanischer Abstammung, auf den Zugang zum öffentlichen Nahverkehr für Menschen mit geringen materiellen Ressourcen usw. (vgl. de La Taille, Silva de Souza & Vizioli 2004).

In Frankreich haben die neuen gesetzlichen Anforderungen zur Beschulung von Kindern mit Behinderungen (Gesetz v. 11.02.2005, „Pour l'égalité des droits et des chances, la citoyenneté et la participation des personnes handicapées" [„Für gleiche Rechte und Chancen, Bürgerrechte und Teilhabe behinderter Menschen"]) zahlreiche Fragen der konkreten Umsetzung aufgeworfen. Sie beziehen sich auf die Modalitäten des Zugangs zur Regelschule, auf die Rollenverteilung zwischen Klassenlehrer und den verschiedenen Spezialisten, auf deren mögliche Zusammenarbeit, auf den Status, der den neuen unterstützenden Professionen (den pädagogischen Assistenten) zugewiesen werden soll usw. Dennoch, die gesetzliche Vorgabe, dass sich jedes Kind formal in der Schule (auch der école maternelle) seiner Nachbarschaft anmelden muss (die damit seine zuständige Schule, seine ‚Bezugsschule' wird), hat einige Autoren zu der Annahme veranlasst, dass sich das Land – durch eine Art kulturelle Revolution – ganz offiziell in Richtung einer inklusiven Schulpolitik bewegt. Andere, meist Verfechter von Institutionen der Sondererziehung, zweifeln an der Stichhaltigkeit dieser Art von ‚Inklusion' (vgl. Plaisance et al. 2007).

24

Schule – Kindertageseinrichtung? In Frankreich besucht der weit überwiegende Teil der Kinder im Alter zwischen 2-6 bzw. 3-6 Jahren die école maternelle, die dem Schulsystem zugeordnet ist. Wenn also von Schule die Rede ist, betrifft das auch die Institution für Kinder in einem Alter, die im deutschen System der Bildung und Betreuung die Kindertageseinrichtungen besuchen. Die Pädagogen der ‚école maternelle‘, also diejenigen, die die Gruppe der 3-6Jährigen leiten, sind dementsprechend Lehrer (andere pädagogische Professionen wie z.B. Assistenten arbeiten ebenfalls in der Gruppe), ihre Gruppenräume sind Klassenräume etc. Die Ausführungen in diesem Beitrag beziehen sich also auch dann, wenn schulische Termini verwendet werden, auf das Feld der Bildung und Erziehung von Kindern zwischen 3-6 Jahren oder noch darunter.

In unseren Ausführungen betonen wir terminologische Aspekte, die uns bedeutsam erscheinen, da die Wortwahl Weichen stellt für ein bestimmtes Verständnis und folglich bestimmte Institutionen und Praktiken hervor bringt. Wir gehen davon aus, dass Inklusion kein selbstverständlicher Zustand ist. Vielmehr handelt es sich um eine neue Herausforderung, zu klären wie Schulen transformiert und die Wahrnehmungen von Differenzen verändert werden können. Mit anderen Worten: Inklusion ist ein Konstrukt, ein Prozess, keine gegebene Tatsache.[3]

Unsere Analyse betrifft überwiegend die französische Situation. Wir werden einerseits die derzeitigen Entwicklungen in der Beschulung von Kindern mit besonderen Bedürfnissen zu zeigen versuchen; auf der anderen Seite gehen wir auf die Schwierigkeiten und weiterhin bestehenden Hindernisse ein, die überwunden werden müssen, um in der Konstruktion eines ‚individuellen Bildungsweges‘ (parcours personnalisé de scolarisation) voran zu kommen. Unter diesen Hindernissen sind zuerst und vor allem die Abstände zwischen den verschiedenen Institutionen (schulische und außerschulische) zu analysieren sowie die Kluft zwischen den verschiedenen Akteuren, besonders jenen der kindheitsbezogenen Berufe. Die größte Herausforderung ist in unseren Augen derzeit die Konstruktion einer gemeinsamen professionellen Kultur.

Integration

Der Begriff der Integration wurde in Frankreich weithin zur Bezeichnung offizieller regierungsamtlicher Maßnahmen für verschiedene Bevölkerungsgruppen, z.B. jene ausländischer Herkunft, benutzt.[4] Nach dem zweiten Weltkrieg war

---

3 Felicity Armstrong vertritt dieselbe Position: .. „ein Prozess, der darauf abzielt, den unterschiedlichen Bedürfnisse der Lernenden gerecht zu werden, um die gleiche und wachsende Teilhabe eines jeden zu sichern." (Vorlesung, gehalten an der Université Paris Descartes, 09.01.2007)
4 In dem französischen *Dictionnaire alphabétique et analogique de la langue française* (Robert, edition of 1985) wird ‚Integration‘ folgendermaßen definiert: „die Maßnahme eines Individuums oder einer Gruppe, um in einer Gemeinschaft oder in einem Umfeld eingegliedert zu werden".

eine Politik der Integration notwendig, um Arbeitskräfte für den Wiederaufbau des Landes anzuwerben. Unter ‚Integration' wurde prinzipiell die Assimilation, die Anpassung ausländischer Menschen verstanden. Assimilation impliziert nach diesem Verständnis die Absorption von Unterschieden und nicht die kulturelle Erweiterung eines sich entwickelnden nationalen Gefüges. In einer anderen Konzeption, die nicht in der Perspektive der Anpassung aufgeht, wird Integration als reziproke Akkulturation verstanden, d.h. als gegenseitiges Vertraut-werden mit der jeweils anderen Kultur, als eine Angleichung grundlegender Elemente. *„Das integrierte Element wird nicht als etwas betrachtet, das neutralisiert werden oder sein ursprüngliches Vermögen verlieren muss. Dennoch werden Veränderungen erwartet, und zwar bei beiden – bei dem integrierenden System wie bei dem zu integrierenden Element".* (Tap 1999 nach Manço, 16).

Können wir daraus Schlussfolgerungen für Kinder mit Behinderungen ziehen? Wie wir gesehen haben, wurde die sogenannte Politik der schulischen Integration seit den 1980er Jahren formuliert und präzisiert. Aber welche Form der Integration? In Wirklichkeit existieren weiterhin fundamentale Mehrdeutigkeiten. In der Realität kann Integration in einer Regelklasse stattfinden, ebenso in einer ‚Sammelform', d.h. in einer Sonderklasse innerhalb einer Regelschule. Dennoch, die Kritik an den nur langsamen Fortschritten führte 1999 zu einem offiziellen ‚Neustart' der Politik gemeinsamer Bildung. Dieser Neubeginn vollzog sich im Namen des Grundrechts eines jeden Kindes auf Bildung und Erziehung, ungeachtet seiner Defizite oder Krankheiten, die seine Entwicklung beeinflussen. Aus dieser Periode stammt der Satz „Bildung ist ein Recht, die Aufnahme des Kindes eine Pflicht"[5].

In der Realität ist die fundamentale Frage die der Veränderung des integrierenden Umfeldes selbst. Verändert es sich in eine Richtung, die Unterschiede willkommen heißt? Nach dem Durkheim'schen Theorieansatz würde dies eine Verlagerung bedeuten – weg von der Solidarität der Gleichheit (die Durkheim als ‚mechanische Solidarität' bezeichnet), hin zu einer Solidarität, die auf Unterschieden gründet (‚organische Solidarität'). Handelt es sich also um Inklusion?

Inklusion

Der Begriff der Inklusion wird in der französischen Sprache häufig verwandt, wenn es um den Einschluss, die Aufnahme von etwas geht (ein Element in einer Einheit einschließen, z.B. die Aufnahme einer Klausel in einen rechtsgültigen Vertrag), nicht aber auf Personen bezogen. Die Anwendung des Begriffs der Inklusion auf Personen und soziale Gruppen wie z.B. in dem Ausdruck ‚inklusive Beschulung' ist daher im französischen Sprachgebrauch völlig neu und wird immer noch

---

5 Gemeint ist auch (und für unsere Ausführungen vor allem) die Verpflichtung zum Besuch der école maternelle, was auch die Kinder von 2-6 Jahren betrifft.

kaum benutzt. Ähnlich sind Begriffe wie ‚inklusive Erziehung' oder ‚inklusive Gesellschaft' gänzlich neu. Auf der anderen Seite wurde z.b. in der englischen und portugiesischen Sprache das Vokabular der Inklusion weitgehend verallgemeinert. Es scheint, dass sich in Brasilien der Begriff der ‚inclusão' seit den 1980er Jahren z.b. durch die linken Flügel politischer Gruppen verbreitet hat. Britischen Autoren zufolge, die die Transformation der ehemaligen Sondererziehung analysieren, ist Inklusion nicht nur ein ‚technisches' Problem, z.b. durch die Zunahme von Kindern, für deren Besuch einer Regelschule der Bau von Rampen oder Aufzügen oder die Einstellung zusätzlichen Personals notwendig ist (Armstrong 1998). Verschiedene Zuständigkeiten sind in dieser Hinsicht fragwürdig, weil zwischen integrierbaren und nicht integrierbaren Kindern/ Schülern unterschieden wird. Teilzeit‚integrierte' Kinder/ Schüler hätten nur Besucherstatus und wären nicht volle Mitglieder der Gemeinschaft. Im Gegensatz dazu bezieht die inklusive Erziehung eine radikale Position, weil sie von den Schulen verlangt, *„sich selbst in eine Schulgemeinschaft zu transformieren, in der alle Lernenden auf Basis gleicher Rechte willkommen geheißen werden"* (a.a.O., 53, Übers. M. K.). In diesem Sinn beinhaltet Inklusion eine andere Vision pädagogischer Praxis innerhalb oder außerhalb von Schulen und schließt eine Kritik traditioneller integrativer Praxis ein (vgl. Hinz 2002). Abb. 1) kann die Unterschiede veranschaulichen.

Praxis der Integration	Praxis der Inklusion
• Eingliederung von Kindern mit bestimmten Bedarfen in die Allgemeine Schule	• Leben und Lernen für alle Kinder in der Allgemeinen Schule
• Differenziertes System je nach Schädigung	• Umfassendes System für alle
• Zwei-Gruppen-Theorie (behindert/nichtbehindert; mit/ohne sonderpädagogischem Förderbedarf)	• Theorie einer heterogenen Gruppe (viele Minderheiten und Mehrheiten)
• Aufnahme von behinderten Kindern	• Veränderung des Selbstverständnisses der Schule
• Individuumszentrierter Ansatz	• Systemischer Ansatz
• Fixierung auf die institutionelle Ebene	• Beachtung der emotionalen, sozialen und unterrichtlichen Ebenen
• Ressourcen für Kinder mit Etikettierung	• Ressourcen für Systeme (Schule)
• Spezielle Förderung für behinderte Kinder	• Gemeinsames und individuelles Lernen für alle
• Individuelle Curricula für einzelne Kinder	• Ein individualisiertes Curriculum für alle
• Förderpläne für behinderte Kinder	• Gemeinsame Reflexion und Planung aller Beteiligter
• Anliegen und Auftrag der Sonderpädagogik und Sonderpädagogen	• Anliegen und Auftrag der Schulpädagogik und Schulpädagogen
• Sonderpädagogen als Unterstützung für Kinder mit sonderpädagogischem Förderbedarf	• Sonderpädagogen als Unterstützung für Klassenlehrer, Klassen und Schulen
• Ausweitung von Sonderpädagogik in die Schulpädagogik hinein	• Veränderung von Sonderpädagogik und Schulpädagogik
• Kombination von (unveränderter) Schul- und Sonderpädagogik	• Synthese von (veränderter) Schul- und Sonderpädagogik
• Kontrolle durch Expertinnen und Experten	• Kollegiales Problemlösen im Team

(Quelle: Hinz 2002, 359)

Abb. 1: Praxis der Integration und der Inklusion

In Frankreich wird das Vokabular der Inklusion von Experten wenig benutzt. Es gibt jedoch ambitionierte Projekte, die über die Konzeption der Integration weit hinaus gehen. Ein Kindergarten in Paris z.B. verfolgt das Prinzip, ein Drittel der Plätze für Kinder mit Behinderung und zwei Drittel für Kinder ohne Behinderung anzubieten (alle Kinder sind im Alter bis zu sechs Jahren). Das Team hat das Projekt von einem begründeten und engagierten Standpunkt aus definiert: Die Aufnahme von Kindern mit Behinderungen ist sinnvoll, so dass alle Kinder menschliche Vielfalt kennenlernen können. Zudem *„ist es die Institution, die sich dem Kind anpassen muss... Wir haben einen Raum zu schaffen, der sich grundlegend darauf richtet, Kinder willkommen zu heißen, die von anderen Institutionen zurück gewiesen wurden, weil sie nicht zu ihnen passen."* (Herrou, Korff-Sausse 1999, 12-13, Übers. M. Kron). Es ist *„ein Ort für die ‚Illegalen‘ der frühen Kindheit. Ein Ort zum sein. Ein Ort ohne Bedingungen"* (a.a.O.).

Aus der gleichen Perspektive gründete 2004 eine Gruppe den Nationalen Rat *‚Behinderung, Sensibilisierung, Information, Weiterbildung‘ (‚Handicap, sensibiliser, informer, former‘).* Er zielt darauf ab, das Phänomen ‚Behinderung‘ aus der Isolation heraus zu holen und die derzeitigen aussondernden Darstellungen und Praktiken zu ändern. In diesem Sinn schrieb Julia Kristeva, die Initiatorin der Gruppe: *„Ich kann diejenigen verstehen, die den Begriff der Integration durch den der ‚Eingliederung‘ oder ‚Inklusion‘ ersetzen wollen. Es geschieht nicht aus Gründen der ‚politischen Korrektheit‘, sondern vielmehr in der Absicht, nicht durch die Tilgung von Unterschieden zu integrieren, sondern unterschiedliche Personen im öffentlichen Raum (Schulen, Unternehmen) einzuschließen, indem individuelle Wege und Begleitung der Einzelnen etabliert werden"* (Kristeva 2003, 51; Übers. M.K.).

Wo liegen die Schwierigkeiten?
Inklusion ist mehr und mehr zu einer neuen Kategorie geworden, auf der öffentliche politische Maßnahmen gründen, wie z.B. in Instituten der Lehrerausbildung in Frankreich. Wir müssen uns jedoch über die Vorteile wie über die Schwierigkeiten dieser neuen Terminologie im Klaren sein. Wenn wir uns des lateinischen Ursprungs des Wortes bewusst sind, begegnen wir schnell dem Begriff der (Ein-) Schließung. ‚Clausus‘ ist das Partizip Perfekt des Verbs ‚claudere‘ und bedeutet ‚geschlossen‘, ‚eingezäunt‘. ‚Claustra‘ ist die Schließung, der geschlossene Ort, das Einschließen, sogar das Gefängnis. Das Wort ‚cloître‘ (Kreuzgang) in der französischen Sprache hat den gleichen Ursprung. Meint daher ‚Inklusion‘ die Isolation eines Raums, der in sich selbst geschlossen ist, oder die Absonderung der Subjekte innerhalb dieses Raums?

Ein Blick auf die etymologischen Wurzeln erlaubt es, vor einigen Illusionen der Inklusion zu warnen. Auf der einen Seite bedeutet die Unterbringung bzw. Platzierung innerhalb eines Feldes nicht zwingend das Ende ausschließender Maßnahmen gegenüber Bevölkerungsgruppen oder Personen. Kinder können zwar eine Regelklasse besuchen, können aber Objekt subtiler Zurückweisung und Marginalisierung sein und nicht an Aktivitäten teilhaben. Dies sind die ‚im Inneren Ausgestoßenen' (exclus de l'intérieur), wie sie der Soziologe Pierre Bourdieu (1993) so treffend bezeichnete, wobei er sich aber nicht auf die Frage der Behinderung bezog, sondern auf Bildungsungleichheiten sogar innerhalb des selben Schulsystems. Es sind die ‚abgespaltenen Subjekte', um einen geläufigen Begriff der Psychoanalyse zu benutzen, die ihre Aufmerksamkeit auf die konkrete Schulwirklichkeit richten. Kurz gesagt, die Gegebenheiten können anders erscheinen und subtile Formen der Isolation verdecken. Wir können jedoch auch ein anderes theoretisches Modell vorschlagen, das es uns ermöglicht, unser Realitätsverständnis wesentlich nuancierter auszudrücken. Statt der sehr schematischen Gegenüberstellung von Exklusion und Inklusion können wir das Konzept der Zugehörigkeit zu Grunde legen, das von Robert Castel (1995) mit Bezug auf die Sozialpolitik vorgeschlagen wurde. Der große Vorteil der Konzeption der Zugehörigkeit ist es, statt radikaler Gegensätze die Prozesse hervor zu heben. Zugehörigkeit – ebenso wie Nicht-Zugehörigkeit – kann alle Schattierungen haben, abhängig von dem Lebensraum und den darin eingebundenen Akteuren. In der Schule oder dem Klassenraum gibt es vielfältige Formen der Zugehörigkeiten, sie entwickeln sich, sie können sich umkehren und sie betreffen die Kinder, ihre Lehrer wie die Gruppe der Gleichaltrigen. Dazu zu gehören oder nicht dazu zu gehören ist kein Status oder Zustand, sondern eine temporäre Situation, relativ und zur Veränderung tendierend. Die Positionen der Individuen sind voneinander abhängig.

Schließlich müssen wir uns der konkreten Frage stellen, wie wir fortlaufend Zugehörigkeit ermöglichen können, wenn es um Kinder mit besonderen Schwierigkeiten geht. Lehrer sind eindeutig die ersten, die sich mit diesem Problem befassen müssen, da die Anwesenheit dieser Kinder in der allgemeinen Lebenswelt und vor allem in den Regelklassen die traditionellen Denkweisen über den Platz behinderter Schüler herausfordert. Das Ideal-Modell des Durchschnittschülers, der als Masse verwaltet wird, wird durch die Anwesenheit der Neuankömmlinge mit Beeinträchtigungen radikal in Frage gestellt, besonders in der zweiten Schulstufe.[6] Die Lernrhythmen dieser Schüler/innen sind im Allgemeinen sehr verschieden und neue pädagogisch angepasste Methoden sind unverzichtbar, um ihre Besonderheiten zu berücksichtigen. Kurz gesagt, die Veränderung ist eine kulturelle Revolution, die die Lehrer heraus fordert, sich neue Methoden anzueignen und sich an Reflexionen über die vielfältigen Fähigkeiten von Schülern zu beteiligen. Dies bedeutet in der Tat, Risiken einzugehen.[7] Die Unterstützung der Lehrer/innen ist

---

6 Zweite Schulstufe: in Deutschland der Grundschule entsprechend
7 In einigen Feldstudien, in denen Tiefeninterviews durchgeführt wurden, äußerten diese Lehrer und Lehrerinnen, dass sie dank der Konfrontation mit Kindern bzw. Schüler/innen mit Behinderungen

unabdingbar, kann aber in mehreren Formen stattfinden: unmittelbare Hilfe in den Klassen-/ Gruppenräumen durch zusätzliches Personal (in Frankreich sind dies die so genannten pädagogischen Assistenten, deren berufliche Situation immer noch sehr unsicher ist), Unterstützung der Schule insgesamt (z.b. innerhalb der schulischen Leitlinien), Unterstützung durch Ressourcen-Zentren oder -strukturen außerhalb der Schule, ebenso durch formelle oder informelle berufliche Weiterbildungsangebote (z.b. durch Gewerkschaften oder Verbände).

Einige abschließende Überlegungen

Die französische Situation offenbart die Schwierigkeiten in der Entwicklung eines komplexen institutionellen Systems, das nicht nur durch eine Geschichte der Sondererziehung geprägt ist, sondern ebenso durch institutionelle Abgrenzungen, die stark durch die jeweils zuständigen Ministerien strukturiert wurden, z.B. durch das Erziehungs- und durch das Gesundheitsministerium. Im Prinzip fördern die aktuellen offiziellen Leitlinien die Bildung und Erziehung in allgemeinen Einrichtungen, sogar die inklusive Bildung und Erziehung, wie einige behaupten. Aber lassen diese Orientierungen Synergieeffekte unter den verschiedenen Mitarbeiter/innen innerhalb und außerhalb der Schule zu? Dies ist nach wie vor eine komplexe Angelegenheit, da die öffentlichen Träger (Maison départementale des personnes handicapées, Caisse nationale solidarité pour l'autonomie...) darauf Wert legen, neue Strukturen zu installieren und zentralstaatliche Kompetenzen in die Departements zu verlagern. Leider haben diese institutionellen Innovationen zum einen Schwierigkeiten in ihrer Entstehung, besonders durch den Mangel eines stabilen und kompetenten Personals sowie der finanziellen Unterstützung, zum anderen wurde der wesentliche Aspekt der beruflichen Weiterbildung vernachlässigt. In dieser Hinsicht ist der allgemeine gesellschaftliche Kontext leider kaum förderlich, da Tendenzen der ‚liberalen‘ Deregulation großer beruflicher Sektoren und die Aufwertung privater kostenpflichtiger Unterstützungsdienste für Personen mit Schwierigkeiten feststellbar sind. Wir erleben einerseits *„die verallgemeinerte Mobilität von Arbeitsverhältnissen, beruflichen Karrieren und arbeitsbezogenen Sicherungen"* (Castel 2006, 43; Übers. M.K.) und andererseits *„die konsumistische Verwandlung des Begriffs von ‚Dienstleistung‘ und seiner entsprechenden Normen zugunsten des Endkunden"* (Chauvière 2007, 28).

Dennoch erfordert die Bildung und Erziehung von Kindern mit Beeinträchtigungen oder großen Schwierigkeiten – sogar mehr als in anderen Fällen – nicht nur berufliche Kompetenzen, sondern auch die gemeinsame Nutzung dieser Fähigkeiten. In der Praxis geht es nicht darum, den spezifischen beruflichen Wissens-

---

neue Kenntnisse und Fähigkeiten erworben haben (in der Anpassung pädagogisch-didaktischer Methoden ebenso wie in zwischenmenschlichen Beziehungen), Kenntnisse und Fähigkeiten, die nach ihrer Einschätzung auf alle Schüler übertragbar sind.

stand zu eliminieren, der sowohl auf Ausbildungsordnungen als auch historisch entwickelter beruflicher Identität gründet, sondern vielmehr zur Zusammenarbeit, Dialog und Wissensaustausch zu ermutigen. Um mehr Inklusion oder die Zugehörigkeit von allen zu erreichen, ist die Integration der Erwachsenen selbst unabdingbar. Wesentlich wäre deshalb, dass die berufliche Bildung sich nicht nur auf Kenntnisse und Fähigkeiten des eigenen Feldes beschränkt, sondern sich auch für Kooperationen öffnet, die gemeinsame Reflexion und die Entwicklung gemeinsamer Aktionspläne unterstützt. Unter diesen Bedingungen kann eine sich weiterentwickelnde und nachhaltige Politik gestaltet werden, die die Zugehörigkeit eines jeden in einem Lebensraum für alle ermöglicht, mit anderen Worten – wirkliche Inklusion.

Einige Fragen zur Reflexion:
- Denken Sie, dass Ihre Institution derzeit die Inklusion aller Kinder fördert, auch die der Kinder mit besonderen pädagogischen Bedürfnissen? Oder ist sie eher auf dem Weg dahin?
- Können Sie einige verbliebene Hindernisse für Inklusion aufzeigen?
- Können Sie sich Maßnahmen vorstellen, die zu voller Inklusion führen?
- Welche Möglichkeiten gibt es, das Risiko eine „Mikro-Exklusion" von Kindern mit besonderen pädagogischen Bedürfnissen in inklusiven Umfeldern auszuschließen?

Maria Kron

2.3 Heterogenität – ein elementarer Aspekt in der inklusiven pädagogischen Arbeit

Verschiedenheit und Unterschiede sind soziale Tatsachen

Heterogenität in Gruppen der öffentlichen Früherziehung entspricht der gesellschaftlichen Normalität. In den Institutionen der öffentlichen Früherziehung und -bildung treffen wir Kinder, die sich in vielen Aspekten, die ihre Identität ausmachen, unterscheiden. Mit Bezug auf das Thema unserer Studie denken wir in erster Linie an die Kinder mit besonderen pädagogischen Bedürfnissen, Kinder mit Schwierigkeiten in ihrer physischen und geistigen Entwicklung. Aber natürlich sind in Kindergarten, Vorschule oder in der école maternelle Frankreichs die Kinder in den Gruppen nicht nur durch Unterschiede charakterisiert, die sich als „mit oder ohne Entwicklungserschwernisse" beschreiben lassen. In den öffentlichen Institutionen der frühen Erziehung und Bildung ist eine Vielfalt zu finden, wie sie durch individuelle Unterschiede und durch die wachsende Vielfalt in den europäischen multikulturellen Gesellschaften entsteht.

In den meisten europäischen Systemen der Erziehung und Bildung versuchte und versucht man bis heute, die Komplexität heterogener Gruppen durch die Bildung angeblich homogener Einheiten (Institutionen, Klassen, Gruppen) zu bewältigen. Die weitreichende Organisation der Verschiedenheit soll eine Gemeinsamkeit im Lernstand der Kinder herstellen, die einheitliches Lehren und Lernen legitimiert. Doch wird die Verschiedenheit der Kinder dadurch nicht zum Verschwinden gebracht. Stattdessen wird das Beharren auf einer fiktiven Homogenität zur Quelle von Entwicklungserschwernissen und Diskriminierung. Angesichts der in vielen Hinsichten stark wachsenden Differenzierungen in den europäischen Gesellschaften (und damit auch den Bereich der frühen Erziehung und Bildung betreffend) muss deshalb Heterogenität mit dem Blick auf Gleichheitsansprüche neu durchdacht werden (vgl. Vandenbroeck 2007).

Schon 1996 formulierte das ‚Netzwerk Kinderbetreuung' der Europäischen Kommission in seinen Empfehlungen, die bis 2006 in den Ländern der Europäischen Union umgesetzt werden sollten (vgl. Textor 1999):

Ziel 14: Alle Einrichtungen sollten den Wert von Vielfalt positiv herausarbeiten. Sie sollten ein Angebot für Kinder wie Eltern bereithalten, das Vielfalt an Sprachen, Herkunft, Religion, Geschlecht und Behinderung anerkennt und fördert sowie Stereotype ablehnt.

Ziel 20: Die Erziehung und das Lernumfeld sollten die Familie jedes Kindes, sein Zuhause, seine Sprache, das kulturelle Erbe, seinen Glauben, seine Religion und sein Geschlecht widerspiegeln und wertschätzen.

Die wichtigsten Dimensionen der Verschiedenheit in Zusammenhängen frühkindlicher Erziehung sind hier benannt. Nicht ausdrücklich erwähnt, aber eingeschlossen sind Aspekte der Familienkultur und die sozio-ökonomische Basis der Familie. Die Gesamtheit der Aspekte kennzeichnet die Tatsache, dass Kinder unter sehr verschiedenen Umständen aufwachsen. Die Familien mancher Kinder leben schon seit Generationen in dem Land, in dem das Kind aufwächst, bei anderen ist die Familie zugewandert; manche Kinder und ihre Familien sprechen die Mehrheitssprache des Landes, andere nicht; manche Jungen und Mädchen werden streng im Sinne traditioneller Geschlechtsrollenverteilung erzogen, anderen wird von ihren Eltern eher ein flexibles Geschlechtsrollenbild vermittelt; manche Kinder wachsen mit, andere ohne Geschwister auf; die Eltern mancher Kinder haben kaum ökonomische Ressourcen, andere dagegen mangelt es daran nicht etc. Und es gibt Kinder, deren Entwicklung von physischen oder mentalen Beeinträchtigungen geprägt ist, während viele andere davon nicht betroffen sind. Kinder mit (großen) Lernschwierigkeiten, gehörlose Kinder, Kinder, die sich kaum eigenaktiv bewegen können oder die nicht in der von uns gewohnten Weise kommunizieren können und Kinder, die alle diese Erschwernisse nicht kennen, illustrieren eindrucksvoll ein breites Spektrum von Verschiedenheit. Doch auch die anderen genannten Aspekte sind nicht weniger bedeutsam.

Inklusive Erziehung und die Verschiedenheit der Kinder
Wie trägt eine Einrichtung der Heterogenität Rechnung? Was bedeutet inklusive Erziehung mit Blick auf die heterogene Gruppe? Im Kern geht es darum, Barrieren zu beseitigen, die die institutionelle Repräsentation der gesellschaftlichen Vielfalt verzerren können.
• Für Institutionen der öffentlichen Erziehung sollte es selbstverständlich sein, dass keine gesellschaftlichen bzw. sozialen Barrieren den Zugang für bestimmte Kinder und ihre Familien erschweren, also keine Bevorzugung einer bestimmten Klientel, kein Ausschluss durch finanzielle Hindernisse u. ä. (Barrieren gesellschaftlicher und institutioneller Art beseitigen).
• In der Institution muss dafür Sorge getragen werden, dass weder durch räumliche noch durch organisatorische Festlegungen wie z. B. der Öffnungszeiten bestimmte Kinder und ihre Familien fern gehalten werden (Barrieren institutioneller und struktureller Art beseitigen).
• Inklusive Erziehung meint schließlich, die Gruppe als Sozialisationsraum pädagogisch so zu gestalten, dass die Verschiedenheit der Kinder zum Zuge kommen

kann. Die Gruppenorganisation sollte Annäherungen, Abgrenzungen, Interaktion und Kooperation ermöglichen. Inklusive Erziehung bedeutet hier, die Kinder dabei zu unterstützen, ein Verständnis von menschlicher Verschiedenheit zu entwickeln, sie zur Suche nach Anknüpfungspunkten zu ermuntern, sie zu unterstützen, Gemeinsamkeiten und Ebenen der Kooperation und des gemeinsamen Lernens zu entdecken (Barrieren personalen Ursprungs beseitigen).

Gleichheit und Verschiedenheit
Strategie *und* Ziel inklusiver Erziehung in heterogenen Gruppen ist die Respektierung von individuellen Unterschieden bei gleicher Anerkennung aller Kinder. „Tutti uguali, tutti diversi" – der Leitspruch der italienischen Integrationsbewegung formuliert programmatisch dieses Wesenselement von Inklusion.

Gleichheit in der Heterogenität – ein spannungsreiches Thema. Vor dem Hintergrund heterogener Gesellschaften ist das Verhältnis von Verschiedenheit und Gleichheit einer der Kristallisationspunkte im polittheoretischen und soziologischen Diskurs. Unterschiede dien(t)en theoretisch wie praktisch der Legitimation von Machtverhältnissen und gesellschaftlicher Ungleichheit (keine gleichen Rechte, ungleiche Verteilung gesellschaftlicher Ressourcen). In demokratischen Gesellschaften mit zumindest Rechtsgleichheit besteht das Spannungsverhältnis von Verschiedenheit und Gleichheit weiterhin fort. Gleichheit – je nach Bezugspunkt – steht unter dem Verdacht der Gleichmacherei, gilt andererseits aber als zentrale moralische Kategorie humaner Gesellschaften; der Verweis auf Unterschiede stößt auf den Argwohn, ob hier diskriminierende Absichten vorliegen. Die begriffliche Entgegensetzung löst sich inhaltlich über die Bezugspunkte von Verschiedenheit und Gleichheit auf. Für Axel Honneth, Sozialphilosph der Frankfurter Schule und Habermas-Schüler, ist die soziale Anerkennung die grundlegende Konstante, in der Unterschied und Gleichheit vereinbar werden. Die soziale Wertschätzung der Person in ihrer individuellen Eigenheit ist eine besondere Form der Anerkennung (neben der emotionalen Achtung und der rechtlichen Anerkennung), die sich in Solidarität bzw. egalitärer Differenz realisiert: Achtung der Besonderheit, ohne die Individuen über ihre Unterschiede zu hierarchisieren. Sie ist für die Subjektbildung elementar. Nur auf dieser Basis kann das Individuum einen positiven Selbstbezug heraus bilden (vgl. Honneth 1992). Denn soziale Anerkennung ist notwendige Bedingung menschlicher Entwicklung, da die Bedeutung, die Dritte einer Lebenswelt zuschreiben, Grundlage der Konstitution individuellen Selbstverständnisses ist und inhaltlich in das Selbstbild eingeht (vgl. Fuchs 2007, 20).
Den Honneth'schen Begriff der „Egalitären Differenz" legt Prengel (1993/2006.3) einer „Pädagogik der Vielfalt" (Diversity Education) zu Grunde. Ge-

meint ist damit die Achtung der Verschiedenheit, der Verzicht auf die Wertung von individueller Besonderheit im Rahmen der Gruppe. „Erst in Verbindung mit der Wertschätzung für Heterogenität wird Gleichheit wirklich uneingeschränkt gültig." (diess. 2006, 61). „Egalitäre Differenz" komprimiert hier den Gedanken, dass in der inklusiven Erziehung die Respektierung der Unterschiede und die Anerkennung von Gleichheit untrennbar sind: Berücksichtigung der unterschiedlichen Bedürfnisse, Fähigkeiten und Interessen der Kinder, ohne sie zu hierarchisieren, also Gleichheit in der individuellen Wertschätzung. Im Rekurs auf Richard Sennett, den US-amerikanischen Soziologen und Historiker, kann die Respektierung von Unterschieden als Gegenpol gesellschaftlicher Ungleichheiten, Abhängigkeiten und den davon beeinflussten interpersonalen Beziehungen verstanden werden. „Zwischenmenschlicher Respekt" enthält als Grundkonstante, ein Bewusstsein für wechselseitige Bedürfnisse zu entwickeln, die Bedürfnisse anderer ernst zu nehmen und sie zu achten (vgl. Sennett 2004, 67-79). Wo, wenn nicht in der frühen Kindheit, kann die Grundlage eines solchen Bewusstseins gelegt werden?

Konkret erleben die Jungen und Mädchen Gleichheit und Achtung individueller Unterschiede, wenn die Pädagogen/ Pädagoginnen alle Kinder der Gruppe mit ihren jeweiligen Fähigkeiten akzeptieren und sie zu einem nächsten Schritt ermuntern, der in der Reichweite ihrer Möglichkeiten liegt. So kann realisiert werden, dass die Kinder nicht mit einem Standard des fiktiven Durchschnitts (des Alters, des kulturellen Standards etc.) konfrontiert und darüber evtl. diskriminiert werden. Gleichheit kann umgekehrt durchaus auch Unterschiede produzieren. Gleiches Recht auf Teilhabe z. B. kann unterschiedliche pädagogische Unterstützung nötig machen, damit die Partizipation eines Kindes gelingt.
Die Achtung der Differenz zwischen Kindern heißt nicht, unterschiedliche Bedingungen des Aufwachsens per se gut zu heißen. Deprivierende soziale Bedingungen z. B., die die Entwicklung der Kinder beeinträchtigen und Unterprivilegierung stabilisieren, müssen auf gesellschaftspolitischer Ebene thematisiert und verändert werden. Aus inklusionspädagogischer Sicht ist es wichtig dafür zu sorgen, dass ein Kind, das unter solchen erschwerenden Umständen aufwächst, sich in der Gruppe aufgenommen und anerkannt sieht und Unterstützung erhält. Aufgabe der Pädagoginnen und Pädagogen ist es, sein physisches und psychisches Wachstum zu unterstützen.
Der pädagogische Bezug auf die Heterogenität der Gruppe bedeutet in der Praxis, dass Kinder auch in ihrer Besonderheit angesprochen werden. Beispiele: Bestimmte Kinder und ihre Eltern werden von den Erzieherinnen eingeladen, zusammen mit der Gruppe ein türkisches Fest zu feiern; andere Kinder und ihre Eltern werden angesprochen, ein vietnamesisches Essen zu kochen; Kinder, die Geschwister

haben, dürfen diese an einem bestimmten Tag mit in die Einrichtung bringen; für die ältesten Kinder der Gruppe gibt es einmal in der Woche eine Aktivität, die besonders auf die Schule hin orientiert ist; Kinder mit Behinderung können in der Tageseinrichtung notwendige Therapien erhalten etc. Es sind Beispiele, die deutlich machen, dass die Achtung der Verschiedenheit auch heißen kann, dass nicht mit allen Angeboten alle Kinder gleichermaßen angesprochen werden. Wichtig ist, dass die Jungen und Mädchen nicht auf bestimmte einzelne Aspekte festgelegt werden und dadurch (neue) Besonderung entsteht. Die Kinder sollten sich selbst und andere als Mitglied verschiedener wechselnder Gruppierungen erfahren, um Besonderheiten (individuelle Identität) und immer wieder Gemeinsamkeiten (Gruppenidentität) und Teilhabe zu erleben.

Sozialisation in heterogenen Gruppen – Erziehung gegen Vorurteile

In der Gruppe des Kindergartens, oder der (Vor)Schule zu erleben, dass Heterogenität ‚normal‘ ist und geschätzt wird, ist die beste Vorbereitung auf eine Gesellschaft voller individueller und kultureller Unterschiede. Es wirkt der Vorurteilsbildung entgegen, wenn Kinder von Anfang an lernen, offen mit Verschiedenheit umzugehen. Der Angst vor dem Anderen, dem Fremden, und der daraus folgenden Missachtung und Ausgrenzung kann so grundlegend entgegengewirkt werden. Denken wir z. B. nur an zwei wichtige Prozesse in gegenwärtigen Gesellschaften:

– Die wachsenden Anteile von Gesellschaftsmitgliedern mit Migrationshintergrund haben in etlichen europäischen Staaten in erschreckendem Ausmaß Nationalismus und Fremdenfeindlichkeit aktualisiert oder mobilisiert. Dies macht sich als gesellschaftspolitischer Druck zur Anpassung auf alle diejenigen bemerkbar, die nicht der heimisch-nationalen Typisierung entsprechen. Dabei geht es nicht nur um die politisch-theoretische Forderung, teilweise oder gänzlich die bisherige kulturelle Identität aufzugeben. Erwachsene wie Kinder erfahren auch unmittelbar und am eigenen Leib fremdenfeindliche Einstellungen und Ausgrenzungen.

– Die Leistungsgesellschaft, in der wir leben, bringt eine gnadenlose Hierarchisierung von Unterschieden hervor. Auch wenn (finanzieller) Erfolg und (gesellschaftlicher) Status angeblich durch nichts als persönliche Leistung verdient wird, zählt nicht diese, sondern letztlich das absolute Ergebnis, der Vergleich mit dem Erfolg anderer, die Arbeitsfähigkeit und Nützlichkeit in ökonomisch gewinnbringenden Prozessen. Die Unterschiede auf der Skala gesellschaftlich anerkannten und geschätzten Erfolgs erfahren die Menschen unmittelbar als bedeutende materielle Unterschiede in ihren Lebensumständen, als Unterschiede ihrer gesellschaftlichen Wertschätzung, als Diskriminierung ihrer Person und Lebenssituation. Menschen mit physischen oder mentalen Beeinträchtigungen finden sich in einer solchen Dynamik schon immer auf der Verliererseite. Ihre gesellschaftliche Diskriminierung wird durch die Zuschreibung personaler Unfähigkeiten legitimiert und als Vorurteil gepflegt.

Mit der Anerkennung von Vielfalt kommt eine Erziehung zum Zuge, die solchen Vorurteilen entgegenwirken kann. Sie entzieht stereotypen Denkmustern und institutioneller Ausgrenzung die Grundlage. Natürlich spielt sich auch die frühkindliche Erziehung nicht außerhalb der Gesellschaft ab; deren Maßstäbe werden dauerhaft Einfluss haben. Umso entscheidender aber ist es, wie die Jungen und Mädchen den Kindergarten oder die (Vor)schule verlassen: Ob sie diesen Strömungen nur ausgeliefert sind oder ob sie ihnen mit der Wertschätzung von Unterschieden, mit Empathie für andere Menschen, mit stabilem Selbstwertgefühl und kritischem Denken begegnen können.

Heterogenität der Familien. Die Zusammenarbeit mit den Eltern
Die Heterogenität in der Kindergruppe spiegelt die ethnische bzw. kulturelle und sozioökonomischen Verschiedenheit der Familien, ihre unterschiedlichen Wertesysteme, ihre unterschiedlichen Beziehungsmuster. Bei Kindern mit besonderen pädagogischen Bedürfnissen kommt hinzu, dass es große Unterschiede darin gibt, wie ihre Eltern mit der besonderen Situation ihres Kindes, mit seinen besonderen Bedürfnissen und Befindlichkeiten umgehen. Erleben sie es als Normalität, als Ansporn und Bereicherung, als persönliche und familiäre Belastung? Des weiteren wählen Familien oft sehr unterschiedliche Zugänge, um sich mit professionellen Pädagogen über ihre Kinder auszutauschen; sie haben oft sehr unterschiedliche Vorstellungen über die Qualität und die Formen ihrer Mitsprache an der institutionellen frühen Erziehung ihrer Söhne und Töchter; sie haben unterschiedliche Erwartungen an den Kindergarten oder die (Vor)Schule (vgl. Hanson 2002). Angesichts der großen Unterschiede kann sich in der Zusammenarbeit mit den Eltern kein Modell bewähren, das auf eine fiktive Durchschnittsfamilie abzielt. Die jeweilige Familie muss als Einheit mit jeweils individuellem Charakter betrachtet werden, in der auch jeweils bestimmte Erziehungsvorstellungen existieren. Dies widerspricht dem verbreiteten traditionellen Familienideal oft ebenso wie einem auf moderne Anforderungen hin ausgerichteten Verständnis. Was für die Kinder gilt, ist auch in der Zusammenarbeit mit ihren Familien wichtig: Respekt vor dem Charakter der jeweiligen Lebensgemeinschaft, deren Erziehungsvorstellungen und den Zukunftswünschen für den Sohn oder die Tochter. Basis unserer Wertschätzung ist das Bemühen der Eltern, ihrem Kind gute Bedingungen physischen und psychischen Wachstums bereit zu stellen. Vor diesem Hintergrund sollte auch in der Zusammenarbeit mit den Familien das Leitprinzip der Egalitären Differenz gelten.

Pädagoginnen und Pädagogen, die sich die Heterogenität der Kinder und ihrer Eltern bewusst machen, werden die Familien differenzierter wahrnehmen. Die verschiedenen Formen und Ausprägungen von Familienkulturen, unterschiedliches Verständnis von Kindheit und Erziehung, Unterschiede im Bezug der Eltern zu ihrem Kind werden bedeutsam. Die Kooperation mit den Eltern wird unterschiedliche Formen annehmen. Hier müssen professionelle Pädagoginnen und Pädagogen eigene Werte und Vorstellungen sorgfältig reflektieren, um den Eltern nicht mit stereotypen Vorstellungen über die Familie und familiäre Erziehung zu begegnen.[8] Der Umgang mit Heterogenität erfordert nicht zuletzt auch die Einordnung (nicht die Aufgabe!) der eigenen Standards in ein Spektrum verschiedener Lebensweisen.

Didaktische Grundlinien in heterogenen Gruppen

Gute pädagogische Arbeit in heterogenen Gruppen ist nichts anderes als allgemeine gute pädagogische Arbeit, die bei der Bereitstellung von Spiel- und Lernmöglichkeiten oder bei angeleiteten Aktivitäten die Verschiedenheit der Kinder im Blick hat. Dies bedeutet, den Jungen und Mädchen in pädagogisch arrangierten Situationen die Möglichkeit zu geben, individuell auf ihrem Lernniveau, in ihrem Tempo und in ihrem eigenem Stil sich mit der Welt auseinander zu setzen. Die heterogene Gruppe des Kindergartens oder der (Vor)Schule, gepaart mit interessanten und spannenden Angeboten für die Kinder, ist eine hervorragende Gelegenheit, bei der Kinder mit offenen Augen ihr Bild der Welt, vor allem der Menschen konstruieren können. Damit dies gelingt, brauchen manche Kinder, vor allem jene mit besonderen pädagogischen Bedürfnissen, die Unterstützung oder Begleitung eines Erwachsenen (vgl. Odom u. a. 2002). Vor allem dann, wenn die Kommunikation zu den Peers erschwert ist, müssen Erzieherinnen tätig werden, um Beziehung, gemeinsames Spielen und Lernen zu ermöglichen. Kinder brauchen den vertrauten sozialen Kontakt mit Gleichaltrigen, um zu lernen, dass der Partner andere Vorstellung und andere Sichten der Dinge hat, um zu lernen, die Perspektive des anderen einzunehmen und um zu Vereinbarungen zu kommen. Es ist eine der wesentlichsten Aufgabe von Pädagoginnen und Pädagogen in heterogenen Gruppen, Kinder in der Suche nach Anknüpfungspunkten, in ihren Beziehungen und in ihrer Kooperation zu unterstützen, um eine grundlegende Akzeptanz von Verschiedenheit zu entwickeln (vgl. Kron 2008).

---

8 Sehr produktive Vorschläge zur Fort- und Weiterbildung von Pädagoginnen und Pädagogen, die in heterogen Kindergruppen arbeiten und mit sehr unterschiedlichen Familien zu kooperieren haben, finden sich in der Veröffentlichung des DECET-Netzwerks (Diversity in Early Childhood Education and Training): Keulen van, A. et al. (ed.) (2004)

Dies alles realisiert sich in den konkreten Tätigkeiten der Kinder. Sie vollziehen sich in der frühen Kindheit bzw. in der frühen Erziehung vor allem
- in dem gemeinsamen freien Spiel der Kinder,
- im pädagogisch angeleitete Spiel,
- in dem Kreisgespräch/ dem fördernden Dialog zwischen der Pädagogin/ dem Pädagogen und der Kinder und der Kinder untereinander,
- in Projekten, in denen forschendes Lernen im Mittelpunkt steht,
- in Projekten ästhetischer Bildung,
- in Festen und ähnlichem innerhalb der Kindergruppe und über sie hinaus reichend.

In diesem Manual finden Sie in großem Umfang Anregungen, wie diese konkreten Situationen so gestaltet werden können, dass für sehr unterschiedliche Kinder gemeinsame Aktivitäten in dem oben beschriebenen Sinn möglich sind. Sie zeigen, dass die Berücksichtigung von Heterogenität, die Achtung von Vielfalt und inklusive Erziehung in guter pädagogischer Arbeit zusammenfallen.

Einige Fragen zur Reflexion:
Wie ist die Situation in der Einrichtung, in der Sie arbeiten?
- Gibt es offensichtliche Barrieren des Zugangs und der Teilhabe? Gibt es Barrieren, die indirekt wirken?
- Wie wird der Verschiedenheit der Kinder Rechnung getragen, wie der Gleichheit?
- Wie werden Eltern/ Familien in ihrer Verschiedenheit angesprochen? Welche gemeinsamen Gesichtspunkte gibt es?

3   Inklusive Praxis – eine Frage der Konzepte

Ana Maria Serrano & Joana Lima Afonso

3.1   Der Einfluss von Rahmenbedingungen, Richtlinien und Lehrplänen

Trotz der unterschiedlichen Bedeutungen, mit denen Konzepte einer frühen (vorschulischen) Erziehung in verschiedenen europäischen Ländern gefüllt werden, gibt es einige wichtige Voraussetzungen zu berücksichtigen, wenn wir über Rahmenbedingungen, Richtlinien und Curricula nachdenken. Ein wesentlicher Aspekt der Reflexion vorschulischer inklusiver Einrichtungen ist die Frage der Qualität, die wir ansprechen müssen, gleich um welches Konzept es sich handelt. Qualität hat nach Odom & Baley (2000) mindestens zwei Dimensionen. Eine bezieht sich auf die Qualität frühkindlicher Bildung und Erziehung aus einer allgemeinen Perspektive der frühen Kindheit, die zweite Qualitätsdimension bezieht sich auf den Charakter des Konzepts oder Programms für Kinder mit besonderen pädagogischen Bedürfnissen; die Einrichtung selbst muss dem Kind mit besonderen pädagogischen Bedürfnissen individuell angemessen sein. Die inklusive Qualität eines Konzepts kann durch verschiedene Indikatoren gemessen werden, z.B. durch den Grad der aktiven Beteiligung des Kindes an Gruppenaktivitäten und -routinen, ebenso durch andere, übergreifende Merkmale wie die Philosophie eines Konzepts, die Unterstützung auf Verwaltungsebene, Ressourcen, persönliche Vorbereitung, Zusammenarbeit zwischen den Fachkräften, Wahlmöglichkeiten für Familien und die aktive Beteiligung und Interaktion von Kindern und pädagogischen Fachkräften mit dem Kind mit Behinderung.

Seit Mitte der 1980er Jahre wird zur Qualität des Umfeldes früher Erziehung und zu seinem Einfluss auf kindliches Verhalten und kindliche Entwicklung geforscht. Ergebnisse dieser Untersuchungen lehrten uns, dass qualitative gute Bildungs- und Erziehungskonzepte (-programme) positiv auf die Entwicklung und das Verhalten des Kindes wirken (Burchinal et al. 1996; Cost, Quality and Child Outcome Study Team 1995; Dunn 1993). Eltern und Fachkräfte sollten deshalb den allgemeinen Qualitätsindikatoren inklusiver Milieus hohe Aufmerksamkeit widmen.

Ein Konzept der frühen Bildung und Erziehung sollte den Stand der wissenschaftlichen Forschung zur kindlichen Entwicklung beachten. Im Hinblick darauf, dass sich die kindliche Entwicklung und die Eigenart des Lernens von Kindern im

Alter bis zu sechs Jahren beträchtlich von dem der Erwachsenen oder anderer Altersstufen unterscheiden, gibt es eine Reihe von Prinzipien, die einer entwicklungsgemäßen Praxis für diese Altersgruppe zu Grunde liegen:

• Die Bereiche kindlicher Entwicklung – physische, soziale, emotionale und kognitive Bereiche – stehen in enger Beziehung zueinander. Entwicklungen in einem Bereich beeinflussen und werden beeinflusst von Entwicklungen in anderen Bereichen.
• Entwicklungen verlaufen in relativ regelhafter Reihenfolge, wobei spätere Fähigkeiten, Fertigkeiten und Kenntnisse auf den bereits erworbenen aufbauen.
• Die Entwicklungsfortschritte sind von Kind zu Kind unterschiedlich, ebenso sind die Entwicklungsschritte innerhalb verschiedener Funktionsbereiche bei jedem Kind ungleichmäßig.
• Frühe Erfahrungen haben sowohl kumulative als auch verzögerte Wirkungen in Bezug auf die individuelle kindliche Entwicklung. Für bestimmte Entwicklungs- und Lernschritte gibt es besonders günstige Phasen.
• Entwicklungen verlaufen in vorhersagbaren Richtungen hin zu mehr Komplexität, höherer Organisation und Internalisierung.
• Entwicklung und Lernen resultieren aus der Wechselbeziehung zwischen biologischer Reifung und dem Umfeld, das sowohl die physischen als auch die sozialen Welten einschließt, in denen Kinder leben.
• Das Spiel ist zum einen ein wichtiges Vehikel für die soziale, emotionale und kognitive Entwicklung des Kindes, zum anderen ist es die Widerspiegelung seiner Entwicklungen.
• Die Entwicklung schreitet zum einen voran, wenn Kinder die Möglichkeit haben, neu erworbene Kenntnisse umzusetzen, zum anderen, wenn sie Herausforderungen begegnen, die knapp über dem Niveau des Kenntnisstandes liegen, den sie aktuell beherrschen.
• Kinder zeigen unterschiedliche Wege des Wissens und Lernens und können in unterschiedlicher Weise ihre Kenntnisse darstellen.
• Kinder entwickeln sich und lernen am besten im Rahmen einer Gemeinschaft, in der sie geborgen sind und wert geschätzt werden, in der ihre physischen Bedürfnisse erfüllt werden und in der sie sich psychisch sicher fühlen (Bredekamp and Copple 1997, 10-15).

Wir möchten noch einmal hervor heben, dass das Spiel das Medium selbstgesteuerten Lernens der jüngeren Kinder ist (vgl. Kap. 7.2; 8.1). Mit Piaget formuliert: *Das Spiel ist die Antwort auf die Frage, wie überhaupt etwas Neues entsteht.* Kinder konstruieren ihr Wissen mit einer reflexiven Einstellung – in dem sie sich in der Auseinandersetzung mit ihrem Umfeld Fragen stellen, indem sie sich mit Problemlösungen, mit der Einschätzung diskrepanter Situationen und mit ständiger

Neubewertung von Ereignissen beschäftigen und indem sie alles manipulieren und mit allem experimentieren, das sie umgibt (selbst gesteuertes Lernen). Diese Haltung trägt zur Entwicklung neuer mentaler Kompetenzen und neuem Wissen bei. Wenn wir Pädagoginnen und Pädagogen diese Eigenart des Lernens junger Kinder ignorieren, leugnen wir *„eine der wichtigsten Errungenschaften der Renaissance, vielleicht der ganzen Menschheit – den Begriff (die Vorstellung von) der Kindheit"* (Postman 1985, 286).[9]

Nach Elkind (2007) *„sind qualitativ gute Konzepte bzw. Programme der Bildung und Erziehung in früher Kindheit kindzentriert und spielorientiert und wenden die projektbezogene Methode an. Ironischerweise ist von allen Bildungs- und Erziehungskonzepten das der frühen Kindheit dasjenige, welches mit der neuen Realität von Bildung und Erziehung am besten in Einklang steht ... Obgleich es der Intuition zu widersprechen scheint, sollte eine qualitativ hochwertige frühe Bildung und Erziehung Modell für die Bildung und Erziehung aller Altersstufen sein"* (Elkind 2007, 200).[10] Elkind spricht hier von einer neuen Erziehungsrealität, die den Charakter von Projektarbeit hat und kindzentriert ist. Er stellt diese in den Gegensatz zur traditionellen Schule bzw. zu Schulstufen mit einem rigiden System, testgesteuertem Curriculum und einer Trägheit bei der Einführung neuer Technologien.

Curriculare Richtlinien oder Rahmenpläne für inklusive Einrichtungen der frühen Kindheit müssen diese Prinzipien als Grundlage von Inklusion berücksichtigen. Dennoch werden Kinder mit besonderen pädagogischen Bedürfnissen von dieser Umgebung nicht so viel profitieren wie sie eigentlich sollten, wenn keine Änderungen und Erweiterungen stattfinden, um ihren spezifischen Bedürfnissen gerecht zu werden. Die Richtlinien, wie von Wolery et al. (1992) festgestellt, *„sind der Kontext, in dem sich frühe Bildung und Erziehung von Kindern mit besonderen pädagogischen Bedürfnissen vollziehen sollte, jedoch ist ein Programm, das allein auf Richtlinien aufbaut, für viele Kinder mit besonderen Bedürfnissen wahrscheinlich nicht ausreichend"* (ebd., 106).[11]

Eine der Erweiterungen, die in der Forschung zu spezifischer Bildung und Erziehung erwähnt wird, ist die individuelle Anleitung bzw. Unterstützung, die für Kinder mit besonderen pädagogischen Bedürfnissen in inklusiven Umfeldern erforderlich ist (vgl. Kap. 6.2.1). Individuelle Anleitung kann als ‚natürliche' Stra-

---

9   „one of the major conquers of Renascence, perhaps the most human – the idea of childhood"

10 „quality early childhood programs are child centered and play oriented, and employ the project method. Ironically, of all the educational models, the early childhood model is the one that is most in keeping with the new educational reality – even before the new technologies. Although it seems counterintuitive, quality early childhood education should be the model for education at all levels".

11 Guidelines „are the context in which early education of children with special needs should occur; however, a program based on guidelines alone is not likely to be sufficient for many children with special needs".

tegie (d.h. im allgemeinen Gruppenrahmen übliche Strategie) stattfinden. Obwohl einige dieser Strategien in den Verhaltenswissenschaften wurzeln, sind sie
mit konstruktivistischen Ansätzen vereinbar (Odom & Bailey 2000). Individuelle
Anleitung kann durch Lernmöglichkeit angeboten werden, die die Erzieher oder
Lehrer in Gruppenroutinen und -aktivitäten einbetten. Individualisierung bedeutet nicht Anleitung im Verhältnis 1:1, sondern vielmehr im Rahmen der Gruppe auf die individuellen Bedürfnisse der Kinder einzugehen, indem verschiedene
Strategien benutzt und Anpassungen vorgenommen werden (vgl. z.B. Kap. 5.2.2).
Das unterscheidet sich eindeutig von der traditionellen individualisierten Betreuung durch Sonderpädagogen oder durch Dienste außerhalb der allgemeinen
Lernzusammenhänge. Das Interesse an natürlichen[12] Umfeldern als eine Quelle
natürlicher Lerngelegenheiten der Kinder steht seit vielen Jahren im Zentrum
der Aufmerksamkeit von Anthropologen, Psychologen und Pädagogen (Dunst
et al. 2001). Dieses Interesse für den natürlichen Kontext des Lernens kann auf
das zurück geführt werden, was Mead (1954) *gewöhnliche Lebenssituationen* (ordinary life situations) nennt sowie auf deren Beitrag zu den individuellen Unterschieden kindlichen Lernens und kindlicher Entwicklung (vgl. Kap. 5.4.1). In
Vigotskys (1978) Prinzipien der Entwicklung und des Lernens werden ebenfalls
die natürlichen Lernfelder als Elemente geschätzt, die den physischen, sozialen
und kulturellen Kontext des Lernens bereithalten. Diese Grundsätze gelten für
alle Kinder. Nach McWilliam (2007) lernen Kinder nicht durch aufwendige Versuche, sondern vielmehr durch wiederholte und zeitlich gestreute Interaktionen
mit ihrem Umfeld. Besondere pädagogische Dienste für Kinder mit besonderen
Bedürfnissen sollten ebenfalls soweit wie möglich in der Gruppe der Kindertageseinrichtung oder der Vorschule bereit gehalten werden und eingebettet sein,
d.h. in dem natürlichen Umfeld, in dem Kinder einen Teil ihrer ‚Lernzeit' verbringen. In diesem Sinn sollten Therapie und besondere Unterstützung in dem
Gruppenraum, gewöhnlich bei Anwesenheit auch der anderen Kinder und im
Zusammenhang der üblichen Abläufe und Aktivitäten stattfinden (McWilliam
2007). Dieses Verfahren setzt jedoch eine gute Zusammenarbeit zwischen allen
Beteiligten voraus und erfordert eine komplexe Vorbereitung und Planung der
Umsetzung unter den ‚Regelpädagogen', mit den unterschiedlichen Fachkräften
spezieller unterstützender Dienste wie mit den Eltern.
Eine Möglichkeit der Evaluation dieser Dimension individualisierter Anleitung/
Unterstützung und ihrer Intensität ist nach McWilliam et al. (1985) der Grad,
in dem sich Kinder aktiv an bedeutungsvollen Lernaktivitäten im Gruppenraum
beteiligen. ‚Beteiligung' (engagement) misst sich nach McWilliam (2007) an dem
zeitlichen Umfang, in dem ein Kind in einer seiner Entwicklung und dem Zusam-

---

12 ‚natürlich' meint hier und im Folgenden die für die Mehrheit der Kinder allgemeinen und kultu-
rell üblichen Umwelten.

menhang gemäßen Art und Weise – also auf individuellem Kompetenzniveau – mit seinem Umfeld interagiert.

Zusammenfassend: Curriculare Richtlinien oder Rahmenpläne für frühkindliche inklusive Einrichtungen sollten hinausreichen über die wichtigen allgemeinen Qualitätsaspekte von Konzepten oder Programmen, die auf die Förderung der kindlichen Entwicklung im kognitiven, motorischen, sozialen und sprachlichen bzw. symbolischen Bereich zielen und auch die individualisierte Unterstützung berücksichtigen. Sandall & Schwartz (2002) benennen als Komponenten der Qualität frühkindlicher bzw. vorschulischer Umfelder Interaktionen, die die Kinder ansprechen und anregen, ein aufgeschlossenes und verlässliches Umfeld, zahlreiche Lerngelegenheiten, eine Unterrichtung bzw. Unterstützung, die auf Kind und Aktivität abgestimmt ist, entwicklungsgemäße Materialien, Aktivitäten und Interaktionen, ein dem Kind angepasstes Niveau der Anleitung sowie ein sicheres Umfeld. Hinsichtlich der individualisierten Unterrichtung bzw. Unterstützung sollten Erzieher und Lehrer ein Kontinuum der Intervention in Betracht ziehen, das von ‚nicht beeinflussend' bis zu ‚stärker beeinflussend' reicht (Wolery & Wilbers, 1994; Sandall & Schwartz, 2002) – z.B. bei der Gestaltung der sozialen und physischen Ökologie des Gruppenraums, bei curricularen Anpassungen, integrierten Lernmöglichkeiten und kindzentrierten Strategien, um auf die Spezifik von Kindern mit besonderen pädagogischen Bedürfnissen in inklusiven Einrichtungen einzugehen.

Einige Fragen zur Reflexion:
- Berücksichtigt das Konzept Ihrer Institution Qualitätsindikatoren? Wie evaluieren Sie die Qualitätsindikatoren Ihres Konzepts? Fördert es das Ziel, dass sich alle Kinder in gemeinsamen Interaktionen im Gruppenraum beteiligen?
- Treffen das Konzept oder das Curriculum, treffen die Aktivitäten in der Kindertageseinrichtung die individuellen Bedürfnisse der Kinder?
- Besteht in Ihrem Konzept eine Ausgewogenheit zwischen den erwachsenenzentrierten und den kindzentrierten Aktivitäten?
- Gibt es eine gemeinsame Planung und Zusammenarbeit unter den Beteiligten (z.B. unter den Erzieher/innen, Lehrer/innen, Sonder- und Heilpädagogen, Therapeuten, Eltern usw.)?

Dóra Garai, Valéria Kerekes, Csilla Schiffer,
Katalin Tamás, Zsófia Trócsányi, Júlia Weiszburg &
Péter Zászkaliczky

3.2 Die Rolle der Fachkräfte in der inklusiven
Bildung und Erziehung

Die Frage nach den Rollen verschiedener Fachkräfte in inklusiven Einrichtungen ist immer wieder ein entscheidender Punkt in der Diskussion um Inklusion. Was beinhalten diese verschiedenen Rollen? Trotz der Bedeutung dieser Frage gibt es bisher keine klare Antwort darauf. Ansätze, die versuchen, durch das Sammeln und Präzisieren von Aufgaben eine Lösung zu finden, treffen auf die Schwierigkeit, dass die Rollen der verschiedenen Fachkräfte nicht durch eine feste Anzahl von Aufgaben beschrieben werden können, da die Aufgaben von Institution zu Institution, ja sogar von Situation zu Situation variieren. Zudem überlappen und ergänzen sich gleichzeitig die Aufgaben der verschiedenen Professionen. Versuche, eine Definition durch die Bestimmung des jeweils Wesentlichen der verschiedenen professionellen Rollen zu erreichen, glücken ebenfalls nicht, insofern diese Versuche zu ‚philosophisch‘ geraten; sie liefern wenige Hinweise für die Praxis oder sie verfangen sich in der gleichen Weise wie die ‚Aufgabensammler‘. Zwar haben wir alle Vorstellungen darüber, was verschiedene Fachkräfte in der inklusiven Arbeit tun sollten, doch diese Vorstellungen sind meist schwer in Worte und in ein klares Konzept zu fassen. Statt über die Beschreibung strikt festgelegter Rollen nachzudenken, wählen wir hier das gemeinsame Ziel der Fachkräfte als Ausgangspunkt der Überlegungen und versuchen von dieser Grundlage aus Erklärungen zu finden und Schlüsse zu ziehen.

Gemeinsames Ziel der Fachkräfte ist in unserem Fall die Inklusion. Inklusion bedeutet auf der einen Seite, alle Teilhabemöglichkeiten der Kinder in der Gemeinde zu erweitern – im Spielen, Lernen und in sozialen Interaktionen; auf der anderen Seite impliziert dies, alle Barrieren auf diesem Weg abzubauen.

„Inklusion in früher Kindheit und Fürsorge für die Kinder betrifft gleichermaßen die Teilhabe der Praktiker wie den Einbezug der Kinder und Jugendlichen. Teilhabe beinhaltet mit anderen zusammen zu spielen, zu lernen und zu arbeiten. Es bedeutet, Wahlmöglichkeiten und Mitspracherechte zu haben bei dem, was wir tun. Tiefer liegend geht es darum, anerkannt, akzeptiert und um unsrer selbst willen geschätzt zu werden. ... In der Inklusion geht es darum, alle Barrieren des Spielens, Lernens und der Teilhabe aller Kinder zu minimieren." (Booth et al. 2006, 3).

Wenn wir bei der frühkindlichen Bildung und Erziehung von Partizipation sprechen, beziehen wir uns nicht nur auf die Teilhabe der Kinder, sondern ebenso auf die der Kollegen/Kolleginnen und der Eltern. Daher kann Inklusion nur in einer demokratischen Atmosphäre aufblühen, in der die Bedürfnisse aller berücksichtigt werden und alle Beteiligten den Entscheidungsfindungsprozess innerhalb der Institution beeinflussen können (vgl. Soriano 2005).

Exklusion bedeutet Hindernisse in der vollen Teilhabe, im Spielen und Lernen. Wenn wir dem oben vorgeschlagenen Gedankengang folgen, bezieht sich Exklusion auf einen Mangel an Kooperation oder auf Missverständnisse in sozialen Interaktionen zwischen den Fachkräften, Eltern und Kindern, die auf die Organisationsweise der Gemeinschaft zurück zu führen sind: Die Standpunkte der Beteiligten werden nicht berücksichtigt und innerhalb der Gruppe entwickeln sich Frustration oder Minderwertigkeitsgefühle.

Die Schlüssel einer erfolgreichen Inklusion liegen darin, die notwendigen Voraussetzungen zu garantieren und sie vor Ort zu handhaben. Die Gewährleistung dieser Bedingungen hängt in großem Ausmaß von gesetzlichen, ökonomischen und regierungsamtlichen Entscheidungen ab; Mängel dieser Bedingungen sind daher in der Praxis schwer zu kompensieren. Aus diesem Grund wird es immer wichtiger, Ressourcen innerhalb der Gruppe von Fachkräften der Institution (der Kindertageseinrichtung) zu entdecken. Erfolgreiche Konzepte werden von Pädagogen getragen, die miteinander kommunizieren, die gleiche Ansichten über frühkindliche Bildung und Erziehung haben oder unterschiedliche Auffassungen respektieren und die zusammen planen. Die Zusammenarbeit von Erwachsenen verschiedener Disziplinen und oft mit verschiedenen Auffassungen ist eine der größten Herausforderungen erfolgreicher Inklusion.

Was können Pädagogen zu dem gemeinsamen Ziel der Inklusion beitragen?

Die Pädagogen sind diejenigen in der Institution, die die meiste Zeit mit dem Kind verbringen. Daher beeinflussen ihre Persönlichkeit, ihre Haltung, ihre Kenntnisse und ihre Interventionen die Realisation von Inklusion. Die Typologien professioneller Rollen in dem Feld frühkindlicher Bildung und Erziehung unterscheiden sich beträchtlich. Oberhuemer (2000) hebt in ihrem internationalen Vergleich vier verschiedene Rollentypen hervor: Pädagogen der frühen Kindheit, Vorschul-Spezialisten, Lehrer und Sozialpädagogen. Obwohl sie sich in ihrer Bezeichnung unterscheiden, erfüllen diese Fachkräfte in dem Feld frühkindlicher Bildung und Erziehung ähnliche Aufgaben. Betrachten wir die professionellen Grundhaltungen, sind die wichtigsten unter ihnen bedingungslose Akzeptanz (der Persönlichkeit des Kindes), Empathie und Kongruenz (vgl. Rogers 1951). Der Pädagoge sollte erkennen, wenn das Kind zusätzliche Unterstützung zur Teilhabe braucht und sollte gleichzeitig einschätzen können, inwiefern es in der Lage ist, Frustrationen zu ertragen, die durch verzögerte Umsetzung entstehen. Da sich Entwicklung sowohl in der Erfahrung guter Momente vollzieht als auch in der Erfahrung von Frustrationen, sollte der Pädagoge das Kind nicht vor frustrierenden Erlebnissen schützen; er sollte es eher darin unterstützen, Schwierigkeiten aktiv zu bewältigen und gleichzeitig dem Kind als *sichere Basis* zur Verfügung stehen (vgl. Bowlby 1988), von der es Unterstützung beziehen kann (vgl. Kap. 6.1.3). Im Allgemeinen gibt es keine richtige Antwort auf die Frage, wann etwas zu unterbrechen und wann einem Kind zu helfen ist. Die Antwort hängt von der spezifischen Situation ab, doch ist auf jeden Fall die eigene Aufgeschlossenheit der Ausgangspunkt um die beste Lösung zu finden. Eine andere Herausforderung liegt darin, dass der Pädagoge sich immer darum bemühen muss, seine Aufmerksamkeit zu teilen und auf zwei Ebenen zu denken: Er muss die Kinder als Individuen sehen und gleichzeitig die Bedürfnisse der Gruppe als Ganzes bedenken.

Ein Beispiel: Wir beobachteten in einer Gruppe von drei- bis vierjährigen Kindern. Es war am Vormittag, einige Kinder waren schon da, während andere noch nicht eingetroffen waren. Einige der Kinder, die die Gruppe seit längerer Zeit besuchten, waren schon in freiem Spiel involviert. Andere, denen die Trennung von den Eltern immer noch schwer fiel, saßen um die Pädagogin herum. Sie las eine Geschichte, während ein junges Kind, das neu in der Gruppe war, auf ihrem Schoß saß. Dies war ein gutes Beispiel, wie in einer Gruppe auf Basis der Bedürfnisse der Kinder auch individuelle Unterstützung gegeben werden kann. Diejenigen, die bereits mit dem Ort und mit den Menschen dort vertraut waren, konnten alleine spielen. Andere, die Betreuung brauchten, konnten sich um die Pädagogin herum sammeln, die ein freundliches Wort für jedes Kind hatte, während sie dem Kind auf ihrem Schoß – entsprechen seinem Bedürfnis – zusätzlich durch ihre physische Nähe das Gefühl der Sicherheit gab.

Für einen Pädagogen ist es von wesentlicher Bedeutung, nicht nur über fachliches Wissen der frühen Erziehung und der Entwicklungsbesonderheiten drei- bis sechsjähriger Kinder zu verfügen, sondern auch über einige grundlegende Kenntnisse jener besonderen Bedürfnisse, auf die sie/ er in der Gruppe trifft. Da Pädagogen strukturierte Situationen in einer Art und Weise planen müssen, die die Beteiligung aller Kinder stützt, sollten Pädagogen sowohl innerhalb als auch außerhalb mit Sonderpädagogen kooperieren. Sie können zusammen strukturierte Situationen planen und sich ebenso die Anleitung einiger Aktivitäten in der Gruppe teilen. Wichtig ist es auch, Methoden der Anpassung von Curricula (Lehrplänen, Rahmenrichtlinien) oder Aktivitäten, Spielen und Übungen sowie Methoden der Binnendifferenzierung zu kennen, um den Bedürfnissen aller Kinder gerecht werden zu können. Kreative Fähigkeiten sind zur Inklusion notwendig. Es gibt mehrere Formen, um sich professionelles Wissen anzueignen und es zu aktualisieren. Um die vorhandenen Ressourcen in der Institution zu nutzen, können Unterstützungsgruppen, Fall- und Problemlösungstreffen organisiert werden.

Interventionen innerhalb der Gruppe

Erzieher/innen und Lehrer/innen haben viele Interventionsmöglichkeiten innerhalb der Gruppe. Pädagogen müssen sich die Tatsache vergegenwärtigen, dass Kinder unbewusst lernen, sich den Interaktionen der Peer-Gruppe anpassen und sich auf jene Interaktionen beziehen, die Pädagogen ihnen gegenüber am meisten anwenden. Pädagogen stellen ein Rollenmodell für die Kinder bzgl. der Art und Weise dar, wie agiert wird und wie über die Welt nachgedacht wird; ihr Verhalten beeinflusst die Gruppennorm erheblich. Für einen Pädagogen ist es daher wichtig, sich seines Verhaltens und Handelns bewusst zu sein. Da die Frage des Einflusses von Leitungsintervention auf die Gruppe ein wohlbekanntes Forschungsfeld der Gruppenpsychotherapie ist, können die Ergebnisse dieser Forschungen nützlich für jede professionelle Arbeit mit Gruppen sein.

Interventionen können nach den Zielen unterschieden werden, denen sie in erster Linie dienen (Lieberman et al. 1973):

• *Evokative (auslösende) Interventionen* sind jene Maßnahmen, die das Kind oder die ganze Gruppe veranlassen zu reagieren und sich zu beteiligen. Halb strukturierte und strukturierte Situationen (vgl. Kap. 3.3) bieten gute Möglichkeiten, etwas zu initiieren, Fragen zu stellen, über das Verhalten des Kindes zu reflektieren, die Kinder mit neuen Gedanken oder unterschiedlichen Lösungen zu konfrontieren oder die Kinder zum Handeln aufzufordern.

• *Instruktive Interventionen* beziehen sich auf Maßnahmen, die die Kinder dazu bewegen, nach Zusammenhängen zu suchen und verstehen zu wollen, zu forschen und neue Dinge zu lernen. Dies kann in einer recht strukturierten Form geschehen, indem der Pädagoge den Kindern Übungen und Aufgaben gibt oder in einer eher halb strukturierten Form, wenn es darum geht, in Zusammenarbeit mit den Kindern und unter Anwendung kooperativer Lehrmethoden ein Thema zu erarbeiten. Problemlöseaufgaben für Kinder in heterogenen Gruppen erleichtern normalerweise die gegenseitige Unterstützung der Kinder. Pädagogen können auch in klar strukturierten Situationen Inklusion fördern, indem sie entsprechend des Entwicklungsniveaus, Interesses und Unterstützungsbedarfs der Kinder differenzierte Aufgaben stellen. Halbstrukturierte Situationen, die nach dem Bedürfnis des Kindes ausgerichtet sind, bieten dem Pädagogen gute Möglichkeiten, um das Spiel bzw. die Aktivität eines Kindes mit Behinderung zu beeinflussen, aber nicht zu bestimmen. Durch aufmerksames, nicht direktives Verhalten des Pädagogen wird die Verschiedenheit der Kinder geachtet. Durch die Unterstützung von Kindern mit besonderen pädagogischen Bedürfnissen im Gruppengeschehen wird eigenaktives Lernen unterstützt und damit gleichzeitig die Beteiligung von Kindern ohne Behinderung erleichtert. Die Entwicklung eines Kindes schließt nicht nur kognitive, motorische und andere Funktionen ein, sondern auch den Erwerb sozialer Kompetenzen. Es ist daher wichtig, Kinder mit besonderen pädagogischen Bedürfnissen darin zu unterstützen sich ihren Peers anzunähern, genauso wie es von großer Bedeutung ist, anderen zu zeigen, wie Verschiedenheit respektiert und miteinander kooperiert werden kann.

- *Unterstützende Interventionen* beinhalten Aktivitäten, die sich in der emotionalen Dimension der Gruppe oder einer Kind(er)-Erwachsenenbeziehung auswirken. Gemeint sind damit Schutz, Unterstützung, positive Rückmeldung und Lob, um dazu beizutragen, Vertrauen zu entwickeln und der Atmosphäre in der Gruppe einen positiven Ton zu geben. Zum Beispiel bietet der Pädagoge jenen Kindern eine Zeit lang Schutz, die gerade in den Kindergarten gekommen sind und für die die Trennung von zu Hause noch schwierig ist (s.o. – das Kind auf dem Schoß der Erzieherin). Für einen Pädagogen/ eine Pädagogin ist es notwendig, eine persönliche, von beiden Seiten getragene Beziehung zu jedem Kind der Gruppe aufzubauen.
- *Steuernde Interventionen* finden vor allem in strukturierten Situationen statt, in denen der Pädagoge klare Beschreibungen und Anweisungen gibt, was zu tun ist und wie es zu tun ist. Sie stehen in enger Verbindung zur Festlegung von Regeln (für ein Spiel oder für die Gruppe) und damit in Beziehung zur Gruppennorm.
- *Selbst-Mitteilung* als Intervention bezieht sich auf Aktivitäten, mit denen sich der Pädagoge zum Zentrum der Aufmerksamkeit in der Gruppe macht, um die Kinder mit etwas bekannt zu machen. Dies kann entweder darin bestehen, eine Situation zu initiieren, eine Verhaltensweise zu zeigen oder um den Kindern gegenüber seine Gefühle oder seine Haltung über etwas mitzuteilen. Ein Beispiel: Die Erzieherin hat bemerkt, dass die Kinder die Wippe verlassen, wenn Emma, ein Kind mit autistischer Störung, mitschaukeln will. Die Erzieherin ermahnt die Kinder nicht, dass sie Emma vom Spiel nicht ausschließen sollen, sondern sie zeigt sich eher erfreut, nun Emma beim Schaukeln Gesellschaft leisten zu können. Da die Erzieherin als Person für die anderen Kinder attraktiv ist, sammeln sich bald einige Mädchen und Jungen drum herum, die mit Emma schaukeln wollen. Dies ist eine Möglichkeit des nicht-direktiven Lehrens – die Pädagogin präsentiert sich als Rollenmodell in der Frage, wie man mit einem Kind mit besonderen Bedürfnissen zusammen spielen kann und wie sich Kinder mit ihrem Verhalten aufeinander einlassen können.

Was können Kindergartenassistenten (oder Kinderpflegerinnen u.a.) zum gemeinsamen Ziel der Inklusion beitragen?[13]

In vielen europäischen Ländern arbeitet in der Gruppe eine zusätzliche Person, deren Hauptaufgabe es ist, die pädagogische Arbeit zu unterstützen. Ihre Rolle

---

13 vgl. Bakonyi et al. 2008, 190.

kann von Land zu Land verschieden sein. In Ungarn stehen diese Mitarbeiter/in-
nen in engem physischem Kontakt zu den Kindern, da sie ihnen bei intimen und
anderen persönlichen Verrichtungen helfen (z.B. wenn sie die Toilette benutzen,
beim Anziehen usw.). Daher haben sie eine noch wichtigere Rolle, wenn sie Kinder mit besonderen pädagogischen Bedürfnissen unterstützen. Diese Rolle ähnelt
der einer Großmutter: Eine große Portion Zuwendung, eine Portion gesunder
Menschenverstand, gewürzt mit viel Geduld. Dennoch, ihre Aufgabe ist kom-
plex. Sie besteht nicht nur darin, die Kinder zu versorgen, sondern vielmehr sie
gemäß ihrer Bedürfnisse und Fähigkeiten zu unterstützen, um ihnen auf diese
Art und Weise zu helfen, größtmöglichste Unabhängigkeit zu entwickeln. Dies
ist besonders im Falle von Kindern mit besonderen pädagogischen Bedürfnissen
ein maßgeblicher Gesichtspunkt. Die Kindergartenassistentin steht beim An- und
Ausziehen als Unterstützung zur Verfügung, sie ist diejenige, die bleibt und auf
die letzten Kinder wartet. Sie hat mehr Möglichkeiten für besondere Zuwendung und persönliche Gespräche, wenn nötig in einer Eins-zu-eins-Betreuungs-
situation. Ein anderes wichtiges Merkmal ihrer Rolle ist, dass sie die Kinder selbstverständlicher in Alltagsaktivitäten einbeziehen kann (beim Tisch decken, beim
Betten machen usw.). Auf Grund des Mangels an pädagogischen Assistentinnen
[in Ungarn] kann sich ihre Rolle im Laufe der Zeit erweitern; sie kann zum Gegenüber der Pädagogin werden und in strukturierten Situationen entsprechend
den Anweisungen der Pädagogin Unterstützung leisten. Benötigt ein Kind mit
besonderen pädagogischen Bedürfnissen individuelle Betreuung und Pflege innerhalb der Gruppe, kann sie dabei behilflich sein, so dass die Pädagogin ihre
Aufmerksamkeit den übrigen Kindern zuwenden kann.

Was können Sonderpädagogen zum gemeinsamen Ziel der Inklusion beitragen?
Inklusion hat auch Veränderungen in der Rolle der Sonderpädagogen mit sich
gebracht. Traditionellerweise überprüfen Sonderpädagogen Kinder mit besonderen pädagogischen Bedürfnissen, um einen Entwicklungsplan zu erstellen, um
Kinder in individuellen Arrangements zu fördern und um ihre Entwicklung zu
beobachten und nachzuverfolgen. Bezogen auf unseren Ausgangspunkt hat sich
dieses traditionelle Bild des Sonderpädagogen verschoben. Die Kooperation wird
zu einem immer wichtiger werdenden Teil ihrer Rolle. Betrachten wir ein Kind
mit besonderen pädagogischen Bedürfnissen, so existieren seine Bedürfnisse natürlich nicht unabhängig von ihm, doch sie treten als Schwierigkeiten in sozialen
Beziehungen bzw. sozialen Situationen auf. Ein Kind in individuellen Situationen
zu fördern, ist daher nur die eine Seite der Medaille; die andere Seite ist, in die
Gruppe zu gehen und die Pädagogen bei der Analyse der Gruppensituation, in der
die Schwierigkeiten in Bezug auf das Kind mit besonderen Bedürfnissen erfahrbar
werden, zu unterstützen und zusammen Lösungen zu finden oder beispielhaft

gute Antworten durch aktive Teilnahme in der Gruppe zu geben (Harbin et al. 2000, 398). In vielen Fällen ist es zunächst der Sonderpädagoge, der als Rollenmodell dafür fungiert, wie man mit einem Kind mit besonderen pädagogischen Bedürfnissen agieren kann; der Pädagoge greift dies auf und vermittelt es an die Gruppe. Da Inklusion die Teilhabe aller Kinder bedeutet, sollte der Sonderpädagoge die pädagogische Arbeit unterstützen, indem er individuelle Lösungen erarbeitet, in denen die Bedürfnisse aller Kinder mit berücksichtigt werden.

Erfahrungen, die in individuellen Fördersituationen mit Kindern mit besonderen pädagogischen Bedürfnissen gemacht wurden und Erfahrungen, die mit der Förderung dieser Kinder in Gruppenzusammenhängen gemacht wurden, sollten ausgetauscht werden. Daher umfasst die Rolle des Sonderpädagogen in der Regel die eines Vermittlungsagenten in der Kooperation von Eltern, Pädagogen und Fachkräften. Allgemein gesagt ist die Handhabung der Elemente von Inklusion (d.h. der notwendigen Bedingungen) auf professioneller Ebene auch die Aufgabe des Sonderpädagogen. Dieser Aufgabe kann er in verschiedener Weise nachkommen, abhängig davon, ob der Sonderpädagoge Mitarbeiter der Institution bzw. der Kindertageseinrichtung ist oder ob er als Teil eines Netzwerkes von einem unterstützenden Dienst von außerhalb kommt.

Was kann die Leitung zum gemeinsamen Ziel der Inklusion beitragen?

Besonders in Institutionen, in denen mehrere Fachkräfte arbeiten und die von vielen Kindern besucht werden, sollte eine Person für die Regelung allgemeiner Angelegenheiten und für zusätzliche pädagogische Unterstützung verantwortlich sein. Gewöhnlich ist dies die Leitung der Institution, wenn sie besondere Kenntnisse bezüglich Inklusion hat; ggf. liegt die Leitung der sonderpädagogischen Dienste aber auch bei einem Institut außerhalb[14]. Die Hauptaufgabe der Leitung liegt darin, die (rechtlichen) Bedingungen für Inklusion zu sichern: In Kooperation mit Kolleginnen/Kollegen verankert sie das Ziel der Inklusion in lokalen pädagogischen Dokumenten; sie stellt sicher, dass die notwendigen finanziellen Mittel oder darüber hinausgehende Zuschüsse zur Verfügung stehen, um die Rehabilitation vor Ort zu gewährleisten; sie vereinbart Unterstützungsangebote, sei es innerhalb des eigenen Hauses oder in der Vernetzung mit anderen Diensten; sie erstellt einen Rahmen für die Kooperation verschiedener Fachkräfte der Inklusion und stellt dessen Funktionsfähigkeit sicher; sie legt die Zusammensetzung der Kindergruppe unter Berücksichtigung der Erwachsenen-Kind-Relation fest; sie organisiert formale hausinterne Diskussionsforen zum Erfahrungsaustausch oder

---

14 In Ungarn: Auf der Ebene der Institution werden die generellen Bedingungen für Inklusion organisiert; die Organisation der nötigen fachlichen Bedingungen liegt in der Verantwort des Sonderpädagogen; die Bedingungen der Inklusion auf Gruppenebene werden dort durch die Pädagogen organisiert und gestaltet.

um besondere Kenntnisse zur Inklusion auf den neuesten Stand zu bringen; sie unterstützt Pädagogen, in deren Gruppe Kinder mit besonderen pädagogischen Bedürfnissen sind. Wichtig ist, dass die Leitung immer ansprechbar und aufgeschlossen ist, bereit zur Diskussion mit Kollegen wie mit den Eltern. Die Leitung bezieht die Eltern in das Leben der Kindertageseinrichtung mit ein. (Sie ermöglicht z. B., dass Eltern in den Gruppenräumen sein können, wenn das Kind noch in der Eingewöhnungsphase ist.) Sie achtet auf die Meinungen der Eltern und auf den Grad ihrer Zufriedenheit; sie bezieht Eltern von Kindern mit besonderen pädagogischen Bedürfnissen in die Ausarbeitung von individuellen Förderplänen mit ein. Sie ist der Schule gegenüber aufgeschlossen und bietet ihre Kooperation an, um die Übergänge für die Kinder weniger schwierig zu machen.

Als Fazit können wir Harbin et al. (2000, 398) zitieren: *„Viele Fachleute begannen einen transdiziplinären Zugang zur therapeutischen Versorgung zu empfehlen."* Das heißt, dass der Charakter professioneller Arbeit in der Kindertageseinrichtung nicht nur ein multidisziplinärer ist (zusammen zu arbeiten), überdies eben auch nicht ein interdisziplinärer (Fragen gemeinsam diskutieren), sondern er ist vielmehr transdiziplinär, was bedeutet, dass Fachleute als ein Team zusammenarbeiten sollten, um ein Konzept zu entwickeln und dieses Projekt zu realisieren. Pädagogen, Assistenten, Sonderpädagogen und andere Fachkräfte, die Leitung und die Eltern sind gleichberechtigte Partner in diesem Team.

Einige Fragen zur Reflexion:
Zur Kooperation in Ihrer Kindertageseinrichtung:
• Planen die Fachkräfte *gemeinsam* Aktivitäten?
• Tauschen sie Informationen und Materialien aus, die für diese Aktivitäten notwendig sind?
• Sind sie in der Lage, ihr Verhalten entsprechend der Rückmeldungen zu ändern, die sie von den anderen erhalten?
• Gibt es Teamsitzungen, in denen das Verhalten von Kindern diskutiert wird?

Zur Arbeit der Sonderpädagogen in Ihrer Kindertageseinrichtung:
• Sind Sonderpädagogen an der Planung und an Förderaktivitäten beteiligt? Spielen Sonderpädagogen in Ihrer Einrichtung eine aktive Rolle im Gruppenleben?
• Gibt es genug Zeit und Raum für Sonderpädagogen, um mit heterogenen Gruppen wie auch individuell mit Kindern zu arbeiten? Unterstützen die Sonderpädagogen die Teilhabe aller Kinder an den Aktivitäten?
• Zielen die Sonderpädagogen darauf, eine wachsende Unabhängigkeit von Kindern mit besonderen pädagogischen Bedürfnissen zu erreichen?

Dóra Garai, Valéria Kerekes, Csilla Schiffer,
Katalin Tamás, Zsófia Trócsányi, Júlia Weiszburg &
Péter Zászkaliczky

3.3 Strukturierte, halbstrukturierte und unstrukturierte Situationen in inklusiven Gruppen

Allgemeine Grundlagen

Während unserer Forschungsarbeiten beobachteten wir Situationen unter den aktuellen Verhältnissen des Kindergartens. Wir achteten dabei auf Elemente dieser Situationen, die die Inklusion aller Kinder unterstützen. Eine unserer Forschungsperspektiven ist es, den Einfluss initiierter (oder in anderen Worten: strukturierter) Situationen und des freien Spiels (mit anderen Worten: unstrukturierter Situationen) auf Inklusion zu analysieren. Das beste Verhältnis strukturierter und unstrukturierter Erziehung und Bildung ist eine grundlegende pädagogisch-philosophische Frage, um die es in allen Bereichen der Pädagogik geht (Molnár 1997). Klassische pädagogische Konzepte betonen die Bedeutung strukturierter Situationen, während reformpädagogische Konzepte die Rolle freier Aktivitäten in der vorschulischen Bildung und Erziehung hervorheben. Während unserer Beobachtungen wurde deutlich, dass in der ungarischen Elementarpädagogik ein gutes Verhältnis strukturierter und unstrukturierter Situationen praktiziert wird. Dennoch möchten wir die Aufmerksamkeit auf eine weitere Form lenken, die vom Standpunkt der Inklusion aus bedeutend sein kann. In dem vorliegenden Kapitel werden wir die Merkmale dieser Situationen und ihre Wirkungen vom Standpunkt der Inklusion aus diskutieren.

In der Elementarpädagogik werden spielen, lernen und arbeiten im Allgemeinen als Aktivitäten betrachtet (Kovács, Bakosi 2004, 2005). In Peter Petersens Pädagogik, dem ‚Jena-Plan‘ – bekannt als die Zusammenführung reformpädagogischer Ideen – ist stattdessen von grundlegenden Formen der Bildung und Erziehung oder von Arbeitsformen die Rede, wenn es um Gespräche (Kreisgespräche), Spiel (Rollenspiele und Improvisation), Arbeit (mittels Selbstinstruktion) und Feste (Gemeinsinn aufbauen) geht. Die aktuellen ungarischen Nationalen Richtlinien der Elementarerziehung (137/1996 [08.28.] regierungsamtlicher Erlass) nennen als wichtigste Aktionen im Kindergarten die folgenden Tätigkeiten:

• Geschichten und Märchen erzählen, Reime
• Gesang, Musik, Musikinstrumente spielen
• Zeichnen, Modellieren, Basteln
• Bewegung
• Aktive Erkundung der Umwelt

- Quasi-Arbeitsaktivitäten
- Lernen.

Fasst man das eben Genannte zusammen, so ist festzuhalten, dass in allen pädagogischen Ansätzen das Spiel als die wichtigste Aktivität im Alter zwischen drei und sechs Jahren im Vordergrund steht.

Halbstrukturierte Situationen

In der ungarischen Fachliteratur zur Elementarpädagogik wird der Begriff der strukturierten (initiierten) Situation und der des freien Spiels (Aktivität) in der Regel zur Beschreibung unterschiedlicher Tätigkeiten verwandt (vgl. Kovács, Bakosi 2005). Um die aktuellen Konzepte strukturierter und unstrukturierter Aktivitäten zu erweitern, möchten wir einen dritten Terminus, den der ‚halbstrukturierten Aktivität' einführen.

- Wir benutzen den Begriff *,strukturierte Situation'* um Konstellationen zu beschreiben, die im Allgemeinen von Erziehern/Lehrern15 angeleitet werden, um Aktivitäten zu bewältigen oder zu organisieren, damit ein im Voraus definiertes Ziel erreicht wird.
- *,Unstrukturierte Situationen'* sind solche, die auf der freien Aktivität des Kindes basieren. In der Regel wird dieser Begriff im gleichen Sinn gebraucht wie der des *freien Spiels*.
- Wir verwenden den Begriff der *,halbstrukturierten Aktivität'* um Situationen zu beschreiben, die wesentlich durch die freie Aktivität des Kindes charakterisiert sind, wobei der/die Erzieher/in bzw. Lehrer/in die Rolle des Moderators einnimmt – entweder durch die Initiierung einer Aktion oder indem er/sie eine komplementäre Rolle in dem freien Spiel des Kindes übernimmt, was den Prozess weniger direkt beeinflusst.

Solche Situationen entwickeln sich normalerweise aus dem freien Spiel heraus (d. h. aus unstrukturierten Situationen), die Beteiligung des Erziehers/ Lehrers hat nur teilweise Einfluss auf das Ergebnis.

Die *halbstrukturierte Situation* unterscheidet sich von den beiden vorhergehenden in fünf Aspekten:

1. In der halbstrukturierten Situation können beide, das Kind wie die Pädagogin oder der Pädagoge, das Spiel dirigieren, abhängig vom Charakter der Aktivität. Nehmen wir das folgende Beispiel: *In einer Kindergartengruppe ist ein sechs Jahre alter Junge mit leichter geistiger Behinderung, der besonderen Unterstützungsbedarf im Bereich der Kommunikation, im Verständnis verbaler Instruktionen usw. hat. Er spielt Einkaufen. Die Erzieherin kann in der Rolle der Kundin eingreifen*

---

15 In ungarischen Kindergärten sind Fachkräfte mit unterschiedlicher Ausbildung beschäftigt (s. Kap. 3.2)

*(oder der Junge könnte sie dazu einladen) und dem Jungen als dem ‚Verkäufer'
Frage stellen. Dies ist nicht im Vorhinein geplant, die Fragen der Lehrerin hängen
von den Antworten des Kindes ab; aber die komplementäre Rolle als Kundin gibt
der Erzieherin die Möglichkeit die Kommunikationsfähigkeit des Kindes zu fördern. Ein Rollenwechsel eröffnet gleichzeitig auch Möglichkeiten, sich in verschiedenen Rollen und damit zusammenhängenden Kompetenzen zu erproben.*

2. Die Dauer einer halbstrukturierten Situation variiert; abhängig von den Charakteristika der Situation kann sie einige Minuten oder sogar eine halbe Stunde dauern.

3. Die halbstrukturierte Situation basiert immer auf der freien Tätigkeit des Kindes. Auf der Grundlage des kindlichen Interesses und Bedürfnisses schließt
   sich die Pädagogin oder der Pädagoge dem Spiel des Kindes an. Dabei darf
   sie/er nicht das Entwicklungsziel aus dem Auge verlieren; auf welchem Weg
   das Ziel in spontan wechselnden Situationen verfolgt werden kann, hängt von
   professionellen Kenntnissen wie von der Bereitschaft zur Kreativität ab.

Die folgende Situation ist ein gutes Beispiel für die Punkte 2 und 3: *Ein 5
Jahre altes Mädchen, das Schwierigkeiten im Bereich der verbalen und non-
verbalen Kommunikation erlebt hat (ein Mädchen mit Autismus) kam in eine
Gruppe 5jähriger Kinder. Die anderen Kinder der Gruppe waren in ihrem Alter
und kannten einander sehr gut, da sie sich während der gemeinsamen Jahre in der
Gruppe an einander und an die Alltagsregeln gewöhnt hatten. Eines Tages saß das
Mädchen am Tisch und spielte mit einer Tasse und einem hölzernen Würfen. Sie
steckte die Würfel in die Tasse und nahm sie heraus, wenn sie voll war (motorisches
Spiel). Die Kindergartenpädagogin saß neben ihr und versuchte, sich an ihrer Aktivität zu beteiligen. „Ich bin durstig. Könntest Du mir bitte einen Tee machen?"
Das Kind reagierte nicht auf die Initiative der Pädagogin, sondern fuhr damit fort,
die Würfel in die Tasse zu stecken und sie wieder heraus zu holen. Hier findet die
halbstrukturierte Situation ein Ende, da die Pädagogin die Nicht-Reaktion des
Kindes als Zeichen für sein Desinteresse an dem gemeinsamen Spiel interpretiert
und es akzeptiert.*

*Eine andere mögliche Interpretation wäre, dass das Kind noch nicht die Phase
des Rollenspiels erreicht hat; dies könnte der Grund sein, weshalb es nicht auf die
Initiative der Pädagogin reagiert. In diesem Fall könnte seine Kommunikation
und sein Verständnis auf der Basis des Entwicklungsniveaus seines motorischen
Spiels gefördert werden. Die Pädagogin hätte einen anderen Weg wählen können,
indem sie z. B. eine andere Tasse oder ein anderes Werkzeug mit anderer Form oder
Funktion einbringt, das auch, aber auf anderem Weg hätte gefüllt werden können.
Auf diese Art und Weise hätte sie die gleiche Erfahrung, aber mit unterschiedlichen
Objekten anbieten können, so dass die Fähigkeit des Kindes in Bezug auf Problem-
lösung und Verständnis unterstützt worden wäre.*

4. Der Pädagoge ist entsprechend seiner Rolle gleichzeitig Initiator und ‚Objekt‘, der spielerischen Aktivität. Auf der anderen Seite ist er Spielgefährte und Fachmann, der in bewusster Weise mit Entwicklungszielen umgeht.

Das Mädchen in der oben erwähnten Situation z. B. bemerkte eine sehr interessante Sache: Ihre Altersgenossen spielten mit einem (Spiel-)Toaster. Sie drückten einen Knopf, er begann zu summen – ein Zeichen, dass der Toast fertig war. Das Mädchen schien daran interessiert zu sein, wie der Toaster funktioniert und wie er zum Summen zu bringen ist, hatte aber gleichzeitig Angst vor dem Geräusch. Sie ging mit dem Toaster zur Pädagogin und bedeutete ihr, indem sie deren Hand auf den Toaster legte, dass sie den Knopf drücken soll. Die Pädagogin drückte den Knopf und kommentierte das, was sie tat. Zunächst war das Mädchen durch das Geräusch verängstigt und rannte weg. Später, als die Situation auf ihren Wunsch hin wiederholt wurde, wurde sie vertraut damit, wurde mutiger, ergriff die Initiative und lernte, das Gerät zu benutzen. Die Pädagogin tat nichts mehr als das, um was das Kind gebeten hatte, aber sie ließ ihm den Raum, die Situation zu erkunden und zu verstehen. Zu Beginn schien die Pädagogin alleine mit dem Gerät zu spielen, aber sie tat es mit einem bewussten Ziel: Sie zeigte, wie das Gerät bedient wird und versicherte dem Mädchen dabei durch ihr Verhalten, dass das Geräusch des Geräts nicht gefährlich war. Später hielt sie nur das Gerät, während das Mädchen in sicherer Atmosphäre versuchte, es zu bedienen, und letztlich folgte sie dem Spiel des Mädchens als Beobachterin (vgl. Kap. 6.1.3).

5. Das Niveau der Gruppenbildung[16] kann die Entwicklung der Situation beeinflussen. Es kann z. B. zum Ausgangspunkt für eine weitergehende Gruppenaktivität werden.

In einer anderen, altersgemischten Gruppe waren alle im Freispiel beschäftigt. Ein Junge, der motorische Koordinationsschwierigkeiten hatte und sich nur mittels Krücken fort bewegen konnte, lag auf dem Teppich und beobachtete seine Kameraden beim Spielen. Die Pädagogin, die diese Situation wahrnahm, schlug den Kindern der Gruppe ein Spiel vor, in dem der Junge zusammen mit seinen Kameraden die Darbietung ausgewählter verschiedener Bewegungen versuchen konnte. Einige Kinder griffen den Vorschlag der Pädagogin auf und begannen das ‚Spiel der Skulpturen‘, aber in abgeänderter Form: Sie begannen über den Boden zu kriechen und ‚erstarrten‘ in ihrer letzten Position als Skulptur, wenn die Pädagogin die Glocke schlug. Die ‚beste‘ Skulptur – das Kind, das sich überhaupt nicht bewegte – war der Gewinner. Diese Situation hat mehrere Vorteile: Erstens können

---

16 Das ‚Niveau der Gruppenbildung‘: Das Konzept geht auf Beobachtungen im Kindergarten nach dem 2. Weltkrieg von Ferenc Merei zurück, einem ungarischen Psychologen (vgl. Merei, Binet 1975). Er untersuchte die Merkmale der Beziehungen unter gleichaltrigen Kindern zwischen drei und sechs Jahren. Dabei stellte er fest, dass Kinder in dem Alter zwischen drei und sechs Jahren Gruppen auf verschiedenem Organisationsniveau bilden (s. u.).

die Kinder zusammen das Spiel mit Spaß spielen, da es für alle interessant und entwicklungsfördernd ist. Zweitens können alle Kinder daran teilnehmen; da die Pädagogin das Spiel modifiziert hat, können alle die gleichen Bewegungen machen. Und schließlich eröffnet das gemeinsame Spiel den Kindern die Möglichkeit miteinander zu interagieren.

Die Übereinstimmung von Inklusion und der Ebene der Gruppenbildung

Kinder können ebenso in individuellen Situationen spielen und lernen wie in Form einer Gruppenaktivität, die alle Kinder einschließt. Der Begriff der ‚Inklusion‘ wird benutzt, um die Teilhabe aller Kinder zu unterstützen und Barrieren auf dem Weg dahin abzubauen. Teilhabe verwirklicht sich vor allem im Spielen und Lernen, nicht nur, weil diese Tätigkeiten die meisten der kindlichen Aktivitäten im Kindergarten darstellen, sondern auch weil sie die Möglichkeit bieten, einander kennen zu lernen, gemeinsame Erfahrungen zu machen, zu interagieren und Beziehungen aufzubauen. Daher tragen solche gemeinsamen Aktivitäten wie Spielen und Lernen in großem Ausmaß zu dem Erfolg von Inklusion bei (vgl. Booth et al. 2006). Da Inklusion von der Existenz einer Gruppe ausgeht, ist es u. E. wichtig zu diskutieren, wie Inklusion im Falle 3-6jähriger Kinder auf verschiedenem Ebenen der Gruppenbildung realisiert werden kann. Die Beobachtung und Analyse spontaner Formen von Gruppenbildungen kann den Pädagogen hilfreiche Perspektiven in der Planung strukturierter Situationen eröffnen. Vor dem Hintergrund entwicklungspsychologischer Beobachtungen gibt es fünf verschiedene Ebenen der Gruppenbildung (‚zusammen sein‘, ‚sich gemeinsam bewegen‘, ‚sich um ein Objekt herum sammeln‘, ‚Kooperation‘ und ‚Organisation und Aufteilung‘), die sich unter 3-6jährigen Kindern zeigen (Mérei, Binét 1975):

• *Zusammen sein* als die erste Form der Gruppenbildung im Kindergarten charakterisiert die spontane Aktivität 3-4jähriger Kinder. Kinder dieses Alters messen dem ‚Zusammen spielen‘ den Sinn von ‚am gleichen Ort zusammen sein‘ bei, trotz der Tatsache, dass es kaum zu Interaktionen zwischen ihnen kommt. In der Regel halten sie ‚innere Dialoge‘.
Ein Beispiel: *Kinder sitzen in einer Gruppe auf dem Boden. Sie spielen mit verschiedenem Spielzeug (mit einer Puppe, einem Auto, einem Tier aus Plastik usw.). Sie haben den Eindruck zusammen zu spielen, obwohl sie eher ohne Verbindung kleine Spiele nebeneinander spielen. In dieser Situation ist sogar das Gefühl des Zusammenseins ausreichend, um ein Gruppengefühl zu formen.*
Die verschiedenen Formen von Gruppenbildungen erscheinen nicht getrennt, sondern in eher gemischter Form, dem sogenannten ‚polyphonen‘ (mehrstimmigen) Spiel. Dieses Phänomen zeigt sich für gewöhnlich meist in altersgemischten Gruppen, in denen die Kinder gleichzeitig und am gleichen Ort auf verschiedenem Niveau der Gruppenbildung spielen. Manchmal kann dies zu

kommunikativen Missverständnissen führen, aber meist sind die Kinder in der Lage, Freispielaktivitäten zu gestalten, in denen alle Formen der Gruppierung bzw. Kooperation vorkommen.

Bei einer unserer Beobachtungen spielten z. B. fünf Kinder mit Karten auf dem Fußboden und hatten ihren Spaß dabei, während einer ihrer Gefährten, ein Junge mit sozialen und kommunikativen Problemen (ein Junge mit Autismus) so nahe bei ihnen lag, dass die anderen ihn manchmal beim Spielen berühren konnten. In dieser Situation ging es für den Jungen um Nähe und Distanz zu den anderen, hier darum, seine Kameraden an sich heran kommen zu lassen und mit ihnen zusammen zu sein, während seine Gefährten auf einer mehr komplexen Kooperationsebene spielten, die ,aufeinander zu gehen' genannt wird.

- Die nächste Ebene der Gruppenbildung ist die *des gemeinsamen Bewegens*, was sich aus der beiderseitigen Nachahmung entwickelt. In der Regel erwächst dies aus der Imitation einer interessanten neuen Bewegung (verschiedene Formen der Bewegung erscheinen ebenfalls: Körperhaltungen, feinmotorische Bewegungen, Bewegungen zum Gleichgewicht). Die Dauer des sich zusammen Bewegens hängt davon ab, ob es in ein gemeinsames Spiel transformiert werden kann (z. B. wenn die Bewegung des Autofahrens oder -lenkens zunächst auf der Ebene der Nachahmung stattfindet und dann zu einem Teil eines Zwei-Personen-Rollenspiels wird). Manchmal erfolgt die Nachahmung nicht direkt nach dem Auftreten einer interessanten neuen Bewegung, sondern erst später während spielerischer Aktivitäten, wird so zu einem wichtigen Bezugspunkt gemeinsamer Erfahrung und stärkt den Gruppenzusammenhalt.

- ,Sich um ein Objekt herum sammeln' ist die nächste Stufe der Gruppenbildung von Kindern im Kindergarten. Sie wird durch ein interessantes Spielzeug hervor gerufen, das ein kurzes, aber intensives Interesse der Kinder auslöst. Das Auftreten dieser Gruppenform hängt nicht vom Alter ab, sondern von den Eigenschaften des Spielzeugs, die entscheidend sind, ob sich eine andere, gemeinsame spielerische Tätigkeit entwickelt. ,Sich um eine Objekt herum sammeln' kann für Kinder eine gute Basis sein, um Interaktionen untereinander aufzunehmen. *Während einer unserer Beobachtungen bauten zwei Jungen eine Garage. Einer von ihnen saß auf dem Boden und baute, während dessen bat er seine Kameraden um bestimmte Bauklötze. Dem anderen Jungen, der oben bereits erwähnt wurde, gelang es, ohne seine Krücken zu stehen, indem er sich mit einer Hand an einer großen hölzernen Kiste fest hielt, während er mit der anderen Hand die Bauklötze an seinen Freund weiter gab. Sie spielten auf der nächsten Ebene der Gruppenformation (,Kooperation') im Sinne eines gemeinsamen Ziels. Ein kleines Mädchen ging jedoch zu ihnen und beteiligte sich an ihrem Spiel. Sie begann damit, die nicht gebrauchten Bauklötze, die auf dem Boden verstreut lagen, hintereinander zu einer großen Schlange zu legen, die mit einem Ende das Gebäude der Jungen berührte.*

Sie, die sich den Jungen physisch anschloss, spielte auf einem anderen Niveau. Was sie mit den Jungen in Verbindung brachte, war nur das Objekt, in diesem Fall das Gebäude. Später versuchten die Jungen das Mädchen dazu anzuleiten, wie sie zusammen bauen und zusammen spielen konnten. Dies ist ein gutes Beispiel dafür, wie Kinder auf verschiedenen Stufen der Entwicklung mit ihren Interessen und Bedürfnissen zusammen sein können, wie sich Jüngere dadurch weiter entwickeln, dass sie dem Beispiel der Älteren folgen.

Auf den drei ersten Stufen der Gruppenbildung ist die soziale Aktivität unter den Kindern eher passiv, währen die beiden letzten Ebenen durch tatsächlich stattfindende Kommunikation gekennzeichnet sind.

- Die erste Form einer aktiven sozialen Aktivität ist *Kooperation*. Sie ist in der Regel die am meisten verbreitete Form des Freispiels bei 5-6jährigen Kindern. Die Hauptsache der Aktivität ist hier, in kontinuierlicher Interaktion gemeinsam etwas aus verschiedenen Mitteln zu schaffen. Diese Form der Gruppenbildung kann oft bei Konstruktions- oder Rollenspielen beobachtet werden, in denen Kinder sich ergänzende Rollen einnehmen und gemeinsame Aufgaben erfüllen. Manche Kinder brauchen pädagogische Unterstützung, um sich den anderen anzuschließen und mit ihnen kooperativ zu spielen. Jene Kinder, die Schwierigkeiten im Verständnis sozialer Situationen haben oder die Probleme erleben, wenn sie sich beteiligen, nehmen zunächst meist die Rolle des Beobachtenden oder eine helfende Rolle ein; sie bekommen ihre Rolle eher von anderen zugeteilt als dass sie selbst die Rolle wählen, die sie freiwillig gerne hätten. Wir können als Pädagogen solche Kinder ermutigen, sich in mehr und mehr Aktivitäten und verschiedenen Rollen zu erproben. Auf diese Art erwerben sie Kompetenzen bzgl. der physischen und sozialen Welt (siehe obiges Beispiel).
- Die fortgeschrittenste Form der Gruppenbildung unter 3-6jährigen Kindern ist ,*Organisation*' oder ,*Aufteilung*'. Diese Ebene der Gruppenbildung ist die häufigste in spontanen, unstrukturierten oder halbstrukturierten Rollenspielen, Theaterspielen oder Konstruktionsspielen usw. Auf dieser Ebene übernehmen alle Kinder eine Rolle, die Aufgaben werden unter den Beteiligten verteilt, es entwickelt sich eine Hierarchie, die Interaktionen können durch die Rollen bestimmt werden, und es gibt Gruppennormen und Verhaltensregeln bzgl. bestimmter Rollen. Daher ist diese Ebene der Gruppenbildung das beste Feld sozialen Lernens.

In einer altersgemischten Gruppe begann ein kleines Mädchen, das neu in der Gruppe war, das erste Mal mit einem Puzzle zu spielen. Anfangs schien sie Schwierigkeiten zu haben, die richtigen Teile zu finden, meist gelang es ihr durch Zufall. Einige ältere Kinder sammelten sich um sie herum. Sie wollten ihr helfen, obwohl sie nicht darum gebeten hatte. Letztlich entwickelte sich ein großer Disput und Rivalität unter den älteren Kindern in Bezug darauf, wie dem Mädchen in der besten Weise zu helfen wäre (ob es gut sei, ihr die Lösung zu zeigen oder ob es besser sei, sie selbst die Lösung finden zu lassen) und wer am besten für die Rolle des Lehrers geeignet sei. Während die älteren Kinder dieses Problem diskutierten und einen Kompromiss über die zu spielenden Rollen fanden - dieser Prozess selbst aktivierte mehrere Rollen, wie z. B. die Rolle des Lehrers und des Schülers, des guten und des schlechten Vermittlers, des Unterstützers, des Führers und der Anhänger, darüber hinaus waren auch mehrere soziale Kompetenzen nötig wie Problemlösen usw – beendete das kleine Mädchen selbst das Puzzle.

Ein Überblick über klassische erziehungswissenschaftliche und reformpädagogische Theorien zeigt deutlich unterschiedliche Auffassungen zur Bedeutung des Spiels (im Sinne unstrukturierter Situationen). Ein internationaler Überblick über die Praxis der Elementaren Bildung und Erziehung (Kron 2008) bestätigt auch die Tatsache, dass Pädagogen diese Situationen im Rahmen ihrer Arbeit in sehr unterschiedlicher Weise nutzen. Trotz unserer Zustimmung zu der ungarischen spielzentrierten Praxis vorschulischer Erziehung kommen wir zu dem Schluss, dass von dem Standpunkt der Inklusion aus jede Situation – strukturiert, halbstrukturiert oder unstrukturiert – Vor- und Nachteile haben kann. Die pädagogische Aufgabe besteht nicht nur darin, in der Bildung und Erziehung diese Situationen in einem guten Verhältnis zu mischen, sondern ebenso darin, die Elemente dieser Situationen zu erkennen, die die Inklusion unterstützen und sie in ihrer Arbeit mit den Kindern bewusst anzuwenden.

Einige Fragen zur Reflexion:
- Suchen Sie in den Beobachtungen, die in Kap. 5-9 beschrieben werden, nach strukturierten oder halbstrukturierten Situationen. Denken Sie über die Rolle der Pädagogin/des Pädagogen nach. Ist die Pädagogin die Führerin oder die Vermittlerin in der Situation? Wo liegt der Hauptunterschied der beiden Zugänge? Bedenken Sie in Ihrer Antwort folgende Gesichtspunkte: die Art der Rolle, die Interventionen der Pädagogin in der Situation, Ergebnisse, Auswirkungen auf die Kinder.
- Denken Sie über Ihre Praxis nach. Nehmen Sie das Beispiel einer strukturierten Situation, bei der Sie einen bestimmten Plan hatten, um Kinder in einem bestimmten Bereich zu fördern. Wie könnte nach Ihren Überlegungen die Situation so gestaltet werden, dass dasselbe Entwicklungsziel in einer halbstrukturierten Situation erreicht werden könnte?
- Nennen Sie einige Freispielsituationen (unstrukturierte Aktivitäten) aus Ihrer Praxis, in der Sie unsicher waren, ob Sie eingreifen sollten oder nicht. Halten Sie kurz fest, was Ihre Fragen in diesen Situationen waren. Was taten Sie in diesen Situationen? Was denken Sie – nachdem Sie dieses Kapitel über strukturierte oder halbstrukturierte Möglichkeiten gelesen haben – hätten Sie tun können, um die Situation zu lösen?

Ana Maria Serrano & Joana Lima Afonso
3.4 Individualisierte Unterstützungsstrategien in der inklusiven Bildung und Erziehung

Kinder mit besonderen Bedürfnissen sind Kinder mit bestimmten Voraussetzungen (z. B. Hörverlust, Sehbeeinträchtigung, Down-Syndrom etc.), die sich hemmend in ihrer Entwicklung und ihrem Lernen bemerkbar machen, Kinder mit Entwicklungsverzögerungen, aber ohne erkennbare biologische Beeinträchtigung und Kinder, denen auf Grund verschiedener Umfeld- und/ oder organischer Faktoren Entwicklungsverzögerung oder -beeinträchtigung drohen (Harbin et al. 1991). Wenn wir über diese verschiedenen Kinder mit besonderen Bedürfnissen nachdenken, müssen wir uns bewusst sein, dass jeder Diagnose eine Spannweite von Entwicklungseffekten zu Grunde liegt, von leicht über mittelschwer bis schwer/ tiefgreifend; zudem kann eine einzige oder eine Kombination dieser bestimmten Voraussetzungen bei einem Kind vorliegen (Wolery et al.1992).

All dies macht Kinder mit besonderen Bedürfnissen zu einer bemerkenswert heterogenen Gruppe. Trotz der Unterschiede zeigen sich bei Kindern mit besonderen Bedürfnissen zwei gemeinsame Aspekte, die in Bezug auf inklusive Arrangements sehr wichtig sind: *Sie sind alle Kinder, und sie haben alle einzigartige Bedürfnisse* (Wolery et al. 1992, 95). Weil sie Kinder sind, sollten sie systematische Angebote haben, die den Bedürfnissen eines Kindes entsprechen. Aber sie haben auch einzigartige Bedürfnisse, die nicht von allen Kindern geteilt werden. Um dem zu entsprechen, brauchen sie Umfelder, die mit Blick auf ihre besonderen Bedürfnisse konzipiert und angepasst wurden, um die Auswirkungen ihrer Beeinträchtigungen zu vermindern und ihre Beteiligung und den Erwerb verschiedener Fähigkeiten zu fördern. Sie werden Fachkräfte der allgemeinen Pädagogik und spezialisierte Fachkräfte brauchen, die kompetent auf ihre besonderen Bedürfnisse eingehen; und sie brauchen Fachkräfte, die die Zusammenarbeit untereinander und mit den Familien wertschätzen, um die Entwicklung ihres Kindes zu unterstützen (vgl. Kap. 9.1; 9.2) (vgl. Wolery et al. 1992). Deshalb ist ein qualitativ gutes Konzept der Bildung und Erziehung für jüngere Kinder mit besonderen Bedürfnissen notwendig; doch dies allein ist möglicherweise nicht ausreichend, um auf ihre besonderen Anforderungen und auf die besonderen pädagogischen Ziele in inklusiven Zusammenhängen einzugehen.

Spezielle Unterstützung bzw. Anleitung und Individualisierung sind Schlüsselelemente inklusiver Konzepte (Odom et al. 1999). Doch diese Aspekte bedeuten nicht unbedingt, dass das Kind zu seiner besonderen Unterstützung aus der Gruppe oder Klasse herausgenommen werden muss oder dass eine Eins-zu-eins-Anleitung nötig ist, um den individuellen Bedürfnissen gerecht zu werden.

Wie können wir spezielle Unterstützung bzw. Anleitung und Individualisierung in inklusiven Arrangements von hoher Qualität gewährleisten?
Eine wesentliche Strategie der Individualisierung besteht darin, einen ‚Individuellen Förderplan‘ für das Kind mit besonderen pädagogischen Bedürfnissen zu entwickeln (vgl. Kap. 5.1.2). Bestandteil dieses Prozesses sollte eine sorgfältige Einschätzung durch ein Team von Fachkräften, die mit dem Kind arbeiten (Sonderpädagoge, Psychologe, Therapeut, Regelpädagoge etc.) und der Familie sein. Zweck hierbei ist es, Informationen zu sammeln, um Ziele festzulegen und Förderstrategien für jedes Kind zu planen. Die Einschätzung soll dazu dienen, den Anspruch auf besondere Unterstützungsleistungen zu ermitteln, entwicklungsangemessene und funktionale Ziele herauszuarbeiten, einzigartige Wege, Stärken und Bewältigungsstrategien jeden Kindes zu identifizieren und die elterlichen Ziele für das Kind zu erkennen.

Weiterhin geht es darum, eine gemeinsame integrative Perspektive unter den Fachkräften und zwischen Eltern und Fachkräften zu entwickeln, die sich auf die Bedürfnisse und Ressourcen von Kind und Familie bezieht; dabei sollte eine gemeinsame Verbindlichkeit geschaffen werden bezüglich der Maßnahmen sowie der Evaluation ihrer Wirkung für Kind und Familie (Bailey & Wolery 1992).

Interventionsziele zu bestimmen ist nur der Anfang; danach sollte das Team einen Plan entwickeln um zu gewährleisten, dass diese Ziele innerhalb der täglichen Gruppen- und Klassenabläufe erreicht werden können. Ein Weg, Lerngelegenheiten innerhalb der täglichen Routinen zu schaffen – was wir als ‚eingebundene oder eingebettete Lerngelegenheiten‘ bezeichnen – besteht darin, den gesamten Zeitplan und die Routinen des Kindes zu analysieren (im Gruppen- oder Klassenraum und zu Hause) und die Gelegenheiten zu ermitteln, in denen jede Fertigkeit vermittelt, praktiziert und gestärkt werden kann (Bricker 1989, Sandall & Schwartz 2002). Auf diese Art und Weise wird die Etablierung von Erziehungszielen, die das Lernen und die Entwicklung von Kindern mit besonderen Bedürfnissen fokussieren, zum Kernstück der spezifischen Pädagogik in früher Kindheit (Sandall et al. 2000).

Der Interventionsplan sollte so ausgelegt sein, dass durch seine Umsetzung spezifische, erfassbare und bedeutungsvolle Veränderungen der Interaktion zwischen Kind und Umfeld und Veränderungen seiner Lebensweise entstehen (Bailey & Wolery 1992). Einige Merkmale von Kindern mit besonderen Bedürfnissen machen sie verletzlicher, wenn sie keine Unterstützung in ihrem Lernprozess erhalten – z. B. der Umstand, dass viele von ihnen Verzögerungen oder Beeinträchtigungen haben, die sie abhängiger von anderen machen oder dass manche Voraussetzungen sie davon abhalten, selbständig gut zu lernen; des weiteren, dass ihre Entwicklung langsamer verläuft als die ‚typische‘ Entwicklung von Altersgleichen und dass sie oft Beeinträchtigungen haben, die sich in ihren Interaktionen störend bemerkbar machen, was zu weiteren Benachteiligungen führt.

Diese Aspekte verlangen zwingend eine zielgerichtete Planung von Lernmöglichkeiten und -erfahrungen für die Kinder und die Anwendung sorgfältig entwickelter Unterstützungskonzepte und Lehrverfahren, um die Fähigkeiten und Kenntnisse des Kindes zu fördern. Der Interventionsplan sollte auch, wenn nötig, kontrolliert und angepasst werden, denn die Lern-Zeit des Kindes ist kostbar und sollte nicht verschwendet werden. Zudem sollten in die Planung Überlegungen zur Gestaltung von Übergängen eingehen – Übergänge bei Änderungen des Förderkonzepts oder wenn das Kind auf eine andere schulische Ebene wechseln soll. Und schließlich sollten alle diese Aspekte eines individuellen Förderplans und der Interventionsziele auf nachgewiesener Wirksamkeit und Ergebnissen wissenschaftlicher Forschung basieren.

Die Unterstützung des Lernens sollte unter Verwendung einer Vielzahl von Variationen stattfinden, die es ermöglichen, dass Kinder mit besonderen Bedürfnissen Lernerfahrungen innerhalb ihrer gewohnten Umgebungen und täglichen Routinen in ihrem Gruppen- oder Klassenraum und ihrem Zuhause machen. Auch das Spiel sollte als ein Medium berücksichtigt werden, über das Lernziele zu erreichen sind (Widerstrom 2004). ‚Routinen' sind hier definiert als sich wiederholende, vorhersehbare Spiele, Rituale oder Aktivitäten, in denen die Akteure wechseln (Yoder & Warren 1993). Die Vorhersehbarkeit von Abläufen ist für das kindliche Lernen sehr wichtig, da Kinder dann sehr viel stärker ihre Aufmerksamkeit auf aktuell neu zu lernende Fähigkeiten konzentrieren können. Dies ist der Fall, wenn die Abläufe einen moderaten Neuigkeitscharakter haben, so dass die Kinder sich nicht langweilen und aus der Aufgabe zurück ziehen, aber auch nicht zu aufregend sind, so dass sie zuviel Zeit mit der Erkundung der Sache verbringen. Ein moderater Neuigkeitswert, geschaffen durch Hinzufügung eines neuen Elements oder durch die Abwandlung einer vertrauten Situation und vorhersehbaren Routine, ist eine ideale Gelegenheit, um neue Fähigkeiten zu erlernen (Warren & Horn 1996). Aufmerksamkeitsbindung und eingebundene Anleitungen bzw. eingebettete Hilfen sind eng miteinander verknüpfte Konzepte; sie konstituieren wesentliche Elemente wirksamer Unterstützung, die zu wirksamem Lernen und wirksamer Generalisierung führen (Warren & Horn 1996).

Die verschiedenen Möglichkeiten, die bei der Planung individualisierter Unterstützung für Kinder mit besonderen pädagogischen Bedürfnissen berücksichtigt werden müssen, strukturieren den physischen Raum und die Materialien (curriculare Abwandlungen oder Anpassungen), indem die Vorlieben des Kindes für Materialien und Aktivitäten beachtet werden; sie strukturieren die sozialen Aspekte des Umfeldes, strukturieren die Abläufe, nutzen eingebettete Lernmöglichkeiten, nutzen verschiedene Strategien der Verstärkung, nutzen die von Peers vermittelten Strategien und nutzen Strategien, die zu einer Antwort auffordern (Wolery 1996). Diese verschiedenen Strategien sind nach Wolery auf einem Kontinuum anzusiedeln, das das Ausmaß abbildet, in dem verschiedene Interventionsformen die Interaktionen zwischen Kind und Umfeld steuern. Dabei sollten die verschiedenen Interventionsformen abhängig von Merkmalen der Eigenaktivität des Kindes variiert werden. Wenn die Wahrscheinlichkeit des vom Kind selbst initiierten Verhaltens niedrig ist, sollte das Ausmaß der Steuerung von Interaktionen in dem Umfeld des Kindes hoch sein; dann sind stärker eingreifende Strategien notwendig um ein bestimmtes Verhalten des Kindes hervor zu rufen. Geht es um ein Kind, das in größerem Umfang eigenaktiv ist, sollte das Ausmaß der Steuerung am anderen Ende des Spektrums liegen, d. h. die Steuerung sollte geringer und weniger eingreifend sein, um ein bestimmtes Verhalten eines Kindes herbei zu führen.

Ergebnisse aus Untersuchungen neuropsychologischer Interventionen im motorischen und im vorsprachlichen Bereich haben gezeigt, dass die aktive Aufmerksamkeit des Kindes, die Funktionalität der vermittelten Kompetenzen sowie eine Unterstützung/ Anleitung, die in bedeutsame Interaktionen eingebunden ist, die Schlüsselelemente kindzentrierter Therapie- und Förderangebote sind (Warren & Horn 1996). Sie müssen daher bei der Planung individualisierter Unterstützung und Anleitung beachtet werden.

Ein anderer wesentlicher Aspekt besonderer Unterstützung und Individualisierung liegt in der Bereitstellung notwendiger therapeutischer Angebote für Kinder mit besonderen Bedürfnissen. Gemäß der empfohlenen Praxis, die auf den Prinzipien der Normalisierung, Inklusion, entwicklungsgemäßer Intervention, Individualisierung und Zusammenarbeit basieren, sind integrierte Dienste den externen Diensten vorzuziehen (vgl. Kap. 6.1.1; 6.2.2) (vgl. McWilliam 1996). Die Dienstleistungen (Therapien) sollten sich von traditionellen Methoden weg bewegen, die den Schwerpunkt auf die ,hands-on-therapy' legen – d. h. auf die intensive direkte und direktive Arbeit mit dem Kind, die meist in abgetrennten Räumlichkeiten statt findet; sie sollten sich in Richtung integrierter Methoden verändern, bei denen die Förderung des Lernens in natürlichen bzw. gewohnten Lernzusammenhängen, nämlich in dem Gruppen- oder Klassenraum im Vordergrund steht.

Nach Warren und Horn (1996, 121) sind die Prinzipien integrierter Dienste:
1. Therapie, Unterstützung und Anleitung sollten im Gruppen- bzw. Klassenraum des Kindes stattfinden.
2. Andere Kinder sollten anwesend sein.
3. Therapie und Unterstützung sollten in die laufenden Gruppen-/Klassenroutinen eingebettet sein.
4. Therapie und Unterstützung sollten sich an der Aufmerksamkeit des Kindes ausrichten.
5. Ziele sollten funktional und unmittelbar sinnvoll sein.

6. Die erste und wichtigste Aufgabe der Spezialisten ist die Zusammenarbeit mit den anderen Teammitgliedern, die für das Kind zuständig sind.

Die Prinzipien sind hilfreich, um Interventionen innerhalb des gewohnten kindlichen Umfelds zu konzipieren; sie stärken die Interaktion zwischen den verschiedenen Personen, die für das Kind verantwortlich sind (Familie und verschiedene Fachkräfte) und sind ein Weg zur Erweiterung des kindlichen Spiels und seiner motorischen, kognitiven, sozial-emotionalen und kommunikativen Kompetenzen. Diese Praxis der Diagnostik und Intervention bei jüngeren Kindern sollte an die Stelle des eingeschränkten Blicks auf den Erwerb einzelner ausgewählter Kompetenzen in Eins-zu-eins-Therapiesitzungen (Kind und Therapeut) treten. Mit dem traditionellen Zugang, Therapie in einem klinischen Arrangement außerhalb des Gruppenraums durchzuführen, ist es dem Therapeuten/der Therapeutin nicht möglich zu erfahren, wie sich das Kind in seiner gewohnten Umgebung verhält; dies hat zur Folge, dass er (sie) das Kind durch ,entkoppelte Linsen' (Hanft & Pilkington 2000, 6), d. h. mit verzerrtem Blick sieht.

Integrierte Therapie erfordert, dass die Therapeuten ihr Fachwissen dafür einsetzen, mit anderen Betreuern und Pädagogen zusammen kooperativ und kreativ entwicklungsrelevante Strategien zu entwerfen (vgl. diess.). Damit wird die Zusammenarbeit zu einem Kernelement der integrierten Therapie in gewohnter Umgebung. Nach Hanft & Pilkinton (2000) ist die Weitergabe von (therapeutischem) Fachwissen der Schlüssel zur wirksamen Kooperation von Therapeuten, Eltern und anderen für das Kind zuständigen Personen; dies geschieht, indem Therapeuten anderen Akteuren im Umfeld des Kindes angemessene und sachdienliche Informationen und Strategien vermitteln, um sie in ihren Bemühungen zu unterstützen, das Verhalten des Kindes in seiner natürlichen Umgebung zu stärken. Die integrierte Therapie in natürlichen Umfeldern vermehrt zudem Zeiten und Gelegenheiten, die dem Kind für Entwicklung und Lernen zur Verfügung stehen; sie ist im Prozess der Generalisierung des Gelernten hilfreich – ein wichtiger Punkt, auf den in der Fachliteratur im Zusammenhang mit Überlegungen zu den Lernprozessen von Kindern mit besonderen Bedürfnissen hingewiesen wird (Warren & Horn 1996; Gordon 1987; Stokes & Baer 1977).

Abschließend möchten wir festhalten: Alle Angebote bzw. Dienstleistungen für ein Kind mit besonderen Bedürfnissen, die eine spezifische Unterstützung, Anleitung und Individualisierung in einem qualitativ guten inklusiven Arrangement gewährleisten sollen, sind dahingehen zu überdenken, wie sie einen gemeinsamen Zugang des Teams gewährleisten können. Eine Philosophie, die sich auf das Team stützt, sollte die Wirkungszusammenhänge wie die ganzheitliche Sicht von Kind und Familie hervor heben, im Gegensatz zum Blick auf einzelne Personen in einzelnen Entwicklungsbereichen. Wenn wir eine Brücke zwischen Fachwissen und Alltagspraxis bauen wollen, sollten wir diese Empfehlungen zum Aufbau qualitativ guter inklusiver Bildungs- und Erziehungskonzepte für Kinder mit besonderen Bedürfnissen ernst nehmen.

Einige Fragen zur Reflexion:
• Wie ist individuelle Unterstützung in Ihrem Konzept (in dem Konzept Ihrer Institution) vorgesehen?
• Wie werden die Ziele der Unterstützungsmaßnahmen für Kinder mit besonderen Bedürfnissen definiert? Sind sie entwicklungsgemäß und angemessen für das Kind? Werden die Wünsche und Prioritäten der Eltern in diesem Prozess berücksichtigt?
• Sind an dem Prozess der Diagnose bzw. an der Einschätzung der Situation ein Team verschiedener Fachkräfte und die Eltern beteiligt?
• Was wird getan um sicher zu stellen, dass die angestrebten Ziele innerhalb der täglichen Routinen im Gruppenraum und Zuhause erreicht werden?
• Werden Konzepte der Beteiligung, der ‚eingebetteten Instruktionen‘ und der curricularen Anpassungen in der Planung der zu erreichenden pädagogischen Ziele berücksichtigt?
• Was sind Ihre Strategien, um Therapien in einer inklusiven Form anzubieten?

Brigitte Belmont, Aleksandra Pawlowska & Aliette Vérillon
3.5 Partnerschaft mit den Eltern

Im Allgemeinen ist bei allen Kindern die Partnerschaft zwischen ihren Familien und den Bildungs- und Erziehungseinrichtungen sehr wichtig. Sie gilt als ein Faktor, der die Entwicklung und das Lernen der Kinder befördert; in dem Feld der frühkindlichen Erziehung ist er unverzichtbar. Der Besuch von Bildungs- und Erziehungseinrichtungen stellt für Kinder zwischen drei und sechs Jahren oft die erste Erfahrung außerhalb der Familie und besonders für die Jüngsten von ihnen einen bedeutenden Schritt hin zur Autonomieentwicklung dar. Sie müssen lernen, nicht in ihrer Familie zu sein und lernen, neue soziale Beziehungen zu entwickeln. Diese Unterbrechung im bisherigen Alltagsleben des Kindes macht den Eltern natürlich Sorgen. Wie wird das Kind mit der Trennung umgehen? Wie wird es sich in der neuen Umgebung zurecht finden, und wie wird es zu einem Mitglied der Gruppe werden? Wer wird sich um seine Bedürfnisse und Gewohnheiten kümmern? Eltern stellen sich alle diese Fragen und brauchen Vergewisserung. Ihr Bedürfnis nach Information darüber, wie das Kind reagiert hat und wie sein Tag war, erfordert häufigen Kontakt mit den Mitarbeitern/ Mitarbeiterinnen der Einrichtung. Die elterlichen Sorgen können noch größer sein, wenn das Kind eine Beeinträchtigung hat. Zu den eben erwähnten Fragen kommt noch die Frage danach, wie das Kind aufgenommen wird: Wird es so akzeptiert werden wie seine Altersgenossen?

Aus diesen Gründen ist das Ziel in der Entwicklung einer Partnerschaft mit den Eltern, eine vertrauensvolle Beziehung zu den Mitarbeitern/ Mitarbeiterinnen aufzubauen. Wir gehen meist davon aus, dass Eltern die Bildung und Erziehung ihres Kindes als etwas Positives erfahren. Wenn Angst oder gar Schuldbewusstsein der Trennung zu Grunde liegen, können es die Kinder spüren und ihre Integration/ Inklusion kann schwieriger werden. Daneben sind vertrauensvolle Beziehungen notwendig, um eine vielversprechende Kooperation in dem Erziehungsprozess außerhalb der Familie zu schaffen. Allgemein soll diese Kooperation die erzieherische Kohärenz zwischen den Eltern und den pädagogischen Fachkräften verbessern und auf beiden Seiten eine Praxis befördern, die sich stärker ergänzt. In zahlreichen Ländern, speziell auch in den fünf an unserer Untersuchung beteiligten Ländern, wird in der Bildungspolitik auf die Bedeutung einer Zusammenarbeit mit den Eltern im Interesse des Kindes hingewiesen, wenn es um die frühkindliche Bildung und Erziehung geht. Die Eltern müssen laufend über die Entwicklung ihres Kindes, über das Curriculum (bzw. über die Bildungspläne) der Einrichtung und die Bildungs- und Erziehungsmethoden informiert sein (vgl. Kron 2008). Was die Schulen (d.h. auch die écoles maternelles) betrifft, werden in Frankreich institutionelle Verfahren installiert, um die Kommunikation mit den Eltern zu regeln: Es gibt z. B. Informationstreffen oder den Eltern werden regelmäßig Dokumente zur Lernentwicklung des Kindes ausgehändigt. Neuere Rundschreiben zielen auf die Intensivierung und Systematisierung von Interaktionsgelegenheiten (verpflichtende Treffen zu Beginn des Schuljahres, vierteljährliche Treffen mit den Lehrer/innen) und darauf, die elterliche Beteiligung in Beratungsinstitutionen zu erleichtern. Neben diesem institutionalisierten Austausch gibt es in den meisten écoles maternelles oft weitere Kontaktmöglichkeiten: Befragungen während des Anmeldeprozesses, Poster, schriftliche Dokumente, Feiern usw. Bei den vorschulischen Kindertageseinrichtungen werden informelle Kontakte zwischen Tür und Angel am Vor- oder Nachmittag dadurch erleichtert, dass die Kinder regelhaft von ihren Eltern oder Betreuerinnen gebracht und abgeholt werden. Aber die Qualität des Austauschs hängt von der Art und Weise ab, in der die Lehrer die Eltern begrüßen und wie diese Momente des Übergangs durch die Einrichtungsstruktur unterstützt werden.

Tatsächlich funktionieren die Beziehungen zu den Eltern trotz dieser zahlreichen Elemente nicht automatisch gut. Bestimmte Familien ziehen sich mit dem Eintritt des Kindes in die Schule resp. in die école maternelle zurück, was auch schon bei der Krippe oder dem Kindergarten anfangen kann. Zahlreiche wissenschaftliche Publikationen zeigen eine mit dem sozialen Hintergrund der Familien in Zusammenhang stehende anhaltende Ungleichheit der Beteiligung und des Einbezugs in das institutionelle Leben (Montandon 1991; Van Zanten 1990; Glasman 1992; Dubet 1996; Thin 1998; Desforges & Abouchaar 2003). Im Allgemeinen sind Eltern der Mittelschicht und oberen Mittelschicht an den Schulen/ Kindergärten sehr präsent; sie kennen die Arbeitsweise gut, und sie verfolgen die Bildungslaufbahn ihres Kindes genau. Ihre Vorstellungen von Bildung und Erziehung sind denen der Schule sehr nahe. Es entwickelt sich ein gegenseitiges kulturelles Verständnis zwischen ihnen und den Lehrern/ Pädagogen. In sozial schwierigen Stadtteilen hingegen haben Lehrer oft Probleme, die Eltern zu treffen und mit ihnen zu kommunizieren. Die Eltern zeigen sich gewöhnlich nicht oft in der Schule. Sie kommen selten zu Treffen bzw. Versammlungen und melden sich kaum zu Wort. Diese Haltung zeigt, dass sie sich in Gegenwart der Lehrer unwohl fühlen. Oft haben sie selbst schlechte Erfahrungen mit der Schule gemacht und machen sich Sorgen über die Beurteilung ihres Kindes. Oder sie sehen es möglicherweise nicht als ihre Rolle an, sich in der Schule einzumischen. Bildung und Erziehung interpretieren sie als die Aufgabe der professionellen Fachkräfte. Ihre Abwesenheit wird oft als erzieherische Resignation oder als Gleichgültigkeit bezüglich der Schullaufbahn ihrer Kinder gedeutet (Breton & Belmont 1984). So profitieren – unter den derzeitigen Bedingungen innerhalb der Schulen/ écoles maternelles und bezogen auf den sozialen Kontakt – die Eltern aus höheren sozialen Schichten, schwächer gestellte Familien werden benachteiligt und ausgeschlossen.

70|

Von institutioneller Seite aus gesehen wird in der inklusiven Erziehung empfohlen, alle Eltern willkommen zu heißen und sich um sie zu kümmern, unabhängig von ihrer sozialen oder kulturellen Verschiedenheit. Professionelle Fachkräfte müssen sich bewusst machen, dass sie allen Eltern eine Verständigungs- und Beteiligungsmöglichkeit in Erziehungsfragen anzubieten haben, ungeachtet ihrer sozialen Herkunft. Auf internationaler Ebene wird in Untersuchungen die entscheidende Bedeutung der von Fachkräften initiierten Aktivitäten zur Kooperationsentwicklung mit den Eltern festgehalten (Favre et al. 2004). In dem Index für Inklusion (Booth & Ainscow 2000) ist die Zusammenarbeit mit den Eltern einer der Indikatoren, die zur Reflexion empfohlen werden, um eine inklusive Kultur innerhalb der Einrichtung und des Gemeinwesens zu installieren. In dieser Perspektive geht es darum, gemeinsame Werte der Vielfalt zwischen den Fachkräften und den Eltern zu teilen.

Die Beziehung zu Eltern mit Kindern mit besonderen pädagogischen Bedürfnissen
Die Zusammenarbeit mit Eltern ist besonders wichtig, wenn bei ihren Kindern von besonderen pädagogischen Bedürfnissen oder einer Beeinträchtigung auszugehen ist. Internationale Organisationen pochen auf die Bedeutung der Partnerschaft zwischen Pädagogen und Eltern, um eine erfolgreiche Bildung und Erziehung („successful education"; OECD 2003) zu erreichen. In der Salamanca-Deklaration wird die Entwicklung einer kooperativen, unterstützenden Partnerschaft empfohlen („co-operative, supportive partnership"; UNESCO 1994, 38), bei der die Eltern als aktive Partner in der Entscheidungsfindung gesehen werden (vgl. ebd.). Eltern sollten ermutigt werden, sich bei den erzieherischen Aktivitäten zu beteiligen, ebenso bei der Steuerung und Unterstützung des Lernens ihrer Kinder.[17]
Untersuchungen in französischen Schulen zeigten, dass Lehrer in der Integration dieser Kinder davon ausgehen, dass sie Kontakte zu den Eltern entwickeln müssen. Sie betrachten diesen Austausch als entscheidend für die Beteiligung des Kindes im Unterricht/ bei Gruppenaktivitäten. Es ist für sie ein Weg, die nötigen Informationen über das Verhalten und die Schwierigkeiten zu bekommen, um sich in der Arbeit mit dem Kind zu orientieren. Sie bieten auch den Eltern die Gelegenheit, sich über die Entwicklung ihrer Kinder zu informieren und ermutigen sie, diese in ihren Fortschritten zu unterstützen. Solche Erwartungen unterscheiden sich eigentlich nicht von jenen, die Lehrer/innen an alle Eltern haben. Wie von allen anderen wird erwartet, die erzieherischen Maßnahmen der Schule zu verstärken und fortzuführen (Lantier et al. 1994). Aber die Beziehungen zu den

17 „Parents should be encouraged to participate in educational activities […], as well as in the supervision and support of their children's learning. " (ebd.)

Eltern dieser Kinder sind nicht immer zufriedenstellend. Die Lehrer/innen sind hier häufig mit den gleichen Schwierigkeiten konfrontiert wie bei anderen Eltern. Positive Interaktionen gibt es eher mit Familien einer höheren sozialen Herkunft, die die gleichen Interessen, Einstellungen und schulischen Werte teilen. Die Beziehungen sind im allgemeinen schwieriger zu Familien mit einem schwächeren sozialen Hintergrund, die den Kontakt vermeiden, nicht an der Arbeit der école maternelle interessiert zu sein scheinen oder nicht den Weg verfolgen, der seitens der école maternelle als angemessen gilt. Durch diese Ungleichheit in den Beziehungen zu den Fachkräften können Kinder bestraft werden, von deren Eltern angenommen wird, dass sie sich nicht ausreichend für ihre institutionelle Bildung und Erziehung engagieren.

In vielen Ländern gibt es für Kinder mit Beeinträchtigungen bzw. mit besonderen pädagogischen Bedürfnissen einen individuellen (Förder)Plan, der grundsätzlich mit Beteiligung der Eltern ausgearbeitet werden sollte. In der Realität wird in Frankreich aber die Rolle der Eltern kaum anerkannt; sie werden oft nicht in Entscheidungsprozesse einbezogen, in denen es um die Erziehung und Bildung ihres Kindes geht (Belmont & Vérillon 2004). Verschieden Forscher konstatieren einen Informations- und Beratungsmangel seitens der Eltern in Bezug auf die Aufgaben der ‚commissions d'éducation spéciale' (‚Kommission für besondere Bildung und Erziehung'), in der über die Schulform für das Kind und die Zuweisung besonderer Unterstützung entschieden wird. Oft werden die Eltern nur gebeten, einen Plan zu billigen, der ohne sie ausgearbeitet wurde. Auf diese Art und Weise entziehen ihnen professionelle Mitarbeiter/innen des Feldes der Erziehung und Behinderung mit Verweis auf ihre Fachkenntnisse die elterliche Verantwortung. Es gibt eine Tendenz, den erzieherischen Fähigkeiten der Eltern angesichts der Beeinträchtigung des Kindes nicht zu trauen, zu vermuten, dass sie nicht die richtigen Dinge tun oder sogar für die Schwierigkeiten ihres Kindes verantwortlich sind. Ein Gesetz von 2005 zielt darauf, diese Situation zu revidieren, indem den Eltern mehr Raum in der Ausarbeitung der erzieherischen Maßnahmen für ihre Kinder und deren Weiterführung eingeräumt wird.

Dennoch, Eltern sind für die Beteiligung an dieser Aufgabe und um sich überhaupt zu Gehör zu bringen nicht gleichwertig ausgestattet. Die allgemeine Orientierung kommt vor allem Kindern mit einem besseren sozialen Hintergrund zu Gute, da ihre Eltern mehr Möglichkeiten haben, die nötigen Kenntnisse zu entwickeln, um ihr Vorhaben zu bewerkstelligen.

Eine Bildungs- und Erziehungskooperation schaffen

Ist es möglich, konstruktive Beziehungen zu allen Eltern aufzubauen? Es liegen Untersuchungen zu Erfahrungen von Institutionen vor, die darauf hinarbeiten, Beziehungen zu allen Eltern zu entwickeln; sie machen es möglich, einen Ansatz erzieherischer Kooperation zu beschreiben, der durch professionelle Fachkräfte aufgebaut wird. Dieser Ansatz stützt sich auf einige grundlegende Prinzipien (Belmont 1999):

– Den Eltern gegenüber ist eine bewusste Haltung der Offenheit einzunehmen, um die Kommunikation mit jedem zu fördern. So scheint es wichtig zu sein, Gelegenheiten und Informationskanäle zu diversifizieren, so dass jeder den angenehmsten Weg für sich selbst finden kann (z. B. die Begrüßung im Gruppenraum, Treffen im Stadtteil oder zu Hause, Telefonieren, Feiern usw.) (vgl. Kap. 9.1). Nützlich ist es auch, die Unterstützung von Personen, Strukturen oder Vereinigungen zu suchen, die die Rolle einer Schaltstelle zwischen Institution und Familie übernehmen könnten. Auch die Förderung des Austauschs der Eltern über die école maternelle ist möglicherweise hilfreich. Manchmal kann es erforderlich sein, die Eltern daran zu erinnern, dass die Kooperation mit ihnen Teil der fachbezogenen Philosophie der Mitarbeiter/innen ist.

– Um die Arbeitsweise der Institution für die Eltern nachvollziehbar zu machen, müssen sie über die angewandten pädagogischen Methoden und die verfolgten Ziele informiert werden (vgl. Kap. 5.4.2). Die Mitarbeiter/innen müssen Wege finden, wie diese Informationen allen zugänglich gemacht werden können, besonders den Eltern ausländischer Herkunft und jenen, die mit den Strukturen der Bildung und Erziehung wenig vertraut sind. Neben den formalen Zusammenkünften, die manche Eltern ungern besuchen, kann es zum Beispiel interessant sein, den Austausch bzgl. der Fertigkeiten der Kinder im Gruppenraum bzw. Klassenzimmer zu organisieren.

– Den Eltern ist zuzuhören, wenn das Kind nun eine Einrichtung der frühkindlichen Erziehung besuchen wird, ihre Erwartungen und Bedenken sind zu berücksichtigen. Dies bedeutet, Bedingungen für einen förderlichen Dialog zu schaffen, ein vertrauensvolles Klima aufzubauen, in dem die Eltern den Mut finden, ihr Anliegen auszudrücken. Es geht auch um das Bemühen, ihre Standpunkte zu verstehen.

– Ihre elterlichen Kompetenzen sind anzuerkennen; sie sind als bevorzugte Bezugspersonen zu beachten, die in der Lage sind Urteile abzugeben; ihre Vorschläge und Einwände sind in Entscheidungsprozessen zu berücksichtigen. Dies bedeutet auch, sich mit ihnen auf die Suche nach Lösungen zu begeben und darüber nachzudenken, wie jeder seinen Beitrag zur potenziell bestmöglichen Entwicklung ihrer Kinder leisten kann, gleich welcher Muttersprache, Kultur, Lebensbedingungen usw.

Anreize zum Nachdenken

Was praktische Verfahren betrifft, scheinen zwei Orientierungen für eine positive Partnerschaft mit Eltern besonders fruchtbar zu sein.

Die erste ist die, für Eltern einen Moment des freundlichen Begrüßens einzuräumen, wenn sie ihre Kinder bringen (und/ oder sie abholen). Mit dieser Situation ist beabsichtigt, oft oder sogar täglich die Gelegenheit des Austauschs mit den Mitarbeitern/ Mitarbeiterinnen der Einrichtung anzubieten und die Trennung von Eltern und Kindern zu stützen (vgl. 8.1). Diese Ziele erfordern eine bestimmte Struktur, nämlich

– ausreichende Zeit speziell für dieses Vorhaben zu reservieren, um den Austausch zwischen den Erwachsenen zu gestatten und den Kindern zu ermöglichen, ihre Eltern zu verabschieden, wenn sie fertig sind,

– die Räume der Kinder für die Eltern zu öffnen,

– die Möglichkeit zuzulassen, dass sich die Kinder in Aktivitäten ihrer Wahl und in Beziehungen zu ihren Altersgenossen einbringen,

– den Eltern zu überlassen, diesen Moment nach ihrem Bedürfnis zu nutzen, mit den Erwachsenen zu kommunizieren oder sich an Aktivitäten ihrer Kinder zu beteiligen.

Dieser Moment ist durch die einladende Haltung der Mitarbeiter/innen gekennzeichnet, die sich in diesem Augenblick nicht als Anreger kindlicher Aktivitäten betätigen. Auf diese Art und Weise sind sie frei, um den Eltern zuzuhören, mit ihnen zu kommunizieren und vielleicht individuelle Aufmerksamkeit einem Kind zuzuwenden, wenn es nötig ist. Diese Haltung kann sich in einem ungezwungenen Zusammentreffen verkörpern, z. B. indem ein Raum für Eltern geschaffen wird, in dem sie sich für eine Tasse Kaffee hin setzen können.

Die zweite Orientierung besteht darin, die elterliche Beteiligung an pädagogischen Aktivitäten zu fördern (vgl. Kap. 5.5.2; 9.2; 9.3). In Situationen, die durch die pädagogischen Fachkräfte vorbereitet werden, haben Eltern in bestimmtem Umfang die Freiheit sich darin zu engagieren. Diese Möglichkeit berücksichtigt die Kenntnisse, Kompetenzen und Erfahrungen der Eltern und trägt zur Stärkung des kulturellen Universums der Kinder bei. Elterliche Kompetenzen werden geschätzt, um die Kinder in ihrem Lernen zu unterstützen. Es ist wichtig, die Art der vorgeschlagenen Beteiligung zu reflektieren, um allen Eltern – unabhängig von ihrer sozialen Herkunft – den Zugang dazu zu eröffnen.

Wir können eindeutig den Vorteil dieser Art von Aufnahme und Beteiligung der Eltern konstatieren. An diesem Moment institutionellen Lebens sich beteiligen zu können, ermöglicht es den Eltern, sich des pädagogischen Rahmens und der Organisation gewahr zu werden und Verbindungen zu dem Leben des Kindes in dem familiären Rahmen herzustellen. Der Austausch mit den pädagogischen Mitarbeitern und Mitarbeiterinnen erlaubt es, Informationen über das Kind auf alltäglicher Basis zu teilen. Er bietet auch die Gelegenheit, über geplante Aktivitäten für die Kinder zu sprechen. In diesem alltäglichen Zusammenwirken können die Mitarbeiter/innen bessere Formen zum eigenen Verständnis finden als in

Treffen, in denen es um ihre Ziele und Orientierungen in der Arbeit geht. Dieser Austausch gibt die Möglichkeit, vielleicht auch unterschiedliche pädagogische Optionen in Betracht zu ziehen.

Eltern willkommen zu heißen und deren Beteiligung am Leben der école maternelle sind auch Gelegenheiten für Eltern, sich untereinander zu treffen und Erfahrungen wie Fragen zu teilen. Auf diese Art und Weise wird eine Gemeinschaft der Eltern aufgebaut, die Selbstvertrauen und Hilfe bei der Ausformung der Elternrolle gibt.

Teil dieser Gemeinschaft zu sein ist besonders für jene Eltern wichtig, deren Kinder besondere pädagogische Bedürfnisse haben. Die Eltern können ihr Kind in dem pädagogischen Rahmen der Einrichtung beobachten und sehen, wie es sich in das Gruppenleben einfügt, wie es Beziehungen zu Altersgenossen aufbaut. In diesem Zusammenhang wird es möglich, die Einzigartigkeit ihres Kindes, Fähigkeiten oder Beeinträchtigungen auf andere Art und Weise zu sehen. Die Entwicklung von Beziehungen zwischen Eltern unterschiedlicher Kinder in einer Institution, die Kinder mit besonderen pädagogischen Bedürfnissen einschließt, führt sie zu einer Konfrontation mit den Unterschieden zwischen Vorstellungen über eine Beeinträchtigung und ihrer tatsächlichen Realität. Diese Erfahrung ist hilfreich, um unter den Eltern Verständnis und Solidarität zu entwickeln.

In dieser Form der Beziehungsstiftung wird mit Eltern von Kindern mit besonderen pädagogischen Bedürfnissen nicht anders umgegangen. Die Kommunikation mit ihnen ist Teil der Kommunikation, wie sie für alle Eltern gedacht ist; für alle Eltern gibt es Raum zum individuellen Austausch mit den professionellen Fachkräften und für Kommunikation untereinander.

Teamarbeit ist in dieser Arbeitsweise verpflichtend. Die professionellen Mitarbeiter/innen müssen mit dem zu Grunde liegenden Konzept der Arbeit mit den Eltern und mit den damit zusammenhängenden Haltungen und Organisationsweisen einverstanden sein. Das bedeutet, dass in dem Rahmen des internen institutionalisierten Austauschs Raum vorhanden sein muss, um Fragen der Arbeit mit den Eltern zu besprechen. Die gemeinsame Reflexion der Praxis führt zu einer Stärkung professioneller Kompetenzen. Wenn die Arbeit mit den Eltern in das Profil der Institution aufgenommen wird, führt dies zur kollektiven Verantwortung und zu einem Bewusstsein dafür, alle Kinder, einschließlich derer mit besonderen pädagogischen Bedürfnissen, Willkommen zu heißen.

Einige Fragen zur Reflexion:
- Was wird in Ihrer Institution organisiert, um eine Beziehung zu den Eltern aller Kinder aufzubauen?
- Werden verschiedene Methoden angewandt, um die Eltern über die Arbeitsweise der Institution und über die Beteiligung ihres Kindes zu informieren?

- Wurden Maßnahmen ergriffen, um einen freundlichen Empfang der Eltern zu gewährleisten, so dass sie sich frei und unbefangen fühlen, mit den Erziehern oder Lehrern zu diskutieren?
- Tragen Eltern von Kindern mit besonderen pädagogischen Bedürfnissen zur Diskussion und zu Entscheidungen bei, die den individuellen Bildungs- und Erziehungsplan ihres Kindes betreffen?

Maria Karlsson
3.6 Die Qualifikation der pädagogischen Fachkräfte – ein entscheidender Aspekt der Qualität von Kindertageseinrichtung

Eine hohe Qualität der Einrichtungen früher Bildung und Erziehung ist unerlässlich. Die Herausforderung, die in dieser Feststellung liegt, ist es zu definieren, was unter der hohen Qualität einer Kindertageseinrichtung verstanden wird. Die Komplexität und Multidimensionalität der Qualität einer Kindertageseinrichtung liegen auf der Hand. Qualität „konstituiert sich in der Interaktion zwischen verschiedenen Dimensionen und Aspekten menschlicher und materieller Ressourcen" (Sheridan 2007, 197)[18]. Ein Aspekt der ‚menschlichen Ressourcen' sind die beruflichen Qualifikationen. In einigen Ländern haben die politischen Entscheidungsträger und Administratoren Standards auf der (Aus)Bildungsebene für Lehrer bzw. Erzieher festgelegt, die in Kindertageseinrichtungen oder Vorschulen arbeiten, um eine hohe Qualität der Einrichtungen zu gewährleisten. In neueren Forschungen wurde diese Annahme überprüft. Mehrere Studien erbrachten Zusammenhänge zwischen dem Ausbildungsniveau und der Qualität frühkindlicher bzw. vorschulischer Bildungs- und Erziehungseinrichtungen (Cassidy et al. 2005; Burchinal et al. 2002; de Kruif et al. 2000), während andere Untersuchungen dies in Frage stellen (Early et al. 2006; Early et al. 2007; LoCasale-Crouch et al. 2007). Es scheint, als seien die Komplexität der Analysen und die Operationalisierung von Qualität entscheidend dafür, ob Zusammenhänge zwischen Qualität in der frühkindlichen Bildung und Erziehung einerseits und dem Ausbildungsniveau der betreffenden Fachkräfte andererseits festzustellen sind. Der unsichere Zusammenhang ist möglicherweise auch durch die Mehrdimensionalität des Begriffs der Qualität der frühen Bildung und Erziehung erklärbar, die es schwierig macht, bestimmte Aspekte des Konzepts zu isolieren.

Dennoch, Zusammenhänge zwischen bestimmten Kompetenzen der Pädagogen und dem Kompetenzzuwachs der Kinder zeigen sich immer wieder. Mashburn et al. (2008) untersuchten die Entwicklung der kognitiven, sprachlichen und sozialen Kompetenzen unter den Vierjährigen mit verschiedenen Methoden und in unterschiedlichen Dimensionen: Infrastruktur und ihre Ausgestaltung (z. B. die Qualifikation der Lehrer/ Pädagogen, Gruppengröße, mindestens eine Mahlzeit täglich), allgemein die Qualität des Umfeldes (z.B. Raum, Möblierung, Angebot von Aktivitäten) und die Qualität der Lehrer-Kind-Interaktion (instruktive und

---

18 .. is stated to be „constituted in interaction between various dimensions and aspects of human and material resources" (Sheridan 2007, 197)

emotionale Unterstützung). Die Dimensionen der Pädagogen-Kind-Interaktion korrelierten am konsequentesten und stärksten mit der kindlichen Entwicklung. De Kruif et al. (2000) konnten in einer Studie vier unterschiedliche Stile der Interaktion zwischen Pädagogen und Kindern nachweisen, die allesamt mit dem Ausbildungsniveau in Zusammenhang standen. Die vier Cluster unterschieden sich im Ausmaß der Sensibilität bzw. Empathie der Lehrer, der Umfeldqualität, bezogen auf den Gruppenraum und der Beteiligung des Kindes in der Gruppe, wobei das Ausbildungsniveau der Pädagogen Anteile des unterschiedlichen Interaktionsverhaltens erklären konnte. Eine Konsequenz aus dieser Studie war es, Pädagogen bzw. Lehrer der Einrichtungen frühkindlicher Bildung und Erziehung mit Blick auf verbesserte Empathie zu trainieren, da diejenigen, die stärker direktive und weniger variantenreiche Verhaltensweisen zeigten, zu weniger Empathie tendierten und gleichzeitig ein niedrigeres Ausbildungsniveau aufwiesen.

Auch in einer weiteren Studie, die eigentlich den Universalismus (d.h. kulturübergreifende, allgemeine Aspekte) des Qualitätsbegriffs thematisierte, erwiesen sich bestimmte Fähigkeiten der Erzieher/innen als entscheidend. In einer Studie von Burchinal & Cryer (2003) wurde der Universalismus der Qualität frühkindlicher Bildung und Erziehung erforscht. Sie untersuchten, in wie weit der kulturelle Hintergrund und die ethnische Zugehörigkeit die Vorstellung darüber beeinflusst, was aus der Perspektive von Fachkräften und Eltern die hohe Qualität frühkindlicher Bildung und Erziehung ausmacht. Die Ergebnisse zeigen, dass Kinder, die von Fachkräften mit empathischem und anregendem Verhalten erzogen wurden, ein höheres Niveau kognitiver und sozialer Fähigkeiten erreichen; dagegen fanden sich jedoch keine Zusammenhänge von kognitiver und sozialer Entwicklung einerseits zur Ähnlichkeit ethnischer Zugehörigkeit von Kind und Fachkraft andererseits oder zur Übereinstimmung professioneller und elterlicher Überzeugungen bezüglich der Kindererziehung. Dieses Ergebnis kann in Richtung der Existenz universaler, kulturübergreifender Aspekte der Qualität frühkindlicher Bildung und Erziehung interpretiert werden.

Während die materiellen Ressourcen, einer der beiden von Sheridan genannten Gesichtspunkte der Qualität frühkindlicher Bildung und Erziehung (s.o.) durch finanzielle Unterstützung und organisatorische Lösungen abzusichern sind, ist der andere Aspekt, der der menschlichen Ressourcen, wesentlich durch Fort- und Weiterbildung zu beeinflussen. Die professionelle Entwicklung von Fachkräften der frühkindlichen Erziehung sollte als eine *Bildungsmaßnahme* betrachtet und behandelt werden (Karlsson et al. 2008). Dabei sind als wichtige Fragen zu beantworten: Was sind die Gründe für die Durchführung einer einrichtungsinternen Fortbildung? Was sind die Ziele einer einrichtungsinternen Fortbildung? Welche Formen und Inhalte professioneller Fortbildung sind erforderlich, um die gesetzten Ziele zu erreichen? Die ausgewiesenen Ziele sollten die weiteren Entschei-

78|

dungen bzgl. der Umsetzung der Fortbildung leiten. Häufig wird die Fort- und Weiterbildung als ein *Produkt* betrachtet, bei dem davon ausgegangen wird, dass die Ziele mit dem Fortgang der Maßnahme erreicht werden; der Abschluss der Fortbildung wird dementsprechend für ausreichend gehalten, eine Evaluation oder Nachfolgeveranstaltungen findet nicht statt. Wenn das Ziel lediglich in der Auffrischung vorhandener Kenntnisse oder der Ergänzung um einige neuere Forschungsergebnisse lag, mag dies zulässig sein. Von diesem Standpunkt aus wären Evaluation oder Anschlussveranstaltungen unnötig; alles ginge wieder wie vor der Fortbildung seinen Gang (mit Ausnahme der Tatsache, dass das Wissensniveau in Bezug auf aktuelle Forschung nun höher wäre). Wird dagegen Fort- und Weiterbildung als ein *Prozess* verstanden, bedarf es einer kontinuierlichen Feedback-Schleife. Die Fort- und Weiterbildung wird hier als Methode genutzt, etwas Anderes und Neues in der frühen Bildung und Erziehung zu erreichen, z.B. erweiterte Kompetenzen der Fachkräfte.

Ein Überblick über Fort- und Weiterbildung in Schweden zeigt, dass Schreiben und Lesen von Kindern wie ihre sprachliche Fähigkeiten bevorzugte Themen und Inhalte der Fortbildungen sind, die für Fachkräfte in Kindertageseinrichtungen und Vorschulen angeboten werden (Justice et al. 2008; Dickinson & Caswell 2007; Jackson et al. 2006; Landry et al. 2006). In einer anderen Studie in diesem Feld wurden bestimmte Fähigkeiten des Gruppenmanagements wie Anleitung, Lob, Unterbrechung (time out) untersucht (Slider et al. 2006). Ergebnisse dieser Studie zeigen, dass alle Lehrer von zielgerichtetem ,Verhaltensmanagement' profitierten. Chen & Chang (2006, 1) halten fest: *„Der Schlüssel, um die Wirksamkeit der Lehrer (bzw. der Pädagogen) zu erhalten und kontinuierliches Wachstum zu unterstützen, ist eine berufliche Weiterentwicklung von hoher Qualität"*.[19] Dennoch fehlt bisher in dem Feld früher Kindheit und früher (vorschulischer) Bildung und Erziehung ein allgemeiner konzeptioneller Rahmen, um Erfahrungen aus der Fort- und Weiterbildung zu organisieren und zu integrieren.

Wenn wir die Fort- und Weiterbildung als eine Methode einsetzen, um die Qualität von Kindertageseinrichtungen und Vorschulen zu verbessern und um einen konzeptionellen Rahmen zu entwickeln, sollten wir die Priorität auf bestimmte Themen legen wie solche der Pädagogen-Kind-Interaktion (Mashburn et al. 2008) und solche, die empathische und stimulierende, motivierende Fähigkeiten der Fachkräfte stärken (de Kruif et al. 2000; Burchinal & Cryer 2003). Diese Themen der beruflichen Weiterentwicklung erfordern, Fort- und Weiterbildung als einen Prozess zu betrachten und zu praktizieren, in dem vor allem durch einrichtungsinterne Fortbildung Veränderungsprozesse angestoßen werden und vermehrte Ressourcen verfügbar werden (Karlsson et al. 2008).

---

19 „The key to sustaining teacher effectiveness and supporting continuous growth is high-quality professional development."

Es gibt viele Verbindungen dieses Themas zu den Situationen, die in Kap. 5-9 beschrieben werden, wenn Sie als Leserin/ als Leser dort an die Kompetenzen denken, die pädagogische Fachkräfte haben müssen, um wohlüberlegt in diesen Situationen zu arbeiten.

Einige Fragen zur Reflexion:

Diskutieren Sie Ihre Erfahrungen mit einrichtungsinternen Fortbildungen:

- Haben Sie Erfahrungen mit allgemeinen einrichtungsinternen Fortbildungen gemacht, in die alle Mitarbeiter/innen eingeschlossen waren und/ oder mit berufsspezifischen einrichtungsinternen Fortbildungen? Haben Sie Unterschiede zwischen diesen beiden Fortbildungsformen festgestellt?
- Was haben Sie als die Zielsetzungen der unterschiedlichen Fortbildungen wahrgenommen? Entsprachen Ihrer Meinung nach die Fortbildungsinhalte und -formen dem Ziel der Fortbildung?
- Wie sollte Ihre einrichtungsinterne Fortbildung organisiert werden?

Brigitte Belmont & Aliette Vérillon
3.7 Kooperation im Team

Derzeit entwickelt sich eine neue Konzeption der Berufe im Feld der Bildung und Erziehung. Die Qualität von Bildung und Erziehung hängt zunehmend nicht nur von individuellen Fähigkeiten ab, sondern stützt sich auf die Kooperation unter den pädagogischen Fachkräften, besonders auf die einrichtungsinterne Zusammenarbeit. Forschungen zeigen eine erhöhte Wirksamkeit der Institutionen, in denen eine Kultur der Zusammenarbeit entwickelt wurde (Gather-Thurler 1994). Diese Form der Kooperation erweist sich als ein Weg zur Verbesserung von Praxis und hat Hebelwirkung in Bezug auf Innovationen. Kooperation als Dimension der pädagogischen Arbeit wird aus der Perspektive der inklusiven Bildung und Erziehung noch wichtiger. Mit dem Ziel, dass sich alle Kinder – ungeachtet ihrer Fähigkeiten – zusammen in derselben Institution entwickeln können, müssen sich die Fachkräfte in einen permanenten Forschungsprozess begeben. Sie haben auf ein Klima zu achten, in dem alle willkommen geheißen werden, sie haben sich ihre Bildungsangebote zu vergegenwärtigen, und sie haben darauf zu achten, Hindernisse, die der Beteiligung entgegenstehen, auf ein Minimum zu begrenzen. Dieses forschende Engagement wird besonders erleichtert, sobald es als eine dynamische Reflexion unter Kolleginnen/ Kollegen erfolgt. Unter dieser Perspektive vertreibt das britische Bildungs- und Erziehungsministerium den ‚Index für Inklusion‘, der zur Anregung und Strukturierung der institutsinternen Reflexion entwickelt wurde (Booth & Ainscow 2002; diess. 2006).

Teamarbeit ist institutionell allgemein anerkannt. In bestimmten Ländern wurde sie als eine neue berufliche Dimension Teil des Gegenstandsbereiches von Bildungspolitik. In Frankreich z. B. zielt das Erziehungsgesetz von 1989 ausdrücklich auf eine Entwicklung hin zur Anerkennung der Vielfalt unter den Kindern. Um diese Entwicklung zu unterstützen, fordert das Gesetz die Entwicklung von Teamarbeit, was die Institutionalisierung offizieller Zeiten für Rücksprachen und Beratung einschließt. Dennoch, auch wenn Teamarbeit nun von wesentlicher Bedeutung zu sein scheint, kann sie nicht quasi verordnet werden. Offizielle Verfügungen reichen nicht aus, um Teamarbeit in den Institutionen zu etablieren. Nötig ist die Selbstverpflichtung der Teams, sich in einer Arbeit mit einem gemeinsamen Ziel zu engagieren. Dies widerspricht einem individualistisch orientierten Berufsverständnis. Teamarbeit begegnet Widerstand und verursacht Angst: Angst, die eigene Praxis offen zu legen, dem Urteil anderer ausgesetzt zu sein, die berufliche innere Wahlfreiheit zu verlieren. Auch wenn professionelle Pädagogen Teamarbeit befürworten, ist guter Wille nicht ausreichend. Zusammenarbeit ergibt sich aus kontinuierlichen Arrangements, bestehend aus Ausprobieren und neuem Justieren. Sie fordert neue Fähigkeiten, die man vor allem durch Erfahrung gewinnen kann.

Teamarbeit innerhalb der Einrichtungen

In mehreren Forschungsprojekten werden Kooperationspraktiken in Strukturen von Bildung und Erziehung beschrieben (Gather-Thurler & Perrenoud 2005; CRESAS 2000; Rayna & Dajez 1997; Bréauté & Rayna 1995). Sie zeigen, dass sich Kooperationen innerhalb der Institutionen in verschiedenen Arten und Weisen entwickeln können.

Sie kann die Koordination verschiedener Aktivitäten beinhalten, die Bündelung pädagogischer Ressourcen, die Verteilung von Aufgaben unter den Teammitgliedern; sie kann darin bestehen, eine Kohärenz der erzieherischen Praktiken zu erreichen und eine Bereicherung möglicher erzieherischer bzw. bildungsfördernder Maßnahmen zu sein (vgl. Kap. 5.2.2; 5.3.1; 5.4.1).

Über die neue Gestaltung der beruflichen Tätigkeit hinaus kann Teamarbeit auch die Bedeutung von Gesprächen über die Praxis und die gemeinsame Suche nach pädagogischen Lösungen unterstreichen. In bestimmten Hinsichten bieten verschiedene Praktiken die Gelegenheit, sich einen Schritt weit von den üblichen Arbeitsgewohnheiten zu entfernen. Dies ermutigt dazu, Ziele genauer zu formulieren oder die Tätigkeit eines anderen besser zu verstehen, es eröffnet neue Perspektiven, die eine Weiterentwicklung der Praxis unterstützen. Die gemeinsame Suche nach Lösungen hilft, in der Konfrontation mit Schwierigkeiten Unterstützung zu finden sowie die Verantwortlichkeit der durchgeführten Maßnahme und der darin eingeschlossenen Risiken zu teilen. Solche Formen der Zusammenarbeit unterstützen Pädagogen darin, „reflektierte Praktiker" (Schön 1994) zu werden, die sich in den Prozess beruflicher Weiterentwicklung begeben (vgl. Kap. 5.1.1).

Teamwork betrifft die Arbeit des gesamten Personals einer Einrichtung – vor allem die Erzieher/innen oder Lehrer/innen, aber auch Mitarbeiterinnen und Mitarbeiter, die die Pädagogen unterstützen oder für das physische Wohl der Kinder Sorge tragen (Herou & Korff-Sausse 1999; Plaisance et al. 2006a, diess. 2006b). Wichtig ist, dass jeder, ungeachtet seiner Funktion, an den gemeinsamen Reflexionen teilhaben kann. Diese Reflexion sollte die Gruppe dazu führen, schrittweise eine gemeinsame Konzeption von Inklusion zu erarbeiten und eine Vereinbarung darüber zu finden, wie jeder in seiner Arbeit gemäß der gemeinsamen Konzeption mit den Kindern agieren kann (vgl. Kap. 9.3). Auf diese Art und Weise wird das Engagement des ganzen Teams in der Dynamik gemeinsamer Suche und Reflexion zu einer Stärke im Prozess sich ständig erweiternder inklusiven Praktiken.

Entwicklung eines interaktiven Arbeitsprozesses
Es gibt kein ideales Modell zur Etablierung von Teamarbeit. Um ihre Entwicklung voran zu bringen, muss sie Schritt für Schritt etabliert werden. Die verschiedenen Studien zu diesem Thema gestatten es jedoch, einige hilfreiche methodische Prinzipien für den Aufbau von Teamarbeit hervor zu heben.

1. Teamwork kann auf verschiedene Arten beginnen; oft wird sie von einer Person (manchmal der Leitung der Institution) oder einigen Teammitgliedern initiiert. Wer auch immer die Initiative ergreift – es ist günstiger, nicht alles Bisherige sofort außer Kraft zu setzen, sondern langsam zu beginnen, z. B. mit Vorschlägen zur Zusammenarbeit in begrenzten Aktionen. So gewinnen die Kooperationspartner Zeit, um miteinander vertraut zu werden und zu erfahren, was es heißt zusammen zu arbeiten und welche Auswirkungen dies haben kann.

2. Die Veränderung bisheriger Praktiken besteht für die verschiedenen Teams aus einer gemeinsamen Analyse der Praxis. Einige Untersuchungen zeigen, dass dies besonders hilfreich ist, wenn sie sich auf die Beobachtungen von Kindern aus verschiedenen Perspektiven stützt (CRESAS 2000). Um die Praxis zu verändern ist es wichtig, dass sich diese Beobachtungen nicht nur auf Schwierigkeiten beziehen, die behoben werden sollen. Die Beobachtungen von Reaktionen der Kinder sollten auch darauf abzielen heraus zu finden, welche Elemente der gegebenen Situation die Teilnahme an Aktivitäten unterstützen oder behindern. Anschließend sollten die Situationen auf Basis der Beobachtungsanalysen noch einmal überdacht werden.

3. Die Beteiligung der Team-Mitglieder in diesem Prozess hängt davon ab, wie der Austausch gestaltet wird – ob er jedem erlaubt, seinen Platz in der Gruppe zu finden, ob jeder dabei wagen kann, seine Ideen, Zweifel und Fragen auszusprechen ohne Angst haben zu müssen, dass er beurteilt oder abgewertet wird. Es ist zudem wichtig, die Vorschläge und Widerstände aller aufzunehmen und sie zu überdenken. Die Gruppe sollte so weit wie möglich darauf abzielen, ,ausgewogene Beziehungen' zu erreichen und zwar ungeachtet der verschiedenen beruflichen Funktionen.

4. Die gemeinsamen Überlegungen erfordern die Akzeptanz verschiedener Arten und Grade der Beteiligung und verschiedener Rhythmen des Engagements. Eingeschlossen ist darin auch, dass neue Mitglieder mit Bedacht in das Team integriert werden. Es ist wichtig, ihnen die notwendigen Informationen zu vermitteln, um das Vorhaben und das Funktionieren der Institution zu verstehen. Sie brauchen auch Zeit, um die Informationen zu verarbeiten und um zu sehen, wie sie sich persönlich an dem Vorhaben beteiligen können. Zudem ist es unerlässlich, ihre Vorschläge zu hören, ihre Erfahrung zu nutzen und zu sehen, wie sie etwas zu dem gemeinsamen Vorhaben beitragen können.

5. Die Entwicklung dieser Dynamik erfordert eine gewisse Disziplin in der Arbeitsmethodik, um Veränderungen zu bewirken. Dies bedeutet insbesondere
   - regelmäßige Treffen zu planen, angebunden an Praxisanalysen,
   - eine Sammlung kommunizierbarer Beobachtungsdaten als Basis der gemeinsamen Analyse bereit zu halten (z. B. Videoaufnahmen, Beobachtungsprotokolle),
   - die Veränderungen, die angestrebt werden, um die Teilhabe der Kinder zu stärken, schriftlich fest zu halten.

Günstige Bedingungen zum Aufbau von Teamarbeit

1. Die Leitung der Einrichtung spielt in diesem Prozess eine wichtige Rolle. Ihr Einsatz kann zur konstruktiven Arbeit ermutigen oder – im Gegenteil – sie hemmen. Die Position der Leitung erlaubt, ein gemeinsames Voranschreiten zu initiieren. Sie kann an gemeinsame Aktionen heran führen, Elemente und Modalitäten installieren, die Qualität des sozialen Klimas beachten, damit sich jeder in der Gruppe beachtet und anerkannt fühlt. Sie kann sich auch selbst in Aktivitäten einbringen, um ihren Beitrag in den gemeinsamen Überlegungen auf Grund eigener Beobachtungen zu stärken.

2. Im Allgemeinen sollte das Team ein Mentoring für seine Arbeit nutzen können. Über die üblichen Angebote hinaus (in Frankreich z. B. die der pädagogischen Beratung) ist es möglich, externe Dienste heran zu ziehen (einen Coach, Forscher usw.), um eigene Reflexionen zu unterstützen. Besonders wenn ein Team auf unüberwindliche Schwierigkeiten oder Konflikte trifft oder wenn Burn-out-Aspekte oder Entmutigung ins Spiel kommen, kann die Außenperspektive dazu beitragen, einen Schritt zurück zu gehen und die Situation aufzulösen.

3. Programme/ Konzepte der beruflichen Weiterentwicklung, die alle Teammitglieder vereinen und ihre Sorgen und Arbeitsfortschritte ansprechen, haben sich als effiziente Strategie erwiesen, um einen Fortgang der Dinge zu initiieren oder zu reaktivieren. Wenn diese Programme/ Konzepte Gespräche und die Teilhabe eines jeden fördern, können sie eine Schlüsselrolle in der Gestaltung gemeinsamer Prinzipien und Praktiken spielen (Hugon & Hardy 2006).

4. Es kann auch interessant sein zu versuchen, ein Netzwerk mit Fachleuten anderer Institutionen aufzubauen, die unter der gleichen Perspektive inklusiver Erziehung arbeiten. Die Konfrontation mit anderen Erfahrungen ermöglicht dem Team, sich bzgl. ihrer bildungs- und erziehungsbezogenen Entscheidungen zu vergewissern und sich für alternative Möglichkeiten zu öffnen (Rayna & Dajez 1997; Bréauté & Rayna 1995).

Die Zusammenarbeit mit sonderpädagogischen Fachkräften
In internationalen Dokumenten wird es als notwendig erachtet, dass inklusive
Bildung und Erziehung auch die Zusammenarbeit von Fachkräften der Regel-
institutionen und Institutionen der Sondererziehung nötig machen, da letztere
Sachkenntnisse in der Betreuung von Kindern mit besonderen pädagogischen Bedürfnissen haben. Wichtig ist, dass Pädagogen von dem angesammelten Wissen
und den Fähigkeiten, bezogen auf diese Kinder, profitieren können (UNESCO
1994, OECD 1999).
Diese Zusammenarbeit kann allerdings nicht als selbstverständlich betrachtet
werden. In den meisten Ländern hat die Schaffung eines Systems der Sondererziehung, getrennt von dem allgemeinen System der Erziehung und Bildung,
zu wechselseitiger Nicht-Beachtung und zur Entwicklung divergierender Profes-
sionskulturen geführt, was den Dialog nicht erleichtert (Chauvière & Plaisance
2008). Sonderpädagogische Praktiken zeichnen sich durch einen medizinischen
und individualisierenden Zugang aus, der auf die Pflege und Rehabilitation der
Kinder abzielt, während sich das allgemeine System der Bildung und Erziehung
eher an der Schaffung gemeinsamer Lernsituationen ausrichtet. Inklusive Bildung
und Erziehung setzt die Weiterentwicklung von Konzeptionen und Praktiken der
sonderpädagogischen Fachkräfte voraus. Aus der inklusiven Perspektive heraus
sollten sie nicht nur Kinder mit besonderen pädagogischen Bedürfnissen unterstützen, sondern auch zur Ressource für die Erzieher/innen und Lehrer/innen
werden; sie sollten sich mit ihnen auf die Suche nach pädagogischen Aktivitäten
begeben, die den Bedürfnissen dieser Kinder entsprechen und die darüber hinaus
die Bedürfnisse aller Kinder treffen.
Diese neue Rolle entspricht der Nachfrage von Erziehern und Erzieherinnen, Lehrern und Lehrerinnen, die ihr Bedürfnis nach einem Austausch mit speziellen
Fachkräften ausdrücken, um ihre Praxis anzupassen und alltägliche Probleme zu
lösen. Ein solcher Austausch kann sich nur durch häufige und regelmäßige Treffen
entwickeln. Sie werden durch die Anwesenheit oder Intervention spezialisierter
Fachkräfte in Regeleinrichtungen gefördert (Vérillon & Belmont 1999).
Es liegen Studien vor, in denen die Zusammenarbeit zwischen Lehrern der All-
gemeinpädagogik und Fachkräften der Sonderpädagogik untersucht wurde; es
handelte sich hier um Personen, die sich häufig trafen und die das gemeinsame
Ziel hatten, die Sozialisation und Partizipation von Kindern mit besonderen pädagogischen Bedürfnissen in der Regelschulen zu fördern (Belmont & Vérillon
2004). Wie im Falle interner Teamarbeit können die Kooperationsmodalitäten
verschieden sein. Im Allgemeinen beinhalten sie zumindest den Austausch von
Informationen oder Beobachtungen der Kinder, den Austausch von Kenntnissen, Erfahrungen und Praktiken. Jeder sollte fähig sein, von diesem Austausch zu
profitieren. Er kann auch Vereinbarungen über Maßnahmen oder pädagogische

Standpunkte enthalten, um einen inneren Zusammenhang pädagogischen Arbeitens zu gewährleisten.

Über diese Übereinkunft hinaus können Erzieher/innen, Lehrer und andere Fachkräfte ausführlicher auf pädagogische Situationen für Kinder mit besonderen pädagogischen Bedürfnissen und manchmal auch für alle Kinder eingehen. Sie können auch ‚Co-Teaching' in diesen Aktivitäten realisieren. Diese Zusammenarbeit entwickelt sich durch die Dynamik eines Austauschs, in dem die Rolle gemeinsamer und geteilter Beobachtungen von Kindern betont wird. Diese Beobachtungen ermöglichen eine gemeinsame Einschätzung der Schwierigkeiten und Erfolge von Kindern; sie erlauben, gemeinsam deren Bedürfnisse in einer anregenden pädagogischen Situation zu ermitteln, um diese Situation an die kindlichen Bedürfnisse anzupassen. Die Partner haben die Ziele gemeinsam zu klären und ihre persönlichen Praktiken darzustellen, um sich über die Orientierungen in der pädagogischen Arbeit zu vereinbaren. Sie finden Zufriedenheit in dieser gemeinsamen Arbeit, die es allen möglich macht, ein höheres Niveau in der Arbeit mit den Kindern zu erreichen.

Wie im Falle einrichtungsinterner Teamarbeit bauen sich diese befriedigenden Formen der Kooperation schrittweise im Laufe der Zeit auf. Auf dem gleichen Weg kann die Zusammenarbeit mit jemandem Befürchtungen auslösen, besonders wenn eine gemeinsame Intervention in der Kindergruppe geplant ist. Kooperation entsteht in einem Prozess gegenseitigen Aufeinander-Einstellens und schließt die Haltung gegenseitigen Zuhörens ein, um die Vorstellungen, Erwartungen und Abneigungen des anderen zu berücksichtigen. Am Anfang ist es wichtig, ein erstes gemeinsames Arbeitsprojekt zu vereinbaren. Während des fortschreitenden gegenseitigen Kennenlernens kann es gelingen, dieses Projekt parallel zu den Beobachtungen der Kinder zu entwickeln, um sich so gut wie möglich auf deren Schwierigkeiten und Fortschritte einzustellen.

Eine solche Kooperation macht professionelle Fachkenntnisse nicht überflüssig. Sie besteht eher darin, die Kenntnisse aller zusammenzutragen, um die vorteilhaftesten Situationen kindlicher Entwicklung sorgfältig auszuarbeiten. Diese Unternehmung lässt gut erkennen, welche Rollen zu spielen sind und wie sie sich ergänzen sollten. Aus der Perspektive inklusiver Bildung und Erziehung ist die Zusammenarbeit mit sonderpädagogischen Fachkräften ein Teil der einrichtungsinternen Teamarbeit. Sie trägt zur Verbesserung der Reflexion über alle Kinder der Einrichtung bei.

Einige Fragen zur Reflexion:
Merkmale der Arbeitsbeziehungen innerhalb des Teams Ihrer Einrichtung:
• Gibt es Diskussionen, formelle oder informelle Besprechungen, um über bessere pädagogische Praktiken zu sprechen, mit denen die Beteiligung aller Kinder gestärkt werden kann?

- Werden Aktivitäten organisiert, um Beobachtungen bzgl. der Partizipation der Kinder durchführen zu können (z.B. mit zwei Erwachsenen im Gruppenraum)?
- Welche Maßnahmen werden ergriffen, damit sich jeder frei und unbefangen fühlt, sich in Diskussionen von Fachkräften zu beteiligen und seinen Standpunkt zu vertreten (innerhalb oder außerhalb der Institution)?

Birgit Papke

3.8 Kooperation und Teilhabe mit und in dem Gemeinwesen

Bildungseinrichtungen für Kinder von drei Jahren bis zur Schulpflicht zeigen in europäischen Ländern etliche strukturelle, kulturelle und konzeptionelle Unterschiede und sind sich dennoch in vielen Punkten ähnlich. So unterhalten z. B. vorschulische Einrichtungen in Frankreich, Ungarn, Portugal, Schweden und Deutschland vielfältige Beziehungen und Kooperationen zu ihrem Umfeld. Für Kooperationen in konkreten Fällen gibt es zahlreiche Gründe, die teilweise auch in anderen Beiträgen dieses Bandes näher betrachtet werden: die Erziehungspartnerschaft mit den Eltern, der Übergang in die Schule, Kooperationen mit Fachdiensten zur individuellen Förderung eines bestimmten Kindes und vieles mehr. Darüber hinaus erfordert die gesellschaftlich wie individuell bedingte Vielfalt der Lebensbedingungen der Kinder und ihrer Familien den Einbezug unterschiedlicher Lebensrealitäten und Lebenswelten in die tägliche Arbeit von Vorschuleinrichtungen, damit individuelle Bildungsprozesse der Kinder überhaupt gelingen können. Die Bedeutung und Notwendigkeit eines über die konkrete Kindertageseinrichtung hinausreichenden Denkens und Handelns soll mit Hilfe zweier Ansätze verdeutlicht werden:

• Das sozialkonstruktivistische Bildungsverständnis beschreibt auf der Ebene des einzelnen Individuums Bildung als aktive Kommunikations- und Interpretationsprozesse zwischen dem Kind und seinem Umfeld.
• Das Konstrukt der Lebenswelten kann helfen, Austauschprozesse auf der Ebene von Kindertageseinrichtungen und ihrem Umfeld zu thematisieren, indem es wirksame Denk- und Handlungsmuster in den Blick nimmt.

Kindertageseinrichtungen sind Teil eines Gemeinwesens
Das Gemeinwesen ist ein Feld, in dem menschliches Zusammenleben in Wechselwirkung mit sozioökonomischen, kulturellen wie architektonischen Bedingungen in einem konkreten Wohngebiet oder Stadtteil erlebt, erfahren (und beeinflusst) werden kann. Mit Blick auf Kooperationen sind Kindertageseinrichtungen im ländlichen Raum mit anderen Möglichkeiten und Anforderungen konfrontiert als etwa großstädtische Einrichtungen, die wiederum in soziokulturell sehr verschiedenen Stadtteilen auf unterschiedliche Bedingungen der Interaktion und Zusammenarbeit mit ihrem Umfeld treffen. Gemeinwesen sind also verschieden – jede Einrichtung muss ihre Bedingungen in diesem Gemeinwesen erforschen und ihre Kooperationen entwickeln. Ein Gemeinwesen wird auch charakterisiert durch seine öffentlichen und politischen Strukturen und durch konkrete örtliche Umsetzung

kommunalpolitischer oder staatlicher Aufgaben. Dabei spielt es etwa eine Rolle, wie kinderfreundlich die Bebauung im Wohnbezirk ist, ob es geeignete Spielareale gibt, ob Kinder sich sicher auf den Straßen bewegen können und ob genügend Betreuungs-, Bildungs- und Freizeitangebote vorhanden sind. Kooperationen auf dieser Ebene können zum Beispiel mit dem Ziel stattfinden, die Infrastruktur sowie die inhaltlichen Angebote für Kinder des Wohnbereichs zu verbessern und mit zu gestalten.

Mit ‚Gemeinwesen' wird zudem die Verknüpfung von Raum und sozialem Geschehen thematisiert. In dieser Perspektive werden soziale und kommunikative Räume als Bedingungen für die Entwicklung spezifischer Werte, Traditionen und daraus entstehender Handlungsmöglichkeiten gesehen. Damit geraten die Bedingungen in den Blick, die Wahrnehmung, Verstehen, Interpretieren und Handeln prägen. Das phänomenologische Konzept der Lebenswelten (vgl. Schütz & Luckmann 2003) bezeichnet ein verinnerlichtes Repertoire an Handlungsmöglichkeiten als (vorläufiges) Ergebnis biographischer Erfahrungen (Wissen, Werte und Traditionen), zu denen wir Zugang haben. *„Aus dieser Lebenswelt entnehmen die Individuen bestimmte Ressourcen ihres Handelns, bestimmte Wissensbestände"* (Treibel 2000, 167). Lebenswelten unterscheiden sich – umso mehr, je heterogener eine Gruppe zusammengesetzt ist. Das Konstrukt der Lebenswelten verdeutlicht den *Zusammenhang sozialer und räumlicher Faktoren mit individuellen Wissensbeständen, Sinndeutungen und Handlungsmustern.* Es korrespondiert daher gut mit sozialkonstruktivistischen Vorstellungen über *Prozesse* von Bildung und Lernen.

Vorstellungen über kindliche Bildungsprozesse
Die Vorstellungen über kindliche Bildungsprozesse haben sich deutlich gewandelt. Bildung wird heute verstanden als ein Prozess, in dem *„das Subjekt sich in ein Verhältnis setzt zur Welt der Dinge und Personen und zu einer inneren Repräsentation der Welt und seines Verhältnisses zur Welt gelangt"* (Liegle 2003, 51). Das Kind konstruiert also in Auseinandersetzung mit seiner Umwelt sein Wissen und seine Vorstellungen über die Welt, wählt aus, sortiert, interpretiert und setzt Dinge und Personen, Vorstellungen und Einstellungen zueinander in Beziehung.[20] Wenn die individuellen Lebenssituationen in den Familien, Nachbarschaften, Vereinen, in der Infrastruktur des Wohnortes usw. als die Bezüge ernst genommen werden, in denen Kinder Wissen und Bedeutung generieren, dann lassen sich kindliche

---

20 Bereits die in Abgrenzung zu funktionsorientierten Lernprogrammen entwickelten konstruktivistischen und situationsorientierten Ansätze der 70er und 80er Jahre zeichneten sich durch die Orientierung an den Lebensrealitäten der Kinder und die Öffnung der Kindertageseinrichtungen hin zur Familie und zum kommunalen Umfeld aus. Hintergrund war dabei hauptsächlich der Gedanke des sozialen und des ganzheitlichen Lernens von Kindern im Vorschulalter in den für sie bedeutsamen Situationen und Bezügen. In der BRD bewirkte der Situationsansatz trotz seiner vielfach inkonsequenten Umsetzung die Durchsetzung dieser Prinzipien in der Frühpädagogik.

Bildungsprozesse in der Konsequenz nicht mehr segmentieren, voneinander ab-
grenzen oder in die Zuständigkeiten verschiedener Institutionen aufteilen. Durch
eine Perspektive, die das Kind als Koordinator in das Zentrum seiner individuellen Bildungsprozesse rückt, verschiebt sich der Blick weg von der Institution des
Kindergartens oder der Schule als dem Mittelpunkt des Bildungsgeschehens hin
zum Kind und dessen Lebenswelt. Die an verschiedenen Orten und in unterschiedlichen Kontexten initiierten Bildungserfahrungen werden treffender durch
eine biografische Perspektive verbunden.

Kooperationen zur Einbindung der Kinder in das Gemeinwesen

Lebensweltorientierung in frühkindlichen Bildungseinrichtungen, nun verstanden als aufrichtiges Interesse an den (kontextbezogenen) individuellen Weltsichten
und -deutungen der Kinder, eingebunden in sozialkonstruktivistische Bildungsvorstellungen, dient der individuellen Passgenauigkeit der Bildungsangebote. Sie
unterstützt eine Entwicklung, in der sich Kinder als wirksam handelnde Mitglieder ihrer Gruppen, der Einrichtung *und* des Gemeinwesens erleben. An die Stelle
des Gefälles zwischen ‚Wissenden‘ und ‚Unwissenden‘ tritt die Vorstellung, dass
Kinder und Erwachsene sich jeweils ‚geteiltes Wissen‘ erarbeiten müssen. Für pädagogische Bezugspersonen wird es daher immer wichtiger, dass sie sich gemeinsam
mit den Kindern Lebensfelder wie z.B. Gemeinde, Natur, Technik, Arbeitswelt,
Landwirtschaft, Religion und Politik erschließen.

Solche Kooperationen und Vernetzungen mit Akteuren des Gemeinwesens, an
denen auch die Kinder direkt beteiligt werden, sind in der Praxis der Kindertageseinrichtungen vielfältig. Meist lassen sich die Aktivitäten und zeitlich begrenzten
Kooperationen gut in der Arbeitsform von Projekten verwirklichen. Sie ermöglichen eine vielschichtige Beschäftigung mit komplexen Themen und sprechen
eine Vielzahl von Kompetenzen an. Dabei können Themen aufgegriffen werden,
die universelle Relevanz haben und solche, die besonders die konkreten Lebensbedingungen und Traditionen des Gemeinwesens widerspiegeln (vgl. z.B. Kap.
5.4.1). Kinder können sich hier gemäß ihrer Interessen und ihrer Möglichkeiten
einbringen und neue Herausforderungen in Angriff nehmen. Projekte ermöglichen die Bildung von Teilgruppen mit speziellen Arbeitsaufträgen und eignen
sich somit sehr gut für die Arbeit in sehr heterogenen Kindergruppen. Aktivitäten
im Rahmen von Projekten reichen von Museumsbesuchen (vgl. Kap. 5.5.2) oder
Stadt(teil)erkundungen (vgl. Kap. 5.5.3) über Besuche bei Polizei, Feuerwehr,
Müllabfuhr oder Verwaltungen bis hin zu Exkursionen in örtliche Betriebe, zu
traditionellen Handwerken der Region oder zu städtebaulichen oder naturkund-
lichen Expeditionen.

Dabei kommt es zum einen auf die Sensibilität für das Erkennen der Themen
der Kinder an, die sie gemäß ihrer Lebenswelten in die Kindertageseinrichtung

einbringen, zum anderen aber auch auf die Fähigkeit, Kindern Themen zuzu-
muten, mit denen sie in ihrer Lebenswirklichkeit nicht (in ausreichendem Maße)
konfrontiert werden. Die Herausforderung besteht sicher darin, Themen gemeinsam und dialogisch mit den Kindern zu erarbeiten und weiterzuentwickeln. Auf
der Basis zunehmender lebensweltlicher Heterogenität gewinnen aktuell *„jene Bildungskonzepte Bedeutung, die eine dialogische, möglichst symmetrische Interaktion
zwischen den Kindern und Erwachsenen unterstützen und das kindliche Weltwissen
sowie die spezifischen Zugangsweisen von Kindern berücksichtigen"* (Hinz 2007, 6).
Mit der Betonung der unterschiedlichen individuellen, familiären und sozialen
Lebenslagen wird der gesellschaftlichen Heterogenität Rechnung getragen und die
Normalität der Unterschiedlichkeiten hervorgehoben. Mit der Umsetzung dieses
Prinzips kann ein wichtiger Schritt hin zu *einer Pädagogik für alle Kinder* getan
werden – zu einer Pädagogik, die die besonderen pädagogischen Bedürfnisse jeden Kindes in den Blick nimmt und versucht, ihnen durch geeignete Unterstüt-
zung (in Kooperation mit Fachdiensten) zu begegnen.

Die Wirkung inklusiver und lebensweltorientierter Konzepte in das Gemeinwesen hinein

Wenn Kindertageseinrichtungen sich als Orte der Kommunikation und Kooperation mit den Kindern, den Familien und anderen Akteuren ihres Gemeinwesens
verstehen, dann können unterschiedliche Lebenswelten den Alltag in den Einrichtungen prägen. Umgekehrt kann das, was in Kindertageseinrichtungen geschieht
und an Werten und Überzeugungen gelebt wird, in andere Bereiche des Gemeinwesens einwirken. Zum Beispiel
• indem die Präsenz heterogener Kindergruppen in den Stadtteilen und Gemein-
den, z. B. bei Spaziergängen und Exkursionen, bei der Nutzung öffentlicher
Einrichtungen (Schwimmbäder oder Bibliotheken) oder beim Einkauf für das
Mittagessen dort zu einem wachsenden Bewusstsein für die Normalität von
Verschiedenheit beiträgt,
• indem Eltern in ähnlichen Lebenslagen oder mit ähnlichen pädagogischen Fra-
gestellungen sich untereinander austauschen können und beginnen, Interessen
gemeinsam zu vertreten,
• indem Eltern mit unterschiedlichen sozialen oder kulturellen Hintergründen,
Eltern von Kindern mit (offiziellem) besonderem pädagogischen Förderbedarf
und Eltern anderer Kinder mit dem übereinstimmenden Anliegen einer guten
Betreuung und Bildung ihrer Kinder aufeinandertreffen und Gemeinsamkeiten
entdecken können,
• indem Probleme des Zusammenlebens im Gemeinwesen, Vorurteile oder Konflikte sich in die Kindertageseinrichtung hinein fortsetzen, dort aufgegriffen
und thematisiert werden können,

- indem Kinder, die in ihrer Gruppe oder Klasse mit individuell sehr unterschiedlichen Bildungs- und Lernbedingungen konfrontiert sind, ihr Wissen über die Chancen von Verschiedenheit und ihre sozialen Kompetenzen im täglichen Umgang, im gemeinsamen Spielen und Lernen auch außerhalb des Kindergartens einbringen.

Kooperationen und Vernetzungen in der Praxis

Kooperationen im Gemeinwesen können grundsätzlich unterschieden werden in solche auf der Mitarbeiterebene und solche, an denen die Kinder beteiligt sind. Kooperationen als Netzwerkarbeit der Pädagoginnen und Pädagogen können etwa in einrichtungsübergreifenden Arbeitskreisen oder politischen Fachgremien stattfinden, sie können sich der Gestaltung des Gemeinwesens oder der pädagogisch-fachlichen Weiterentwicklung der Arbeit in den Einrichtungen widmen. Einrichtungen sollten ihre pädagogischen Konzepte an den Bedürfnissen von Eltern und Familien in ihrem Einzugsgebiet ausrichten. Dies bleibt nicht bei der Abstimmung bedarfsgerechter Öffnungszeiten stehen, vielmehr bedeutet es, dass zum Beispiel Eltern je nach deren besonderen Kenntnissen und Fähigkeiten eingeladen werden, selbst Angebote in der Einrichtung zu übernehmen (ein besonderes Essen kochen, ein Musikprojekt, ein interessantes Handwerk usw.).

Kindbezogene Kooperationen und Vernetzungen

Mit Blick auf Kinder mit besonderem pädagogischem Förderbedarf ist es oft nötig, dass die Mitarbeiter und Mitarbeiterinnen der Kindertagesstätten eng mit Eltern, speziellen Fachdiensten oder Therapeuten zusammen arbeiten. Diese kindbezogenen Kooperationen können in die Arbeit der Kindertagesstätte oder Vorschule selbst integriert sein und dort eingebettet in die Gruppenaktivitäten oder in dafür bereitgestellten Therapieräumen stattfinden (vgl. Kap. 6.2.1; 9.1). In einigen Kindertageseinrichtungen sind Therapeuten und Therapeutinnen fest angestellt und gehören zum Team, andere kooperieren mit externen Therapeutinnen oder Beraterinnen. Wichtig ist der kontinuierliche Austausch auf der Basis gemeinsamer konzeptioneller Prinzipien und große Flexibilität bezüglich der Abstimmung mit den Gruppenaktivitäten und evtl. der Einbeziehung anderer Kinder. Eine Sonderrolle des Kindes durch die Therapie ist zu vermeiden. Ein Indikator für gelungene Kooperationen ist auch hier, dass Barrieren der Teilhabe am Leben in der Kindertageseinrichtung und des Gemeinwesens abgebaut werden.

Einige Fragen zur Reflexion:
- Sind die Lebenssituationen der Kinder und Familien im Einzugsgebiet der Einrichtung bekannt? Kennen Sie Sichtweisen, Werte und Einstellungen der Familien zu wichtigen Fragen (bspw. zu Fragen inklusiver Erziehung), und wie unterstützen Sie den Dialog darüber?
- Wie kann sich die Kindertageseinrichtung (Pädagoginnen, Eltern und Kinder) über wichtige Aktivitäten, Debatten und aktuelle Herausforderungen im Gemeinwesen informieren und sich daran beteiligen? Was können Sie an Überzeugungen und Erfahrung beisteuern? Und umgekehrt: Was können Sie für Ihre Arbeit lernen?
- Welche (zusätzlichen) Informationen oder praktische Hilfen benötigen Sie, um aktives Lernen und die Entwicklung der Kinder in Ihrer Einrichtung möglichst optimal zu unterstützen? Gibt es dazu weitere Akteure/ Ansprechpartner in Ihrem Umfeld, die Sie einbeziehen können?

Agneta Luttropp

3.9 Der Übergang vom Kindergarten/ von der Kindertagsstätte in die Schule

Der Beginn der Schulzeit ist ein einmaliges Ereignis im Leben eines Kindes. Wie es den Übergang vom Kindergarten in die Schule erlebt, beeinflusst seine Wahrnehmung des Schulanfangs. Es ist daher sehr wichtig, dass ihm in dem Übergang positive Eindrücke und Gefühle in Bezug auf den Schulbesuch vermittelt werden. Das Kind sollte sich auf den Tag freuen können, an dem die ‚richtige' Schule anfängt. Um dies zu erreichen, müssen Kindergarten wie auch die Vorschule oder die école maternelle mit der (Grund)Schule zusammenarbeiten und verschiedene pädagogische Konzepte dafür entwickeln.

Der Schulanfang ist ein Wendepunkt im Leben der Kinder; er wird als eine der großen Herausforderungen beschrieben, denen sich Jungen und Mädchen in ihrer frühen Kindheit gegenüber stehen sehen. Die meisten Kinder finden es aufregend und haben Spaß daran, nun in die Schule zu gehen. Sie sind ‚fertig' mit dem Kindergarten, sie brauchen etwas Neues, andere Herausforderungen und neue Umgebungen. Der Schulanfang ist auch der Beginn eines langen Schullebens; es bedeutet, Unterricht in verschiedenen Fächern zu haben, Pausen zu haben und vielleicht mit Kindern verschiedenen Alters zum Mittagessen in die Schulmensa zu gehen. Das Kind muss sich auf eine gänzlich neue Situation einstellen; und die Art und Weise, wie der Übergang vom Kindergarten in die Schule verläuft, ist für den Erfolg des Kindes in der Schule enorm wichtig. Pianta & Kraft-Sayre (2003, 47) weisen darauf hin, dass der Übergang *„den Ton und die Richtung der kindlichen Schullaufbahn vorgibt."* [21]

In einer Studie von Dockett & Perry in Australien (2001) wird der Übergang unter ökologischer Perspektive betrachtet. Auf Basis der Befragungen von und Interviews mit Lehrern, Kindern und Eltern können die Autoren die wichtigsten Themen bezogen auf den Schulanfang beschreiben. Kategorien der Befragungen und Interviews waren 1) das Wissen, das Kinder brauchen, um mit der Schule beginnen zu können, 2) Elemente der sozialen Anpassung, die im Übergang zur Schule erforderlich sind, 3) spezifische Fähigkeiten, die die Kinder beherrschen müssen, 4) Dispositionen, die zu einem erfolgreichen Schulbeginn führen, 5) die Schulregeln, 6) physische Aspekte des Schulbeginns, 7) Themen der Familien und 8) der Charakter des erzieherischen Umfeldes (vgl. Dockett & Perry 2001, 2).[22]

---

21 ... „sets the tone and direction of a child's school career" Pianta & Kraft-Sayre (2003, 47)

22 „1) the knowledge children need to have in order to start school, 2) elements of social adjustment required in the transition to school, 3) specific skills children needed to have mastered, 4) dispositions conductive to a successful start to school, 5) the rules of school, 6) physical aspects of starting school, 7) family issues and 8) the nature of educational environment"(Dockett & Perry, 2001, 2).

Die Ergebnisse der Interviews und Fragebögen zeigen, dass die Meinungen von Lehrern, Kindern und Eltern auseinander gehen. Wie in Tab. 1 ersichtlich wird, stimmen Eltern und Pädagogen in mehr Kategorien überein, während Kinder andere Dinge für wichtig halten.

Tab 1: Überblick über Kategorien und Antwortgruppen (Dockett & Perry 2001, 3)

Kinder	Eltern	Erzieher/Lehrer der frühkindlichen Erziehung
Regeln	Soziale Anpassung	Soziale Anpassung
Dispositionen	erzieherisches Umfeld	Dispositionen
Soziale Anpassung	Dispositionen	Fähigkeiten
Kenntnisse (knowledge)	Physis	erzieherisches Umfeld
Physis	Familie	Physis
Fähigkeiten (skills)	Fähigkeiten	Kenntnisse
	Regeln	Familie
	Kenntnisse	Regeln

Nur wenige der Befragten geben an, dass Kenntnisse von großer Wichtigkeit seien. Kinder wählten diese Antwort (‚knowledge') überhaupt nicht und von den Eltern werden Kenntnisse in ihrer Bedeutung niedrig eingestuft. Das Wichtigste in den Augen der Kinder ist es, die *Regeln* zu kennen, um in der Schule bestehen zu können und ihr *Gefühl*, bezogen auf den Schulbesuch. Wichtig an den *Dispositionen* (hier: den Gefühlen) ist, worauf sie zielen: auf *„die Anwesenheit von Freunden und die Erwartung, dass die Schule ein Ort ist, um mit Freunden zusammen zu sein und Freundschaften zu schließen."* (ebd., 3)[23]

Pädagogen und Eltern bewerten die *soziale Anpassung* als die wichtigste Kategorie, Kinder dagegen die *Regeln*. Die beiden Kategorien haben Ähnlichkeiten, da sich beide auf das beziehen, was man über Schule wissen muss – was tut man, was lässt man in der Schule, um akzeptiert zu werden.[24] Ladd et al. (1999, 1386) halten fest, dass *„die Fähigkeiten der Kinder kreative Beziehungen zu gestalten, entscheidend sind für gelungene Übergänge und ihre spätere Schulkarriere beeinflussen."* [25]

Würden Pädagogen diese Untersuchung ernsthaft berücksichtigen, sähen Erziehung und Unterrichtung junger Kinder – in den meisten Fällen – anders aus als es derzeit in der Mehrzahl der Schulen Europas der Fall ist. Da dem aber nicht

---

23 … „the presence of friends, and the expectation that school is a place to be with friends and make friends" (ebd., 3)

24 Im Original: "«dos, or don'ts» at school in order to be accepted"

25 … that the children's „ability to form creative relationships is crucial to their successful transition and influential in their later school careers" (Ladd et al. 1999, 1386)

so ist, haben Kinder in vielen Fällen (48%) leichte bis schwere Probleme in der Bewältigung des Übergangs vom Kindergarten zur Schule (s. u.).
In Schweden gibt es ein Kindergartenangebot für Kinder bis zum Alter von sechs Jahren. Anschließend besuchen die Kinder ein Jahr lang eine schulvorbereitende Vorschulklasse.[26] Schule und Kindergarten haben unterschiedliche Kulturen. Im Kindergarten wird das Kind als Kind betrachtet, während es in der Schule zum Schüler/ zur Schülerin wird. In den nordischen Ländern ist das zentrale Konzept des Kindergartens vor allem das Spiel; die Pädagogen des Kindergartens sind mehr an den Interaktionen, Aktivitäten und dem Wesen des Kindes interessiert und haben einen ganzheitlichen Blick. Der Kindergarten umfasst eine enge Zusammenarbeit mit den Eltern; Mitarbeiter/innen des Kindergartens und Eltern treffen sich fast täglich. Kindergärten haben den Anspruch, den Kindern die eigene Entscheidung zu lassen und sie zu befähigen, Einfluss auf die Aktivitäten im Kindergarten zu nehmen (vgl. Vuorinen 2006). Die Beteiligten behalten im Blick, wann das Kind beginnt, wie in der Schule zu lernen und was es in verschiedenen Bereichen erreichen kann. Eltern und Pädagogen treffen sich dann gewöhnlich unter mehr offiziellen Umständen, um die Leistungen des Kindes und/ oder seine Schwächen zu diskutieren. Studien in den USA zum Übergang (Early et al 2001; Pianta & Cox 2001, Rimm-Kaufman et al 2000) zeigen, dass 48% der Kinder leichte bis schwere Probleme im Übergang von der *preschool* in den *kindergarten* erleben.[27] Es geht hier mehr um den Übergang der Kinder als Gruppe als um den individuellen Wechsel. Lehrer und Erzieher in *preschool* und *kindergarten* koordinieren nicht die Planung und die Strategien des Wechsels; die Tatsache, dass die Kontakte zwischen ihnen und den Eltern von der *preschool* zum *kindergarten* hin abnehmen, ist besonders für die Kinder mit dem Risiko von Lernschwierigkeiten ungünstig, da sie möglicherweise eine schwierigere Zeit des sich Einfindens in die neue Umgebung haben (vgl. ebd.).
Experten machen auf einer übergeordneten Ebene folgende Vorschläge, um den Übergang von der *preschool* zum *kindergarten* besonders für Kinder mit Lernschwierigkeiten zu erleichtern:

---

26 Das schwedische System der Erziehung in früher Kindheit umfasst den Kindergarten sowie die einjährige Vorschulklasse im letzten Jahr vor der Einschulung; eingeschult werden die Kinder ab dem Alter von sieben Jahren.

27 Die *preschool* in den USA entspricht in etwa dem Kindergarten, wie wir ihn in europäischen Ländern kennen. Zudem gibt es an vielen öffentlichen Grundschulen der USA die Möglichkeit eines Besuchsjahres im *kindergarten* für Fünfjährige, das oft das erste Jahr der Grundschule ist. Während die Kinder in der *preschool* vor allem durch Spielaktivitäten und Interaktionen lernen, treten im *kindergarten* allmählich schulische Aspekte in den Vordergrund – Buchstaben erkennen, Zahlen, Aspekte von Natur und Wissenschaft usw. (Wir behalten die US-amerikanischen Begriffe in dem Zusammenhang der Darstellung bei und kennzeichnen sie kursiv, um Verwechslungen mit dem deutschen System zu vermeiden.)

1. Förderung von Vorsorgeuntersuchungen (Entwicklungs-Screenings) bezogen auf frühe Kompetenzen im Bereich Literacy und anderer kognitiver Fähigkeiten. Solche routinemäßigen Screenings sollten Teil sozialstaatlicher Maßnahmen im Bereich der frühen Kindheit sein.

2. Steigerung des Bewusstseins und der Kenntnisse unter Fachleuten des Gesundheits- wie des Erziehungs- und Bildungssektors für die Warnsignale früher Lernschwierigkeiten und Beeinträchtigungen, besonders im Bereich von Literacy sowie Erweiterung der Ressourcen in diesem Bereich.

3. Vorstellung und Evaluation vielversprechender Interventionsansätze für Kinder, denen das Lernen schwer fällt; öffentliche Förderung von Forschungen zu Vorsorgeuntersuchungen (Screenings); Beurteilungen und früher erzieherischer Praxis für Kinder mit Lernschwierigkeiten und Beeinträchtigungen.

4. Einschätzung von Strategien des Übergangs für verschiedene Bevölkerungsgruppen. Besondere Aufmerksamkeit muss bestimmten Gruppen von Kindern gelten, bei denen die Gefahr schulischer Probleme und vielleicht nicht identifizierter Lernschwierigkeiten besteht.

Zurück zum Übergang selbst: Die kindlichen Erfahrungen bzgl. des Unterschieds zwischen Kindergarten und Schule sind, dass der Kindergarten freier ist und ihnen in größerem Umfang erlaubt, ihre Aktivitäten selbst zu wählen und mehr Zeit zum Spielen zu haben. Mit Schulbeginn begegnen sie mehr Anforderungen (z. B. pünktlich da zu sein, still zu sitzen, den Finger zu zeigen bevor man antwortet, in einem Speisesaal zu essen) und haben Hausaufgaben (Pramling et al. 1995). Viele Kinder, die die Schule beginnen, fühlen sich unsicher und sind zugleich erwartungsvoll. Für sie ist es wichtig, bei Schuleintritt einige Altersgenossen aus dem Kindergarten zu kennen (vgl. Vuorinen 2006).

Eine Hauptaufgabe, um den Übergang vom Kindergarten in die Schule zu erleichtern, ist der enge Kontakt zwischen Kindergarten und Schule, um jedem Kind die Gelegenheit zu geben, sich in schulischer Umgebung auf die Schule einzustellen. Dies bedeutet, den Kindern vor Schulbeginn zu ermöglichen, die neue Umgebung und die Lehrer kennen zu lernen – nicht einmal, sondern viele Male, wenn nötig.

Darüber hinaus müssen sich Kindergarten und Schule hinsichtlich pädagogischer Aspekte inhaltlich besser als bisher aufeinander abstimmen. Die gegenseitigen Erwartungen z. B. müssen besser kommuniziert werden; die unterschiedlichen Bildungskonzepte müssen auf beiden Seiten bekannt sein, damit im Übergang der Kinder auf die Konzepte des je anderen Systems Bezug genommen werden kann. Zudem sollte es Eltern möglich sein, sich an der Ausgestaltung der Übergänge zu beteiligen. All dies ist besonders nötig, wenn Kinder mit besonderen pädagogischen Bedürfnissen – oder generell – wenn eine sehr heterogene Gruppe zur Aufnahme in die Schule ansteht.

Nicht nur die Kinder müssen sich auf eine neue Umgebung einstellen; auch die Schule muss sich auf die Heterogenität einstellen, die in einer Kindergruppe *immer* gegeben ist. Ein neuer Anfang ist eine Herausforderung für Kinder und für Pädagogen.

Letztendlich ist entscheidend, dass es nicht nur um Kompetenzen der Kinder geht. Vielmehr sind auch transitorische Kompetenzen des Kindergartens auf der einen Seite wie der Schule auf der anderen Seite nötig. Sie müssen realisieren, dass sie für das Gelingen des Übergangs der Kinder gemeinsam verantwortlich sind.

In den Kap. 5-9 sind etliche Beispiele von Aktivitäten innerhalb der Kindertageseinrichtung oder der école maternelle zu finden, die im Zusammenhang des Übergangs zur Schule stattfinden – vgl. z.B. Kap. 5.2.3; 5.5.2; 9.2 und 9.3

Einige Fragen zur Reflexion:

• Welche Erfahrungen haben Sie mit den Übergängen von der Kindertageseinrichtung zur Schule gemacht?

• Was kennzeichnet einen gelungenen Übergang von der Kindertageseinrichtung zur Schule?

• Wie kann das in Ihrer zukünftigen Arbeit Platz finden?

• Gibt es etwas Besonderes im Übergang von der Kindertageseinrichtung zur Schule zu berücksichtigen, wenn es um Inklusion und um Kinder mit besonderen pädagogischen Bedürfnissen geht?

ECEIS Autorenteam

4 Situationen der frühkindlichen Bildung und Erziehung – Beobachtungen in verschiedenen europäischen Ländern

4.1 Unterschiedliche Strukturen und Entwicklungslinien – Einflussfaktoren in der pädagogischen Praxis

Ist Inklusion nicht eine grundlegende Leitlinie, die länderübergreifend in Teilen der Systeme von Erziehung und Bildung wirksam ist? Die Konzepte der Inklusion in europäischen Ländern wie ihre Umsetzung in die praktische pädagogische Arbeit mit Kindern stimmen in wesentlichen Punkten überein, doch es gibt auch deutliche Differenzen. Neben variierenden fachlichen Perspektiven und besonderen pädagogischen Ansätzen einer Einrichtung tragen vor allem Unterschiede der Bildungs- und Erziehungssysteme zu Unterschieden der pädagogischen Arbeit bei. Der gesellschaftliche Auftrag für Einrichtungen der frühen Bildung und Erziehung, die politisch gesetzten Rahmenbedingungen sowie die Ausbildung der dort tätigen Pädagoginnen und Pädagogen beeinflussen maßgeblich die pädagogische Praxis.

– Während in etlichen Ländern eine eindeutige politisch-administrative Linie von dem System der frühkindlichen Bildung hin zur Schule gezogen wird (z. B. in Frankreich, Portugal und Schweden), gilt in anderen Ländern die Elementarerziehung als eigenständiger Bereich, der im sozial-administrativen Feld verortet ist (z.B. in Deutschland).

– In einigen Ländern ist die pädagogische Praxis in Einrichtungen der Erziehung und Bildung für Kinder zwischen etwa drei bis sechs Jahren derjenigen für *schulpflichtige* Kinder (in der Regel ab dem Alter von sechs bis sieben Jahren) sehr nahe. Der Tag ist weitgehend strukturiert, der Anteil der von den Pädagogen angeleiteten Initiativen und Aktivitäten überwiegt, es gibt ein relativ konkret formuliertes Curriculum (z. B. in Portugal und Frankreich). In anderen Ländern wird die frühe Kindheit eher als eine Zeit betrachtet, in der eigenen Spiel- und Lernformen sowie der Eigeninitiative und Eigentätigkeit der Kinder stark Rechnung getragen werden soll. Die Curricula sind relativ offen formuliert (z. B. in den deutschen Bundesländern, z. B. in Schweden). In der Praxis gibt es strukturierende Elemente, doch nehmen die Zeiten für freie Aktivitäten der Kinder einen großen Teil des Tages ein (z. B. in Schweden und Deutschland).

Unterschiede schlagen sich auch in den Bezeichnungen nieder, wie wir in den nachfolgenden Situationsbeispielen sehen werden. Den verschiedenen Ländern gemäß unterscheiden sich die institutionellen Bezeichnungen ebenso wie die berufsmäßigen Bezeichnungen der dort arbeitenden pädagogischen Fachkräfte: Kinder bis vor der Schulpflicht besuchen Krippen, Kindergärten oder Kindertagesstätten, die école maternelle oder die Vorschule. Die sie betreuenden und/ oder unterrichtenden Fachkräfte sind je nach Land z. B. Lehrer/innen oder Erzieher/innen, z. T. kommen spezialisierte oder assistierende Berufe hinzu. Ebenfalls länderverschieden sind die Bezeichnungen einrichtungsinterner Strukturen: Man spricht von den Gruppen des Kindergartens oder von der Klasse der Kinder, dementsprechend von dem Gruppenraum oder dem Klassenraum. In jedem Fall stammen die in Kap. 5-10 dargestellten Ausschnitte aus öffentlichen Institutionen, die von Kindern bis zum Beginn der Schulpflicht besucht werden – also aus dem Feld der frühkindlichen Erziehung und Bildung.

Mit Blick auf Kinder mit besonderen pädagogischen Bedürfnissen wirken in der inklusiven Erziehung die unterschiedlichen Entwicklungslinien der gemeinsamen Erziehung von Kindern mit und Kindern ohne Behinderung. In manchen Ländern standen sich ursprünglich ein sehr spezialisiertes und separierendes System der Betreuung von Kindern mit Behinderung auf der einen Seite und das sogenannte System der Regelerziehung auf der anderen Seite gegenüber; pädagogische Konzepte sowie die berufliche Ausbildung bzw. Identität der dort arbeitenden Pädagogen unterschieden sich beträchtlich (z. B. in Deutschland, Frankreich, Ungarn). Hier mussten und müssen sich Systeme bzw. ihre Akteure erst annähern. In anderen Ländern war die frühe Erziehung und Bildung von Kindern mit Behinderung kaum ausgeprägt. Hier ging es vor allem darum, dass die Akteure des Regelsystems nun auch Kinder mit Behinderung aufnehmen sollten (z. B. in Portugal). Vieles davon findet sich bis heute in unterschiedlichen Vorstellungen darüber, wie Kinder mit besonderen pädagogischen Bedürfnissen am besten zu fördern seien – auch in dem Rahmen der gemeinsamen Erziehung und Bildung aller Kinder.

Die Unterschiede spiegeln sich auch in dem Verständnis von Inklusion innerhalb der Konzepte wie in der Erziehungspraxis. Die Autoren dieses Buches teilen als ihre Basis ein *gemeinsames* Verständnis der Kernelemente von Inklusion (s. Kap. 1). Dort finden sich auch Erläuterungen zum Gebrauch der Termini ‚Kinder mit besonderen pädagogischen Bedürfnissen‘ und ‚Kinder mit Behinderung‘.

Mehr über die unterschiedlichen Systeme und Strukturen finden sich in dem nächsten Kapitel 4.2. Details sind nachzulesen in den Länderberichten (Countries' report) unserer Projektgruppe (Kron, M. (Hg.) 2008).

4.2 Frühkindliche Bildung und Erziehung – ein Überblick über zentrale Aspekte, aktuelle Herausforderungen und Debatten in fünf europäischen Ländern

4.2.1 Frankreich

In Frankreich findet die vorschulische Erziehung hauptsächlich in den *écoles maternelles* statt, die von fast 100% der Kinder ab dem Alter von drei Jahren besucht werden.[28] Die *écoles maternelles* sind kostenfrei und bieten flächendeckend ein Betreuungsangebot, das die Bedürfnisse der Familien deckt. Der offizielle Auftrag der Einrichtungen ist es, die physischen, geistigen und interaktiven Kompetenzen der Kinder zu fördern, sie in ihrer Autonomie und Persönlichkeitsentwicklung zu stärken und sie auf die Grundschule vorzubereiten.

Personal. Das Personal der école maternelle umfasst
– qualifizierte Lehrer/innen[29], die dem Ministerium für Erziehung angegliedert sind;
– Personal, das von den Kommunen eingestellt wurde und die Lehrer/innen unterstützen soll. Sie sind dafür verantwortlich, den Kindern beispielsweise beim Anziehen, Essen sowie dem Toilettengang zu helfen, und sie unterstützen die Lehrer/innen bei der Organisation von Aktivitäten;
– Teams bestehend aus Psychologen/ Psychologinnen und Sonderpädagogen/Sonderpädagoginnen die im Rahmen des RASED-Netzwerkes (Netzwerke zur Unterstützung von Schüler/innen mit Lernschwierigkeiten) an verschiedenen écoles maternelles tätig sind und Kinder mit besonderem Betreuungsbedarf unterstützen;
– Integrationshelfer/innen (,Assistent/innen für das Schulleben') in Klassen, in denen Kinder mit Behinderung unterrichtet werden. Sie helfen den Kindern im Alltag unter der Verantwortlichkeit der jeweiligen Lehrerin/des jeweiligen Lehrers.

---

28 In Frankreich ist der weit überwiegende Teil der Einrichtungen früher Bildung und Erziehung für Kinder ab dem 3. Lebensjahr bis zur Schulpflicht dem Schulsystem zugehörig – die écoles maternelles. Daneben gibt es eine Anzahl von Einrichtungen freier Träger wie z. B. der Kindergarten, der im Folgenden als zweite Einrichtung beschrieben wird.
29 s. Kap. 4.1

Außerhalb des frühen schulischen Bereichs stehen verschiedene Angebote der Unterstützung zur Verfügung, die ambulante Hilfe sowie Bildung und Erziehung für Kinder mit besonderen Bedürfnissen anbieten (CMPP, CAMSP, SESSAD).[30] Diese sind dem Ministerium für Gesundheit und Wohlfahrt angegliedert. In dem kürzlich erlassenen Gesetz *„Für Chancengleichheit, Zivile Rechte und Partizipation von Menschen mit Behinderung"* aus dem Jahr 2005 wird das Recht auf Erziehung und Bildung eines jeden Kindes, einschließlich derer mit Behinderung, garantiert. Alle Kinder haben einen Rechtsanspruch darauf, auf Wunsch der Eltern eine école maternelle in der Nähe ihres Wohnortes zu besuchen. Später, wenn die Schulpflicht eintritt (ab 6 Jahren), kann es sein, dass Kinder mit besonderen pädagogischen Bedürfnissen an eine Sonderklasse oder Sonderschule verwiesen werden.

Individuelle Förderpläne. In Frankreich werden verpflichtend für jedes Kind mit Behinderung Förderpläne erstellt, ‚Schul-Projekte' genannt. Diese Pläne werden von einem multiprofessionellen Team (Sonderpädagogen/ Sonderpädagoginnen und Betreuer/innen) und den Eltern gemeinsam erarbeitet und während der gesamten Schulzeit von einer Sonderpädagogin oder einer Referentin koordiniert. Kinder mit sonderpädagogischem Förderbedarf, die eine Regelschule besuchen, können von schulischen Assistentinnen unterstützt werden. Ebenso können die Kinder auch von einem Assistenten/ einer Assistentin, der/ die nicht der Schule angehört, unterstützt werden, entweder innerhalb des Unterrichts oder – in den meisten Fällen – außerhalb davon oder sogar ganz im außerschulischen Bereich.

Herausforderungen. Auf Pädagoginnen und Pädagogen der école maternelle wird heute ein hoher Druck dahin gehend ausgeübt, den Kindern schon vor dem Eintritt in die Pflichtschule ein festgelegtes Repertoire an Kompetenzen zu vermitteln. Dieser Druck gefährdet die Chancen von Kindern mit Behinderung, an den regulären Aktivitäten der Gruppen teilzunehmen, vor allem in den Bereichen, in denen sie nicht mit den Gleichaltrigen mithalten können. Die Herausforderung mit Blick auf Inklusion liegt vor allem darin, Ansätze zu entwickeln und zu fördern, die den Rhythmus und die kontinuierliche Entwicklung jeden Kindes und seine Eigenaktivität im Verlauf des Lernprozesses unterstützen.
In den vergangenen 20 Jahren sind die Lehrer/innen immer wieder ermutigt worden, in Teams zusammen zu arbeiten, um die Entwicklungsfortschritte aller Kinder zu verbessern. Diese Zusammenarbeit ist innerhalb der Organisationen allerdings nur schwerlich praktisch umzusetzen, einerseits weil die Zeit für Absprachen fehlt, andererseits weil die Pädagoginnen dies nicht gewohnt sind. In

---

30 Centre médico psychopédagogique – Centre d'action médico-sociale précose – Service d'éducation spéciale et d'aide à domicile.

inklusiv arbeitenden écoles maternelles ist es unabdingbar, dass das Kind mit Behinderung vom gesamten Team uneingeschränkt akzeptiert wird; zugleich müssen die Professionellen sich über die entsprechenden pädagogischen Maßnahmen einig sein. Dies beinhaltet auch, dass den écoles maternelles Sonderpädagogen als Ressource zur Verfügung stehen. Diese Entwicklung, so zeigt sich, ist alles andere als einfach, was zum einen in der separaten Organisation der Sonderschulen selbst begründet liegt, zum anderen in der schon lange während Rivalität zwischen Regel- und Sondereinrichtungen. Hier muss eine Antwort auf die Frage gefunden werden, was zu tun wäre, um diese Hindernisse einer echten Zusammenarbeit zu überwinden.

4.2.2 Deutschland

In der BRD besteht ein Rechtsanspruch auf einen Kindergartenplatz ab dem 3. Lebensjahr. Die Schulpflicht beginnt in der Regel ab dem 6. Lebensjahr. Der Besuch einer Kindertagesstätte/ eines Kindergartens ist freiwillig und z. T. beitragspflichtig.

Weit über 90% der Fünfjährigen besuchen eine Tageseinrichtung. Der Kindergarten gilt als Elementarbereich des Bildungswesens, ist strukturell jedoch dem Sozial- und Jugendhilfesektor zugeordnet – eine Konsequenz der Entwicklungsgeschichte. Viele Ländergesetze betonen gegenüber der Schule einen *eigenständigen* Bildungs-, Erziehungs- und Betreuungsauftrag der Kindertageseinrichtungen in enger Kooperation mit den Eltern. Die inhaltlich-konzeptionelle Verantwortung für die Arbeit in den Einrichtungen liegt bei den Trägern der öffentlichen und freien Wohlfahrtspflege. Bei einer Koexistenz von heilpädagogischen und integrativen/ inklusiven Einrichtungen wird mittlerweile in den meisten Bundesländern die Gemeinsame Erziehung im Elementarbereich präferiert. Einige wichtige aktuelle Debatten und Herausforderungen sollen kurz skizziert werden:

Bildungsrahmenpläne. Mit Verweis auf frühe Förderung und frühes Lernen sowie auf die Erhöhung der Chancengleichheit von Kindern im Bildungswesen wurden in den letzten Jahren in allen Bundesländern erstmals Bildungsrahmenpläne für den Elementarbereich erlassen. Kindertageseinrichtungen öffnen sich in zunehmendem Maße auch für Bildungsbereiche, die bisher überwiegend dem schulischen Sektor zugeschrieben wurden (z. B. Naturwissenschaft, Literacy). Sie müssen ihr Verständnis frühkindlicher Bildungsprozesse schärfen, ihr Verhältnis zur Schule neu justieren und stehen zukünftig stärker vor der Herausforderung, Bildungsaufgaben für alle Kinder in ihre inklusive Arbeit zu integrieren.

Kooperation mit Schulen. Der Übergang in die Grundschule markiert noch immer auch den Eintritt in einen entscheidenden Bildungssektor, in dem ein anderes Bildungsverständnis gilt. Kooperationen am Übergang in die Schule finden nicht automatisch statt (vgl. Kron & Papke 2006). Die Betonung eines eigenständigen Bildungsauftrags seitens der Elementarpädagogik hebt deren Abgrenzung hervor; das bisherige weitgehende Desinteresse an der Bildungsbiografie des Kindes bei Schuleintritt bestätigt die Wahrnehmungslücken auf schulischer Seite. Die Bildungsrahmenpläne und Bildungsvereinbarungen der Bundesländer fordern Formen der konkreten kindbezogenen Zusammenarbeit sowie gemeinsame Fortbildungen von Erzieher/innen und Lehrer/innen. Deren Umsetzung ist eine große Herausforderung. Sie birgt die Chance, ein gemeinsames Bildungsverständnis zu entwickeln.

Sprachförderung. Sprache gilt als eine wichtige Kompetenz für Teilhabe. Wissensinhalte erschließen sich über Sprache. Daher wird auch von politischer Seite angestrebt, dass alle Kinder zu Schulbeginn ausreichende Kenntnisse der deutschen Sprache haben. Dies betrifft Kinder mit Migrationshintergrund, aber nicht nur sie. In diesem Kontext nimmt der Bereich der Sprachstandserhebung und Sprachförderung in Kindertageseinrichtungen breiten Raum ein. Die damit verbundene diagnostische Perspektive stellt eine Herausforderung für inklusive Kindertageseinrichtungen dar und muss laufend reflektiert werden.

Inklusion von Kindern mit besonderem pädagogischem Förderbedarf. Es gibt sog. ‚Schwerpunkteinrichtungen‘ oder ‚integrative Einrichtungen‘, die sich konzeptionell und strukturell spezialisiert haben. Dort gehören bei einem größeren Einzugsgebiet kontinuierlich mehrere Kinder mit besonderem pädagogischen Förderbedarf zu einer Gruppe (Verhältnis ca. 1:2). Einrichtungen der wohnortnahen Einzelintegration stehen allen Kindern aus dem Einzugsgebiet offen. Durch den nicht kontinuierlichen Besuch von Kindern mit Behinderung (bes. in ländlichen Einrichtungen wird nicht in jedem Jahr ein Kind mit Behinderung angemeldet) stehen diese vor der Herausforderung, dennoch Kompetenzen und Ressourcen für inklusive Arbeit zu entwickeln und zu erhalten.

Ausbildungsniveau von Erzieher/innen. Die Erzieher/innenausbildung findet in Fachschulen statt. Angesichts dieses sowohl im europäischen Vergleich als auch mit Blick auf das komplexe und anspruchsvolle Aufgabenfeld relativ niedrigen Ausbildungsniveaus bieten etliche (Fach-)Hochschulen bereits Studiengänge zur frühkindlichen Bildung/ Elementarpädagogik an. Andererseits bestehen in der Elementarpädagogik bisher vergleichsweise geringe Aufstiegs- und Verdienstmöglichkeiten.

4.2.3 Ungarn

In Ungarn gibt es zwei verschiedene Einrichtungstypen zur Vollzeit-Betreuung von Kindern: Kindertagesstätten/ Krippen *(bölcsöde)* und Kindergärten/ Vorschulen *(óvoda)*. In Familien, in denen Kinder unter 3 Jahren aufwachsen, bleibt traditionell, aber nicht notwendigerweise die Mutter zu Hause und kümmert sich um die Erziehung des Kindes bis zum Erreichen des Kindergartenalters. Die Kindertagesstätten bieten Betreuung für Kinder ab der 20. Woche bis hin zum 3. Lebensjahr an. Kinder mit besonderen pädagogischen Bedürfnissen können in diesen Einrichtungen bis zum Alter von 6 Jahren betreut werden. Der Kindergarten kann ab dem Alter von 3 Jahren und bis zum Eintritt der Schulpflicht (in der Regel im Alter von 6 Jahren) besucht werden, Kinder mit Behinderung können bis zum Alter von 8 Jahren in diesen Einrichtungen bleiben.

Traditionell wurden die Kindergartengruppen nach dem Alter gebildet: Gruppen mit den jüngsten (zwischen 3 und 4 Jahren), den mittleren (zwischen 4 und 5 Jahren) und den ältesten Kindern (zwischen 5 und 6 Jahren). Heutzutage gibt es neben dieser traditionellen Gruppenbildung immer mehr Kindergärten mit altersgemischten Gruppen.

Das letzte Kindergartenjahr ist verpflichtend. Damit soll erreicht werden, dass kulturelle und soziale Differenzen ausgeglichen werden und die Kinder mit dem notwendigen Wissen für einen erfolgreichen Start in die Schule ausgestattet werden. Festzuhalten ist, dass etwa 80% der Jungen und Mädchen im ersten Kindergartenjahr einen Kindergarten besuchen, mehr als 90% im zweiten Jahr und schließlich alle Kinder im letzten Jahr.

Personal. In den Einrichtungen sind im Kern zwei Professionen vertreten: Kindergartenassistentinnen/ Betreuungspersonal (gondozó/dajka) und Kindergartenpädagoginnen (óvodapedagógus). Jede Berufsgruppe erhält eine eigene Ausbildung. Die Kindergartenpädagoginnen werden auf Bachelor-Niveau ausgebildet, während die Assistentinnen eine 2200 Stunden umfassende, sieben Monate dauernde Ausbildung (40% Theorie, 60% Praxis) erfahren. In jeder Gruppe sind zwei Kindergartenpädagoginnen und eine Assistentin beschäftigt. Die Pädagoginnen arbeiten in der Regel in Schichten, eine von ihnen ist am Morgen in der Gruppe und die andere am Nachmittag, wohingegen die Assistentin den ganzen Tag anwesend ist, dabei aber auch begleitende Aufgaben außerhalb der Gruppe zu erfüllen hat.

Zusätzliche Unterstützungsangebote. In Ungarn ist der Beruf des Sonderpädagogen/ der Sonderpädagogin ein anderer als der der Kindergartenpädagogin. Sonderpädagogen haben eine spezielle Ausbildung auf Bachelor- und Master-Niveau, während der sie sich für eine Behinderungsform spezialisieren. Sonderpädagogen arbeiten in Frühförderstellen, in anderen Diensten zur Unterstützung, aber auch in verschiedenen Bereichen des Bildungssystems. Frühförderstellen bieten Einzel- oder Gruppentherapie für Kinder im Alter von 0-3 Jahren im Umfang von einer bis vier Stunden pro Woche an. Darüber hinaus existieren andere Dienste wie Erziehungsberatungsstellen, Erziehungs-Rehabilitations-Komitees, Logopädie, Familienberatung sowie Kinder- und Jugendhilfe. Diese Zentren sind eng mit den jeweiligen Institutionen aus dem Bereich Erziehung verbunden. Sie bieten unabhängige Dienstleistungen an, versorgen aber auch Schulen oder Kindergärten mit Spezialisten, wenn diese keine eigenen haben.

Herausforderungen. Eine der größten Herausforderungen im Bereich frühkindlicher Erziehung und Bildung liegt in dem großen Gefälle zwischen Stadt und Land – genauer: zwischen der Hauptstadt und den ländlichen Gegenden – in Bezug auf die Versorgung von Kindern mit Behinderung. Für die Bevölkerung in ländlichen Gebieten ist es schwieriger, Zugang zu unterstützenden Diensten zu bekommen.
Eine weitere Herausforderung ist, dass die zusätzlichen Beihilfen in der öffentlichen Erziehung nicht an das jeweilige Kind gebunden sind. Die Gelder gehen vielmehr an die Einrichtungen, die Rehabilitationsleistungen anbieten. Unglücklicherweise zeigt die Erfahrung oft, dass diese Mittel aufgrund mangelnder finanzieller Ressourcen für allgemeine Anschaffungen genutzt werden und dem Kind nicht unmittelbar zu Gute kommen.[31]
Mit den letzten Gesetzesänderungen im Bereich öffentlicher Erziehung wurden die Definitionen, wann besonderer Förderbedarf vorliegt, eingeschränkt (Lernschwierigkeiten, Sprachstörungen, Dyslexie, Lese-Rechtschreibschwächen und Hyperaktivität gehören nun nicht mehr dazu). Dies betrifft folglich die Bewilligung von zusätzlichen Fördermitteln; im Bereich Erziehung und Bildung wird es Schwierigkeiten für die von der Änderung betroffenen Kinder geben, wenn das Gesetz in Kraft tritt.
Eine der größten Herausforderungen liegt schließlich darin, dass es den Regeleinrichtungen bislang nicht gelungen ist, die Angebote für Kinder mit Behinderung zu integrieren und innerhalb der Einrichtungen zu praktizieren. In der akademischen Ausbildung von Pädagogen und Pädagoginnen wird kein Wissen über die Bedürfnisse und Versorgung von Kindern mit Behinderung vermittelt; darüber hinaus verfügen die Institutionen weder über das erforderliche Material noch über die personelle Ausstattung; in der Haltung gegenüber Kindern mit Behinderung zeigt sich in der Praxis eher die Tendenz zur Segregation statt zur Integration.

---

31 Dieser Aspekt wird in den Ländern unterschiedlich diskutiert. In Deutschland z. B. wird die personengebundene Ressourcenzuweisung von Fachleuten auch kritisch beurteilt, da sie die Etikettierung von Kindern erzwingt, statt die individuell nötige Förderung über eine generell erhöhte Ressourcenausstattung der Einrichtungen zu gewährleisten.

4.2.4 Portugal

Zentrale Aspekte. Entsprechend dem Grundlagengesetz zur Erziehung und Bildung (Gesetz 46/86 vom 14.10.1986) und dem Rahmengesetz 5/97 vom 10.02.1997 beginnt die vorschulische Erziehung und Bildung im Alter von 3 Jahren und endet mit 6 Jahren, wenn die Kinder in die erste Klasse der ersten Schulstufe kommen. Vorschulische Erziehung ist die erste Phase eines lebenslangen Bildungsprozesses, die öffentliche frühe Erziehung wird als Ergänzung der familiären Erziehungsaufgaben betrachtet. Der Besuch eines Kindergartens ist freiwillig. Die Schulpflicht setzt im Alter von 5 oder 6 Jahren ein. Wenn der Geburtstag des Kindes vor dem 31. Dezember eines Jahres liegt, können die Kinder auf Wunsch der Eltern im Alter von 5 Jahren eingeschult werden (Rechtsverordnung 301/93 vom 31.08.1993).

Im Jahr 1997 wurden vom Ministerium für Erziehung und Bildung Bildungspläne für den Bereich früher Erziehung und Bildung erlassen. In diesem Dokument finden sich Prinzipien, die die Pädagoginnen und Pädagogen in ihrer konzeptionellen Arbeit unterstützen sollen, mit anderen Worten: Prinzipien, die den Erziehungs- und Bildungsprozess der Kinder leiten sollen. Diese Richtlinien bilden den gemeinsamen Bezugsrahmen aller Pädagogen im nationalen Netzwerk vorschulischer Erziehung und Bildung und finden sich in den Konzepten der jeweiligen Einrichtungen wieder.

Derzeit zeigt sich eine Diskrepanz in den Angeboten früher Erziehung und Bildung im Hinblick auf die unterschiedlichen Regionen Portugals. In manchen Gegenden reichen die Angebote aus, um den Bedarf zu decken, wohingegen in anderen Regionen Plätze fehlen. Momentan besuchen etwa 78% der Kinder einen Kindergarten.

Im Bereich Erziehung und Bildung für Kinder im Alter von 3 bis 6 Jahren haben sich die öffentlichen und privaten Netzwerke zu einem nationalen Netzwerk zusammengeschlossen, dessen Ziel es ist, Plätze für alle Kinder zu schaffen. Zum öffentlichen Netzwerk zählen alle Dienste, die den zentralen und lokalen Verwaltungen und somit dem Ministerium für Erziehung und Bildung sowie dem Ministerium für Arbeit und Solidarität angehören. Das private Netzwerk schließt auch alle anderen, d. h. privaten Dienste wie die IPSS (Private Institution für Soziale Solidarität), Misericórdias (ein Wohlfahrtsverband), den Verband ‚Gegenseitiges Vertrauen‘ (ein Wohlfahrtsverband) und andere gemeinnützige Einrichtungen ein.

Kinder mit besonderem Förderbedarf. In Portugal ist, wie in vielen anderen Ländern auch, das Verantwortungsbewusstsein hinsichtlich der Erziehung und Bildung von Kindern mit besonderen pädagogischen Bedürfnissen in Regelein-

108|

richtungen gewachsen. Diese Verantwortlichkeit ist im Grundlagengesetz des Erziehungs- und Bildungssystems (1986) ‚Lei de Bases do Sistema Educativo' festgehalten worden. In Artikel 7 dieses Gesetzes wird festgelegt, dass die Erziehung und Bildung von Kindern mit besonderen pädagogischen Bedürfnissen in Regeleinrichtungen stattfinden soll und dass es dafür notwendig ist, die passenden Bedingungen entsprechend ihrer Entwicklung zu schaffen, so dass sie ihre Fähigkeiten optimal entwickeln können. Diese progressiven Veränderungen im Erziehungssyystem für Kinder mit Behinderungen gipfelten in einem wichtigen Erlass aus dem Jahr 1991, der Rechtsverordnung 319 vom 23. August 1991. Mit diesem Gesetz wurden bedeutende Innovationen, die Erziehung von Kindern und Jugendlichen mit Behinderung betreffend, in die portugiesische Gesetzgebung eingeführt. Es bietet Schulen die Gesetzesgrundlage, auch Schüler/innen mit besonderem pädagogischem Förderbedarf aufzunehmen und führte innovative Prinzipen ein, die aus früheren Integrationserfahrungen heraus entwickelt wurden.

In dem Gesetz ist geregelt, dass Kinder mit Behinderung das vorschulische Erziehungssystem besuchen sollten. Ziel der Bildungspolitik in Portugal ist es, diese Kinder, wann immer möglich, in regulären Kindergärten aufzunehmen. Sie profitieren von der Unterstützung durch die Sonderpädagogen/ Sonderpädagoginnen (Spezialisierung auf Sonderpädagogik) oder durch die Frühförderer/ Frühförderinnen (Pädagogen ohne Spezialisierung), denn ein großer Anteil der Pädagogen, die in integrativen Einrichtungen arbeiten, hat keine spezielle Ausbildung im Bereich Sonderpädagogik. Mit der neueren Politik des Ministeriums für Erziehung und Bildung (2006-2007) wurde jedoch die Zahl der Sonderpädagoginnen, die die Inklusion im Vorschulbereich fördern, drastisch gesenkt. Dies führt zu einer Situation, die wir oft in dem portugiesischen System finden: dass viele Kinder integrative Einrichtungen ohne spezifische Unterstützung besuchen. Einige Sonderfälle ausgenommen kann zusammengefasst werden, dass die Mehrheit der Kinder mit besonderem pädagogischen Förderbedarf Regeleinrichtungen statt Sondereinrichtungen besucht.

Personal. Die Fachkräfte im vorschulischen Bereich wie in der Primar- und in der Sekundarstufe schließen ihre professionelle Ausbildung mit dem ‚Master of education' ab. Sie machen ihren Abschluss an der Hochschule für Erziehung oder der Universität. Das Curriculum der Kurse oder des Studiums soll eine personenbezogene, soziale, kulturelle, naturwissenschaftliche, technologische, technische oder künstlerische Komponente ebenso umfassen wie Erziehungswissenschaften und pädagogische Praxisanteile. Sonderpädagogen erfahren die gleiche Ausbildung, spezialisieren sich aber nach ihrem Abschluss weiter.

Herausforderungen. Vor kurzem wurde das System der Sonderpädagogik reformiert, was in einem neuen Gesetz – Rechtsverordnung 3 vom 07.01.2008 – festgehalten wurde. In dem Gesetz finden sich sowohl positive als auch kontrovers diskutierte Aspekte. Ein Punkt, der derzeit heftig diskutiert wird, ist die Aufnahme des Artikel 6, Pkt. 3, in dem gefordert wird, die ICF[32] hinzu zu ziehen, wenn es um die Ermittlung der Anspruchsberechtigung eines Kindes/ Jugendlichen mit wesentlicher Behinderung und um die darauf folgende Entwicklung eines individuellen Förderplanes geht. Dieser Gesetzesartikel führt dazu, dass nun einige Kinder mit besonderen pädagogischen Bedürfnissen nicht mehr anspruchsberechtigt sind und keine sonderpädagogische Unterstützung erhalten. Ein weiterer Punkt, der vor dem Hintergrund des neuen Gesetzes in Portugal zu Debatten führt, ist die Entwicklung von ‚Referenz-Schulen' (Sonderklassen) für Kinder mit spezifischen Behinderungen, z. B. Kinder mit Autismus oder hör- bzw. sehbehinderte Kinder. Dies scheint ein Rückschritt auf dem Weg zur Inklusion zu sein.

4.2.5 Schweden

Die Mehrheit der Kinder im Alter von 2 bis 6 Jahren (87%-97%) und etwas weniger als die Hälfte der Einjährigen besucht in Schweden eine Einrichtung der frühen Bildung und Erziehung (Vorschule und Vorschulklassen für Sechsjährige). Die vorschulische Erziehung wird hauptsächlich durch Steuern finanziert und die Kommunen sind verpflichtet, einen Platz für alle Kinder zur Verfügung zu stellen. Mit Blick auf Kinder mit besonderem Unterstützungsbedarf bzw. Kinder mit Beeinträchtigungen ist die allgemeine Auffassung, dass diese grundsätzlich Regeleinrichtungen besuchen sollten, was bedeutet, dass inklusive Arrangements gefördert werden. Es gibt keine Sondereinrichtungen für Kinder mit Behinderung. Die Kindergärten sind dem Ministerium für Erziehung und Bildung zugeordnet.

Bildungsrahmenpläne (Curricula). Der schwedischen vorschulischen Erziehung und Bildung liegt seit langem die Vorstellung zu Grunde, dass Betreuung, Förderung und Lernen eng zusammenhängen und einander bedingen. In den vorschulischen Einrichtungen lernen die Kinder durch das Spiel; es gibt keinen Unterricht wie in der Schule. Ein Schwerpunkt liegt darauf, das eigenständige Wachstum und die Selbstbildungsprozesse des Kindes zu stimulieren, statt diese zu führen; Dialog statt Instruktion steht im Mittelpunkt. Der Fokus liegt dabei auf spielerischen Aktivitäten und auf der Kommunikation im Spiel. Es gibt zwei Curricula: 1. für die Vorschule, 2. für die Vorschulklasse der Sechsjährigen. Beide Bildungspläne beginnen mit dem, was als grundlegende Werte bezeichnet werden kann. Dies beinhaltet beispielsweise demokratische Werte, Respekt für das Individuum,

---

32 ICF: ‚International Classification of Functioning, Disability and Health'/‚Internationale Klassifikation der Funktionsfähigkeit, Behinderung und Gesundheit' der WHO (Weltgesundheitsorganisation)

Respekt für die Umwelt, Grundwerte des Zusammenlebens, die Unantastbarkeit des menschlichen Lebens, individuelle Freiheit und Integrität, die Gleichwertigkeit aller Menschen, Gleichheit zwischen Männern und Frauen, Solidarität mit schwachen und verletzbaren Menschen. In einem zweiten Abschnitt werden anzustrebende Ziele formuliert – allerdings nicht in dem Sinne immer konkret zu erreichender Ergebnisse. Alle Ziele sind sehr breit gefasst und allgemein formuliert. Die Mehrheit von ihnen ist sozialer Natur, einige betreffen die Persönlichkeitsentwicklung des einzelnen Kindes. Nur wenige Ziele können den klassischen ,akademischen' Fähigkeiten zugeordnet werden.

In beiden Bildungsplänen wird die Bedeutung der Zusammenarbeit mit den Eltern betont. Entwicklungsgespräche zwischen Eltern und Erzieherinnen/ Erziehern sind verpflichtend, und für jedes Kind werden in Kooperation mit den Eltern Entwicklungspläne erstellt.

Herausforderungen. Die aktuelle nationale Evaluation der schwedischen Kindergärten (2008) zeigt nach den Angaben der Verwaltungen, dass in mehr als der Hälfte der Kommunen die Zahl der Kinder mit besonderem Förderbedarf in den letzten fünf Jahren gestiegen ist. Zugleich wird bemerkt, dass die Ressourcen für diese Kinder nicht ausreichend sind. Die geleistete Förderung jedoch wird in dem Bericht als effektiv beschrieben. Die häufigsten Formen der Unterstützung sind die Beratung mit den Erzieherinnen (Vorschullehrer/innen) und zusätzliche personelle Ressourcen entweder für die gesamte Kindergruppe oder für ein Kind im Besonderen. Verglichen mit dem Jahr 1990 ist die Anzahl der Kinder pro Gruppe gestiegen, was ebenfalls zum Thema einer Debatte geworden ist.

Darüber hinaus werden derzeit Ausbildung und Status der Vorschulpädagogen diskutiert. Das Ausbildungsniveau insgesamt ist etwas gestiegen; ein Universitätsabschluss ist Voraussetzung, um als Vorschulpädagogin zu arbeiten, doch gibt es derzeit einen Mangel an ausgebildeten Fachkräften. Zudem wird in einem aktuellen regierungsamtlichen Bericht bezüglich einer neuen Lehrerausbildung vorgeschlagen, die Ausbildung der Vorschulpädagogen zu kürzen.

Eine Herausforderung liegt auch in bestimmten Unterschieden der beiden Berufsfelder. Die Arbeitsbedingungen der Vorschulpädagogen und der Lehrer/innen in Schulen unterscheiden sich in vielerlei Hinsicht, z. B. bezüglich der Bezahlung, der Urlaubstage und hinsichtlich des Verhältnisses von direkter Betreuungs- und Vorbereitungszeit. Es wurde und wird noch immer als ,besser' im Sinne eines höheren Status angesehen, Lehrer/in in der Pflichtschule statt Pädagoge/ Pädagogin in im vorschulischen Bereich zu sein.

Ein weiterer Gegenstand der Diskussion in Schweden ist die Frage der Notwendigkeit Kinder zu diagnostizieren. Argumentiert wird, dass in einem inklusiven

System vermieden werden sollte, Kinder zu kategorisieren, um negativen Zu-
schreibungen vorzubeugen. Dennoch ist die Anwendung von diagnostischem
und anderem Material zur Bewertung der Kinder in den schwedischen vorschulischen Einrichtungen gestiegen.

4.3 Unsere Kooperationspartner: Kindertageseinrichtungen, Vorschulen und école maternelle

4.3.1 Frankreich

École maternelle. Die école maternelle, mit der wir in unserem Projekt zusammen arbeiteten, liegt in einer Wohngegend mit wirtschaftlichen und sozialen Problemen (Familien mit geringem Einkommen und ein großer Anteil von Zuwanderern). Die école maternelle besteht aus zehn Klassen mit je ca. 25 Kindern. In den Klassen für die Jüngsten (2-4 Jahre) hat jeder Lehrer und jede Lehrerin eine Assistenz als Hilfe zur Versorgung der Kinder.

Die Ankunft der Kinder am Morgen ist so organisiert, dass den Kindern der Übergang von der Familie in die Einrichtung leicht fallen soll. Für ca. 30-45 Minuten werden Aktivitäten angeboten, aus denen die Kinder ihren Interessen entsprechend frei wählen können, sie können umher gehen und verschiedene Dinge im Gruppenraum ausprobieren. Die Eltern sind eingeladen, ihre Kinder dabei zu begleiten, mitzumachen und dabei zu sein, wenn die Kinder ankommen. Die Eltern können in dieser Zeit teilnehmen, wann und in welcher Form sie es wünschen. In dieser Situation, in der die Kinder frei spielen, haben die Erzieherinnen/ Erzieher Zeit, sich individuell um ein Kind zu kümmern, das gerade Schwierigkeiten hat oder um mit den Eltern zu sprechen. Die Schwerpunkte unserer école maternelle liegen in folgenden Bereichen:

– Öffnung der Schule für die Nachbarschaft, um Beziehungen mit den Eltern und anderen Mitgliedern der Gemeinde zu entwickeln;
– Entwicklung von kontinuierlichen gemeinsamen Erziehungs- und Unterrichtspraktiken der école maternelle und der Grundschule (besonders gemeinsame Aktivitäten mit den ältesten Kindern der école maternelle und den Erstklässlern);
– die Inklusion aller Kinder unter Berücksichtigung ihrer Vielfalt;
– Entwicklung einer Teamkooperation in der pädagogischen Praxis und pädagogische Reflexion der Arbeit mit Unterstützung eines Forschungsteams. Die erzieherische Praxis zielt darauf ab, den konstruktivistischen Charakter des Lernprozesses zu berücksichtigen und von den sozialen Interaktionen innerhalb dieses Prozesses zu profitieren.

Kindergarten. Der Kindergarten wurde im Jahr 1998 eröffnet, er ist eine von drei Einrichtungen unter der Trägerschaft von APATE (Association Pour l'Accueil de

Tous les Enfants – Organisation für die Inklusion aller Kinder), deren Ziel es ist, die Exklusion von Kindern mit besonderen pädagogischen Bedürfnissen durch Einbezug aller dieser Kinder in ihren Einrichtungen zu bekämpfen. Die einzige Zugangsvoraussetzung für sie ist eine therapeutische Begleitung außerhalb der Einrichtung. In der Organisation sollen die Besonderheiten der Kinder in pädagogischer und sozialisatorischer Hinsicht gewahrt werden; eine Anpassung an individuelle therapeutische Strukturen wird vermieden.

Inklusive Prinzipien beeinflussen die Arbeit des Kindergartens. Ein Grundprinzip ist es, dass jeweils mehrere Kinder mit unterschiedlichen Behinderungen gemeinsam mit Kindern ohne Behinderung eine Gruppe besuchen. Insgesamt sind in diesem Kindergarten 36 Kinder im Alter von 2 bis 6 Jahren, ein Drittel von ihnen mit sonderpädagogischem Förderbedarf. Sie sind in drei heterogene Gruppen aufgeteilt (zwölf Kinder pro Gruppe, eine Erzieherin und eine Hilfskraft). Außerhalb dieser festen Gruppen von zwölf Kindern besuchen die Mädchen und Jungen in zwei Gruppen Workshops am Nachmittag, die von unterschiedlichen Fachkräften gestaltet werden.

Das Team besteht aus 13 Frauen: Drei Frühpädagoginnen, eine Assistentin für den Vorschulbereich, drei Personen für die Unterstützung der Kinder, je eine Kraft für die Küche und die Hauswirtschaft, eine Physiotherapeutin, eine Sekretärin, eine Buchhalterin, eine Psychologin und eine Leiterin. Jede bringt ihre Ausbildung, ihren Status und ihre Persönlichkeit in die Arbeit mit Kindern und Eltern ein.

Schwerpunkte des Kindergartens sind:
– Akzeptanz aller Kinder unabhängig von Art und Schwere der Behinderung, eine Praxis der Nicht-Aussonderung in früher Kindheit, Akzeptanz der Individualität des Kindes mit dem Fokus auf Vielfalt statt auf Differenz;
– Priorität der Eltern; Aufnahme und Austausch in familiärem Rahmen;
– Öffnung der Einrichtung nach außen;
– flache Hierarchien in der Teamarbeit (keine Hierarchie im Sinne über- und untergeordneter Aufgaben, keine Hierarchien zwischen den Personen aufgrund des sozialen Status ihres Abschlusses); die Fachkräfte arbeiten und handeln in unterschiedlichen professionellen Feldern;
– bewusste Entscheidung dafür, dass in der Einrichtung nicht viele Spezialisten (aus dem medizinischen oder sonderpädagogischen Bereich) arbeiten, sondern Fachkräfte aus dem Feld frühkindlicher Erziehung und Bildung, die in Übereinstimmung miteinander handeln und ihre Kompetenzen und Kreativität nutzen.

4.3.2 Deutschland

Kindergarten (Kindertageseinrichtung) 1[33] Die Kindertagesstätte in Frankfurt am Main hält 60 Plätze für Kinder im Alter von 3 bis 6 Jahren und 30 Hortplätze für Kinder im Schulalter bereit. Ein Drittel der Plätze ist für Kinder mit Behinderung bestimmt. Die meisten Kinder kommen aus dem umliegenden Einzugsgebiet, einige Kinder mit sonderpädagogischem Förderbedarf auch aus anderen Stadtteilen. Die Kindertagesstätte hat an fünf Tagen die Woche jeweils durchgehend von 7:15-17:00 Uhr geöffnet, auch Plätze für eine Halbtagsbetreuung oder für 2/3 der Betreuungszeit stehen zur Verfügung. Die Einrichtung wird von Kindern im Alter von 3 bis 12 Jahren besucht. Dies ermöglicht den Kindern, familienähnliche Strukturen zu erleben, voneinander zu lernen und gemeinsam zu leben. Darüber hinaus können durch diese Struktur viele Kinder über etliche Jahre hinweg begleitet werden. Kinder mit Behinderung können in der Einrichtung besondere Förderung erhalten, z.B. im Bereich Logopädie, Ergotherapie oder Physiotherapie.

Die Kindertageseinrichtung arbeitet mit dem Konzept der offenen Gruppen. Das Konzept ist mit festen Zuständigkeiten (Raum, Kindergruppe und Erwachsene) verbunden, was bedeutet, dass die Kinder einen festen Bezugspunkt haben und von diesem aus ihre Bedürfnisse nach Bindung, Sicherheit, Vertrautheit und Versorgung, aber eben auch ihr Streben nach Unabhängigkeit und neuen Erfahrungen wahrnehmen können. Dieselben Erzieherinnen/ Erzieher sind für die Kinder immer verfügbar. Aufgrund der Anzahl der Kinder mit Behinderungen arbeitet hier ein großes Team. Es besteht aus 25 Erzieherinnen und Erziehern (18 Frauen und sieben Männer) in unterschiedlichem Alter und mit verschiedenem kulturellem und religiösem Hintergrund. Sie teilen sich 21,5 Vollzeitstellen. Drei Therapeutinnen und sechs andere Beschäftigte in unterschiedlichen Funktionen (z. B Hauswirtschaft) sowie zwei Praktikantinnen arbeiten ebenfalls in der Einrichtung.

Kindergarten (Kindertageseinrichtung) 2 ist eine Einrichtung in kirchlicher Trägerschaft in Siegen. Ihr Konzept basiert auf christlichen Grundlagen, doch steht der Kindergarten allen Kindern aus dem Einzugsbereich offen, unabhängig von ihrem kulturellen oder religiösen Hintergrund. 65 Kinder (drei altersgemischte Gruppen) werden in verschiedenen Räumen betreut, die sich jeweils durch unterschiedliche Materialien oder Aktivitäten unterscheiden. Die Kinder sind zwischen 3 und 10 Jahren alt. In der Einrichtung teilen sich sieben Erzieherinnen/ Erzieher sechs Vollzeitstellen, eine zusätzliche Kraft assistiert bei Gruppenaktivitäten.

---

33 Wir benutzen den Begriff ,Kindergarten', wie international üblich, auch als übergeordnete Kategorie, die Kindertagesstätten einschließt.

Für die jüngeren Kinder (3 bis 6 Jahre) wird Vollzeitbetreuung angeboten; die Älteren kommen am Nachmittag nach der Schule, dann werden sowohl Hausaufgabenbetreuung als auch Freispiel angeboten. Die Kinder mit Behinderung kommen aus dem Einzugsgebiet der Kindertagesstätte (sogenannte Einzelintegration). Die Erziehungs- und Bildungsziele der Einrichtung sind einerseits die Förderung kindlicher Fähigkeiten im alltagspraktischen Bereich, die Vermittlung von Wissen über zentrale ethische und soziale Werte und zum anderen die Vorbereitung auf die Anforderungen in der Schule.

4.3.3 Ungarn

Kindergarten 1 liegt in einem grünen Vorort von Budapest. Die Nachbarschaft ist ruhig und friedlich.

In diesem Kindergarten werden erst seit einigen Jahren Kinder mit Behinderung aufgenommen. Integration begann als spontaner Prozess. Die Motivation kam hauptsächlich von den Erzieherinnen/ Erziehern, die sich damit konfrontiert sahen, dass es in der Nachbarschaft immer weniger Kinder im Kindergartenalter gab. Laut dem Gründungszertifikat (ein juristisches Dokument, auf dessen Grundlage legal bestimmte Dienste angeboten werden dürfen) war ursprünglich auch die Aufnahme von Kindern mit leichten geistigen Beeinträchtigungen, mit Sprachstörungen und mit Hyperaktivität vorgesehen. Dieser Liste sind im Jahr 2007 Kinder mit Autismus hinzugefügt worden.

Um den Aufgaben im Kindergarten gerecht zu werden, erhalten die Erzieherinnen/ Erzieher professionelle Unterstützung von außerhalb: Eine Psychologin, eine Sonderpädagogin und eine Sprachtherapeutin kommen mehrmals in der Woche in die Einrichtung. Einige Erzieherinnen/ Erzieher haben auch an Weiterbildungen teil genommen. Da sie erst am Anfang des Weges hin zur Inklusion sind, sehen sie sich mit vielfältigen Herausforderungen konfrontiert, die neue Lösungen und Methoden verlangen.

Kindergarten 2 liegt in einem Außenbezirk von Budapest inmitten eines Gebietes mit Wohnblocks. Hier werden bereits seit 1999 Kinder mit Behinderung aufgenommen, es ist einer der ersten integrativen Kindergärten Ungarns. Die besonderen Bedürfnisse der Kinder wurden von Beginn an bei der Planung und dem Bau des Gebäudes, des Gartens und des Innenbereichs berücksichtigt. Entsprechend dem Gründungszertifikat werden Kinder mit körperlichen und mit leichten geistigen Beeinträchtigungen, mit Autismus und mit Sprachstörungen einbezogen. Da in diesem Kindergarten bereits vielfältige Erfahrungen mit Integration vorliegen, stellen sich die Herausforderungen anders dar als in Kindergarten 1. Kindergarten 2 ist eine barrierefreie Einrichtung; es gibt den Bedürfnissen angepasste Gruppenräume, einen entsprechenden pädagogischen Plan, bei Einzel- und Gruppenaktivitäten werden auch alternative Methoden genutzt. Darüber hinaus gibt es eine Sprachtherapeutin und eine Sonderpädagogin vor Ort, eine Psychologin kommt bei Bedarf aus einer anderen Einrichtung.

4.3.4 Portugal

Kindergarten 1. Der Kindergarten (Jardim de Infância) wird von 30 Kindern im Alter von 3 bis 6 Jahren besucht. Das Betreuungsverhältnis liegt bei 1:15. In der Einrichtung sind zwei Frühpädagoginnen, eine pädagogische Assistentin, eine Sonderpädagogin, eine Musiklehrerin und eine Mototherapeutin beschäftigt.

Kindergarten 2 besteht aus einer Gruppe mit 20 Kindern im Alter von 3 bis 6 Jahren. Der Betreuungsschlüssel liegt hier bei 1:10. In diesem Kindergarten arbeiten eine Frühpädagogin, eine Assistentin, eine Sonderpädagogin, eine Musiklehrerin und eine Mototherapeutin.

Beide Kindergärten liegen in Vila Praia de Âncora. Sie haben einige Gemeinsamkeiten: Das Angebot frühkindlicher Erziehung und Bildung der beiden Einrichtungen enthält zwei Komponenten: Fünf Stunden täglich pädagogische Aktivitäten und drei Stunden soziale und bildende Aktivitäten (als Unterstützung und Sorge für die Familien). Die Organisation der pädagogischen Aktivitäten folgt dabei den Richtlinien vorschulischer Bildung und Erziehung. Diese Aktivitäten lassen sich in drei Bereiche gliedern: persönliche und soziale Entwicklung, Ausdruck und Kommunikation sowie Wissen über die Welt. Im Bereich sozialer und bildender Aktivitäten sind Spielangebote, Mahlzeiten und Transport enthalten.

4.3.5 Schweden

Vorschule 1 (pre-school 1) liegt in einer kleinen Stadt (ca. 11.000 Einwohner). In dieser Einrichtung gibt es drei Gruppen mit 45 Kindern im Alter von 1,5 bis 6 Jahren. Diese Vorschule hat sich dafür entschieden, mit dem Prinzip der ‚Geschwister-Gruppen' zu arbeiten, was bedeutet, dass es altersgemischte Gruppen gibt mit Kindern zwischen 1,5 und 6 Jahren. Die Gruppe, aus der die Situationsbeispiele stammen (vgl. Kap. 5-9), umfasst 14 Kinder und vier Vorschulpädagoginnen. Der Gruppe stehen vier Räume zu Verfügung, die Kinder haben ihren eigenen Platz zum Spielen. In einem der Räume gibt es ein Sofa, eine Puppenecke mit einem Herd und mit Kleidung für Rollenspiele. Ein zweiter Raum ist groß, ihn können die Kinder für Ballspiele oder andere aktive Spiele und motorische Aktivitäten nutzen. Hier schlafen auch die jüngeren Kinder in der Mittagszeit. Der Küchenraum hat viele Tische, an denen die Kinder puzzeln, spielen oder malen können. Schließlich gibt es einen kleinen und ruhigen Raum, in dem die Kinder lesen oder sich ausruhen können.

Die Einrichtung hat ein großes Außengelände mit Schaukeln, einer Rutsche, einem Klettergerüst, einem Sandkasten, mit Fahrrädern und anderen Fahrzeugen. Für die meisten Kinder beginnt der Tag im Kindergarten um acht Uhr mit dem Frühstück und dem darauf folgenden Stuhlkreis, danach wird bis zum Mittagessen draußen gespielt. Die jüngeren Kinder gehen dann zuerst hinein und eine Erzieherin hilft ihnen beim Ausziehen. Während sie auf das Mittagessen warten, gibt es eine kurze Zeit zum Singen. Nach dem Essen (alle Kinder bringen ihr Essen mit) ruhen alle Kinder aus, den Älteren wird vorgelesen, die Jüngeren schlafen. Nach der Ruhezeit treffen sich alle Kinder im Stuhlkreis, danach ist freies Spiel; es folgt eine kurze Pause für Snacks, bevor die Kinder gewöhnlich von den Eltern abgeholt werden.

Vorschule 2 ist umgeben von einem eingezäunten Außengelände. Die Einrichtung liegt etwa vier Kilometer außerhalb des Stadtzentrums einer mittelgroßen schwedischen Stadt (130.000 Einwohner). Sie besteht aus zwei Gruppen, in einem weiteren Gebäude in der Nähe sind weitere vier Gruppen untergebracht. Die im Projekt involvierte Gruppe besteht aus 21 Kindern (13 Mädchen und acht Jungen), alle im Alter von 4 bis 5 Jahren. In der Gruppe sind vier Kinder mit einer anderen als der schwedischen Nationalität. Alle Kinder leben in der Nähe der Vorschule. Insgesamt vier Fachkräfte arbeiten in der Gruppe, eine von ihnen ist eingestellt, um ein vierjähriges Mädchen mit Down-Syndrom zu unterstützen. Auf dem Außengelände finden sich Schaukeln, ein großer Sandkasten und eine Hütte, in der Fahrräder, Spaten und anderes Spielmaterial gelagert werden. Im Innenbereich gibt es eine Küche, einen großen Raum mit Tischen und Sofas, zudem einen Raum mit Malutensilien und einem Tisch. In einem weiteren Raum gibt es ein Sofa und Legos, Autos und Bauklötze.

Der Tagesablauf umfasst Frühstück, Stuhlkreis (gegen neun Uhr), Aktivitäten, Mittagessen, Ausruhen, Freispiel, Snack-Zeit und wieder Freispiel. Während der Aktivitäten werden die Kinder nach Alter in zwei Gruppen geteilt. Die Gruppen erleben täglich unterschiedliche Aktivitäten, z.B. besucht eine der Gruppen montags den Spielplatz, spielt und hat Gruppenaktivitäten in der Einrichtung (außer dienstags), Malen und draußen Spielen sind am Donnerstag an der Reihe, Singen und die Versammlung sind am Freitag.

Vorschule 3. In dieser Einrichtung gibt es nur eine Gruppe, die von 16 Kindern besucht wird. Die Kinder leben verteilt über das gesamte Stadtgebiet einer mittelgroßen schwedischen Stadt (130.000 Einwohner), da es sich um eine ‚Allergiker-Vorschule' handelt (die meisten Kinder haben Allergien und müssen in einer angepassten Umgebung bleiben, zum Beispiel ohne Parfum, Rauch und mit besonderen Anforderungen an Lebensmittel). In der Einrichtung arbeiten fünf Erzieherinnen und eine Leitung. Die Kinder sind zwischen einem und sechs Jahren alt (zwei 1Jährige, zwei 2Jährige, zwei 3Jährige, vier 4Jährige, drei 5Jährige, drei 6Jährige). Entsprechend ihres Alters werden die Kinder noch einmal in drei kleinere Gruppen unterteilt. Die Aktivitäten für diese Gruppen umfassen viel Zeit, in der die Kinder draußen spielen, regelmäßig aber gibt es auch Angebote wie Vorlesen, Malen und andere Formen des Spieles im Haus, darunter Freispiel und strukturierte Angebote für die Kinder, die daran Interesse haben (zum Beispiel im technischen Bereich für die Älteren), aber auch Ausflüge in den Wald.

Im Innenbereich gibt es eine Küche (in der das spezielle Essen zubereitet wird), einen Waschraum, einen großen Raum mit einem Sofa, einem kleinen Tisch und Stühlen sowie einem großen Tisch mit Stühlen und Büchern. In einem weiteren großen Raum befinden sich ein runder blauer Teppich, ein Tisch mit Stühlen, eine Bank und ein Schrank. Im nächsten Raum sind zwei Tische, zwei Schränke und Malutensilien.

Auf dem Außengelände gib es zwei Sandkästen, einen Schuppen, eine Rutsche und ein Boot. Die Kinder können um das ganze Haus herum laufen. Das Gelände ist von einem Zaun mit zwei Toren umgeben.

4.4 Was wir mit den Ausschnitten aus der alltäglichen Praxis inklusiver Bildung und Erziehung zeigen wollen – und wie Sie mit den Materialien der folgenden Kapitel arbeiten können

In diesem zweiten Teil dieses Buches werden die Leser/innen eine ganze Reihe von Situationsbeispielen aus Einrichtungen der frühen Erziehung und Bildung verschiedener europäischer Länder finden. Sie wurden im Rahmen des ECEIS-Projekts zusammen getragen, beobachtet von wissenschaftlich ausgerichteten pädagogischen Experten und Expertinnen; anschließend wurden sie mit den pädagogischen Experten und Expertinnen der Praxis, in deren Gruppe bzw. Klasse diese Beobachtungen stattfanden, besprochen und diskutiert. Wir wünschen uns, dass Sie als Leserin bzw. Leser beim genaueren Hinschauen viele Vorschläge und Anregungen finden – Vorschläge, wie allgemeine Rahmenrichtlinien der Bildung und Erziehung mit Ideen und Aktivitäten gefüllt werden können, methodische Hinweise zur Planung und Implementierung individueller Assistenz und Unterstützung, Ideen zur Organisation und zum Arrangement von Lerngelegenheiten für Kinder auf sehr unterschiedlichem Entwicklungsniveau und in einem breiten Spektrum von Fähigkeiten und Kompetenzen, vor allem aber: Anregungen zur Analyse und Reflexion der eigenen Praxis.

Aus diesem Grund haben wir die dargestellten Ausschnitte unter bestimmten Gesichtspunkten ausgewählt und klar und einheitlich strukturiert:

- Wir zeigen Ihnen nicht repräsentativ, wie inklusive Praxis aussieht. In der täglichen inklusiven Arbeit – wie in anderen Zusammenhängen auch – gelingt manches sehr gut und anderes weniger gut. Wir stellen im wesentlichen Beispiele vor, die unserer Ansicht nach besonders anschaulich verdeutlichen, nach welchen Gesichtspunkten bestimmte Situationen gestaltet werden können, was der Gewinn für die Kinder sein kann und welche (Arbeits)Prinzipien dabei die maßgeblichen Grundlagen inklusiver Arbeit sind (bis auf wenige Ausnahmen als Beispiele von ‚best practice‘).
- Die dargestellten Ausschnitte sind kapitelweise nach dem Gesichtspunkt strukturiert, wie bestimmte *Situationen mit bestimmten Herausforderungen für Kinder* gestaltet werden können (*Kapitelüberschriften*).
- Aus den Überschriften der Situationen geht hervor, *aus welchem Land das Beispiel stammt*, z.B.: 5.5.1 Anmeldung zum Mittagessen (F) – (F) = Frankreich
- Daneben machen wir über Symbole kenntlich, welche *alltäglichen Situationen im Tagesablauf* das jeweilige Beispiel aufzeigt:

Versch. Alltagsroutinen

Aktivitäten (Kreisgespräche, Bewegungsspiele usw.) in der Großgruppe

Aktivitäten in Kleingruppe

Einzelaktivität

Freispiel drinnen und draußen

Besondere Aktivitäten wie Ausflüge und Feste

stark schulbezogene Aktivitäten

In allen dargestellten Situationsbeispielen sollen Sie, wie schon gesagt, auf etwas stoßen, das für die pädagogische Praxis unerlässlich ist: auf

Anregungen, um die eigene Praxis zu reflektieren und zu analysieren.

Hierfür kann die Struktur unserer kommentierten Beispiele als Vorschlag betrachtet werden:

- Wir arbeiten heraus, welche *Kompetenzen* die Kinder in den bestimmten Situationen erwerben können.
  Dabei ist zu berücksichtigen, dass wir nicht an jedem einzelnen Beispiel auf alle Aspekte hinweisen können. Situationen in Kindergruppen sind komplexe Ereignisse und Verläufe. Die Kinder begegnen hier vielfältigen Herausforderungen, etliche Kompetenzbereiche werden angesprochen. Was wir aufgreifen sind *dominierende Gesichtspunkte*, die in der jeweiligen Situation enthalten sind.
- Wir zeigen, welche *Prinzipien inklusiven Arbeitens* in den Situationen zum Tragen kommen.
- Zudem gehen wir dabei auf das *Wissen und die Einstellungen bzw. Haltungen der Pädagoginnen* ein, die in den Situationsbeispielen zum Ausdruck kommen.
- Hingewiesen wird auch auf die unmittelbar *günstigen Rahmenbedingungen*, die den Situationen zu Grunde liegen.
- Die *Verbindung von theoretischen Konzepten und konkreter Praxis* ist uns ein besonderes Anliegen. Nur vor dem Hintergrund weiter reichender Überlegungen und Orientierungen ist eine wirksame, manchmal korrigierende Reflexion der täglichen Praxis möglich, d. h. ein Blick über die Routinen hinaus auf die tragenden Prinzipien, die das gemeinsame Aufwachsen der Kinder prägen sollten. Aus diesem Grund verweisen wir aus konkreten Alltagssituationen heraus auch auf die grundlegende Überlegungen zur inklusiven Erziehung, die im ersten Teil des Manuals entwickelt wurden, und zwar mit folgendem Symbol: ⌒⤳

Wir hoffen, dass Sie sich als Leser/innen mit dieser Struktur in dem folgenden Teil gut orientieren können und mit Interesse den Situationen der Kinder, Erzieherinnen, Erziehern, Lehrerinnen und Lehrern folgen.

Wir laden Sie ein, Situationen Ihrer eigenen Praxis nach der oben vorgestellten Struktur zu analysieren und zu reflektieren. Weiteres Übungsmaterial (Situationsbeispiele), um Analyse und Reflexion selbst zu erproben, finden Sie auch unter

www.eceis.uni-siegen.de

ECEIS Autorenteam
5 Das Arrangement (halb)strukturierter Spiel- und Lernsituationen

5.1 Situationen, in denen kognitive und soziale Herausforderungen überwiegen

5.1.1 Anmeldung zum Mittagessen (F)

Kontext
Ankunftszeit von Kindern des letzten Jahrgangs in der école maternelle; die Kinder sind etwa fünf Jahre alt. Die folgende Szene ereignet sich während der Freispielphase am Morgen, in der die Kinder in der Einrichtung ankommen. Eine der angebotenen Aktivitäten ist die Anmeldung zum Mittagessen. Jede Klasse muss die genaue Anzahl der Kinder angeben, die in der Kantine essen werden.
Beteiligte: Eine kleine Gruppe von vier Kindern versammelt sich für diese Aufgabe um die Lehrerin.

Situation
Die Kinder beginnen, indem sie die Anzahl der Kinder zählen, die auf der Klassenliste für das Mittagessen markiert sind. Sie ermitteln die Zahl 17, die sie nun aufschreiben müssen. Die Kinder springen auf, um das Zahlenschild als Schreibvorlage von einer Pinnwand zu holen. Sie kommen mit unterschiedlichen Zahlen zurück: Ein Mädchen bringt das Schild mit der Zahl 10 und ein Junge das mit der Zahl 17. Die Kinder beginnen, sich über die richtige Zahl zu streiten: Das Mädchen erklärt, dass in 17 die 10 enthalten ist. Der Junge erwidert: *„Heute sind wir 17, du kannst es hören: sieben-zehn"*[34]. Er betont dabei die Sieben. Die beiden anderen Kinder kommen hinzu und lauschen der Diskussion. Zunächst hört die Lehrerin nur ruhig zu und beobachtet aufmerksam. Dann schreitet sie ein und schlägt den Kindern vor, die Zahlenschilder an der Pinnwand zu überprüfen. Einige Kinder schließen sich der Gruppe an. Zusammen lesen alle Kinder die Zahlenreihe bis zur Zahl 17, ein Junge zeigt mit dem Finger auf die jeweils gelesene Zahl. Das Mädchen erkennt plötzlich

---
34 Auf Französisch heißt 17 „dix-sept", was wörtlich bedeutet „zehn-sieben".

124|

ihren Fehler, sie schämt sich. Die Lehrerin beruhigt sie *(„Das macht nichts")*; sie schätzt die Antwort des Mädchens wert *(„Du hast recht, in der 17 kann man die 10 hören")* und vervollständigt sie *(„Aber es ist nicht 10, sondern 17")*. Anschließend reicht sie dem Mädchen das Zahlenschild mit der 17 und schlägt vor, dass sie die Zahl auf der Kantinenanmeldung aufschreibt.

Kommentar
Dieser Austausch unter Gleichaltrigen ist das Ergebnis einer Atmosphäre des Dialogs und einer Argumentationskultur, die die Vorschullehrer und -lehrerinnen in der école maternelle weiter entwickeln wollen. Die Kinder wissen, dass die anderen ihnen zuhören und dass das, was sie sagen, als wichtig erachtet wird.

Aufgaben und Ziele aus Sicht der Pädagoginnen und Pädagogen
In diesem Beispiel soll das Zählen geübt und dabei mit einer bedeutungsvollen Aktivität aus der Alltagsstruktur verbunden werden. Die Kinder werden angeregt, über Zahlen und Mengen zu reflektieren und nachzudenken.

Kompetenzen, die entwickelt werden können
• **Mathematik und Logik:** Die Kinder üben zu zählen, geschriebene Zahlen zu erkennen und eine Pinnwand zu benutzen. Sie stellen Überlegungen zu der Zahl 17 an: wie sie geschrieben wird, wie sie zusammengesetzt ist (7 und 10) und wie sich Laut- und Schriftbild entsprechen. Sie lernen die Zahl 17 kennen.
• **Sprachliche Kompetenzen:** Die Kinder lernen unterschiedliche Begriffe.
• **Soziale Kompetenzen:** Sie entwickeln die Einstellung und Fähigkeit, einander zuzuhören und ihre Standpunkte untereinander zu diskutieren.

Leitende Prinzipien
• **Interessen und Bedürfnisse der Kinder in den Mittelpunkt stellen:** Die Kinder wählen diese Aktivität auf Grund ihres Interesses aus. Sie können partizipieren, wenn es für sie reizvoll ist. Diese Situation gewährt den Kindern Handlungsfreiheit, sie können in der Gruppe mitarbeiten, können diese aber auch jederzeit wieder verlassen, wenn sie wollen.
• **Situationen schaffen, die die Fähigkeiten aller Kinder ansprechen:** Die Lehrerin nutzt einen Handlungsablauf aus der Alltagsstruktur, um daraus eine Lernsituation zu gestalten. Die Kinder können sich daran auf verschiedene Arten und zu unterschiedlichen Zeitpunkten beteiligen: die Anzahl der Kinder ermitteln, Schilder holen, diskutieren, zuhören, Zahlenreihen lesen. Es sind verschiedene Dokumente und Materialien vorhanden, die die Kinder nutzen und mit denen sie arbeiten können.

- **Fachwissen und Einstellungen/ Haltungen der Pädagoginnen und Pädagogen:** Die Lehrerin hat eine Grundhaltung entwickelt, in der sie allen Kindern zuhört und die Ansicht aller beachtet, auch wenn sie Fehler beinhaltet. Sie signalisiert, dass Fehler zum Lernen dazugehören. Sie zeugen oft sogar vom jeweiligen Fortschritt der Kinder im Verständnis und in der Auffassung. Die Lehrerin ermutigt die Kinder, sich untereinander auszutauschen und ist an deren Argumentation interessiert. Sie schätzt die Fähigkeiten aller wert und weist falsche Antworten nicht zurück. Im Gegenteil, sie betont, was die Kinder bereits wissen (die 17 enthält eine 10) und forciert den Erwerb neuen Wissens (Aufschreiben der Zahl 17). Sie ermutigt die Kinder dazu, selbstständig die korrekte Schreibweise herauszufinden, indem sie die Materialien im Klassenraum benutzen.

Günstige Rahmenbedingungen

In diesem Bespiel kommt zur Geltung, dass die pädagogischen Orientierungen und Einstellungen das Ergebnis von Teamwork sind.

Dies wird besonders deutlich in der Art der angebotenen Aktivität, welche das Interesse, die Beschäftigung und die Interaktion der Kinder unter- und miteinander anregen soll. Die Art der Intervention der Lehrerin ermöglicht die Partizipation aller Kinder, sie forciert die Kommunikation der Kinder untereinander und deren Reflexionen, es entsteht ein vertrauensvolles Klima der Zusammenarbeit und Toleranz innerhalb der Gruppe. Die kleine Gruppengröße fördert die Peerinteraktion und die unterschiedlichen Fähigkeiten der Kinder tragen zu einer anregenden Diskussion bei.

vgl. Kap. 2.3, Kap. 3.2

5.1.2 Mittagessen (P)

Kontext

Mittagessen in Kindergarten 2 in Portugal. Die Kinder essen in der Kantine, die sich neben dem Gruppenraum befindet.

Beteiligte: Eine Vorschulklasse mit Kindern im Alter von 3-5 Jahren, darunter ein Kind mit besonderem pädagogischen Förderbedarf – Nuno; die Lehrerin.

Situation

Nuno ist dafür verantwortlich, alle Kinder zum Mittagessen zu rufen. Er nennt nacheinander jeden einzelnen Namen seiner Altersgenossen, und diese stellen sich in einer Reihe vor der Kantinentür auf.

Die Lehrerin unterstützt Nuno darin, die Namen zu nennen, da er sprachliche Probleme hat.

Kommentar

Nuno ist zum wiederholten Mal für eine Gruppenaktivität verantwortlich. Er meistert die Herausforderung ohne Probleme. Die Lehrerin unterstützt ihn dabei, die Namen richtig auszusprechen.

Aufgaben und Ziele aus Sicht der Pädagoginnen und Pädagogen

Die Pädagogen nutzen die verschiedenen Situationen innerhalb der Alltagsroutinen, um für Nuno immer wieder Lernmöglichkeiten zu schaffen, welche den Zielen seines individuellen Entwicklungsplanes entsprechen.

Kompetenzen, die entwickelt werden können

• **Soziale Kompetenzen:** Durch die Mitgestaltung von Gruppenaktivitäten und die Übernahme von Verantwortung lernen Kinder Regeln sozialen Zusammenlebens.

• **Sprachliche Kompetenzen:** Durch seine Aufgabe ist Nuno motiviert, die Namen der Kinder laut auszusprechen.

Leitende Prinzipien

• **Fähigkeiten und Talente für andere Kinder sichtbar machen:** Durch die Übernahme einer tragenden Rolle werden Nunos Fähigkeiten und Begabungen für die anderen Kinder verdeutlicht (‚Beziehungs-Management').

Das Kind wird gelobt und erhält positives Feedback, wenn es eine Aufgabe bewältigt hat.

- **Individuelle Förderpläne – Umsetzung und Einbettung in Gruppensituationen:** Die Umsetzung der Ziele des individuellen Entwicklungsplans sollten in den Gruppenalltag integriert werden.
- **Pädagogische Unterstützung:** Die Lehrerin des Kindergartens hilft Nuno bei der richtigen Aussprache.

Günstige Rahmenbedingungen
Eine gute Zusammenarbeit des pädagogischen Personals untereinander (Therapeuten, Sonderpädagogen, Vorschulpädagogen, Erzieher, Praktikanten) ist bedeutsam. Durch diese gute Zusammenarbeit kann eine bedarfsgerechte Planung von Interventionen und Unterstützung innerhalb der verschiedenen Gruppenaktivitäten gelingen.

vgl. Kap. 3.4

5.1.3 Paare finden (D)

Kontext

Vormittag in der Turnhalle der Kindertageseinrichtung 2.

Beteiligte: 16 Kinder, unter ihnen ist der 6jährige Nico. Er hat ausgeprägte soziale Kompetenzen und eine gute Sprachfähigkeit. Sein linker Arm endet unter dem Ellbogen. Auch zwei Erzieherinnen sind in der Turnhalle.

Nach einer Freispielphase haben sich die Kinder, die im Sommer in die Schule kommen, in der Turnhalle eingefunden und sich in zwei Teams aufgeteilt. Jedes Team soll gemeinsam mit einer Erzieherin Aufgaben an verschiedenen vorbereiteten Stationen in der Halle bewältigen. Nicos Gruppe hat die erste Station hinter sich gelassen und widmet sich nun der zweiten Aufgabe.

Wie die meisten deutschen Kindergärten arbeitet auch diese Einrichtung mit altersgemischten Gruppen. Einmal wöchentlich wird ein spezielles Programm für die Kinder angeboten, die im Sommer in die Schule kommen.

Situation

Die Kinder und die Erzieherin sitzen vor einer Kiste, die mit einem Tuch bedeckt ist. Bei der vorhergehenden Aufgabe mussten sie Gegensätze finden, nun sollen sie Dinge zusammenbringen, die sich gleichen. Die Erzieherin nimmt das Tuch fort und die Kinder versuchen, möglichst schnell ein Paar (zum Beispiel Handschuhe oder Schuhe) zu finden und aus der Kiste zu nehmen.

Sobald alle Kinder ein Paar gefunden haben, bittet die Erzieherin sie zu beschreiben, welche Merkmale die Gegenstände als Paar erkennen lassen und die Kinder arbeiten heraus, dass Material, Größe, Farbe oder Muster wichtige Merkmale sind. Wenn ein Kind nicht weiter weiß, ermutigt die Erzieherin die anderen Kinder, sich gegenseitig zu ergänzen. So können schließlich alle Kinder ausmachen, was ihre Gegenstände zu einem Paar macht. Nico zum Beispiel erkennt die Handschuhe, die ein anderer Junge in der Hand hält, als Motorradhandschuhe und weist darauf hin, dass sie mit Protektoren ausgestattet sind. Die Erzieherin greift seinen Kommentar auf und es entwickelt sich ein Gespräch darüber, warum spezielle Schutzkleidung zum Motorradfahren benötigt wird.

Zum Abschluss benennen die Kinder alle Paare, die in der Kiste zu finden waren. Die Erzieherin lobt die Gruppe für die gute Arbeit und sie gehen weiter zur nächsten Station.

Kommentar

Die Erzieherin stellt eine Verbindung zur vorherigen Aufgabe her und lenkt die Aufmerksamkeit der Kinder auf die Beziehung der Begriffe von Gegensätzlichem und Gleichem. Die Kinder finden unterschiedlich schnell ihre Paare und die Erzieherin wartet, bis alle Kinder die Aufgabe erledigt haben. Die Kinder erleben, dass unterschiedliche Geschwindigkeiten akzeptiert werden. Sie ermutigt jedes Kind, etwas über sein Paar zu sagen oder ein anderes Kind zu ergänzen. Die Kinder erleben, dass sie gemeinsam mehr Informationen zusammentragen können. Nico zum Beispiel erkennt die Motorradhandschuhe und die Erzieherin ermuntert ihn, sein Hintergrundwissen einzubringen und gibt ihm Raum, seine Stärken im sprachlichen Bereich zu nutzen. Nico ist involviert und kann sich gut beteiligen. Er darf erklären, was ihm wichtig ist und kann seine Kompetenzen einbringen. Die Erzieherin hebt am Ende nicht ein einzelnes Kind hervor, sondern schätzt die Diskussion der Gruppe insgesamt wert. So kann sie alle Kinder loben und das Gruppengefühl stärken. Sie widmet ihre Aufmerksamkeit der Tatsache, dass alle Kinder beteiligt sind und kein Kind fühlt sich zurückgesetzt.

Aufgaben und Ziele aus Sicht der Pädagoginnen und Pädagogen

Generell liefert das ‚Schulkinderprogramm' einen Beitrag zur Gestaltung des Übergangs in die Schule. Einerseits sollen kognitive, emotionale, soziale und motorische Fähigkeiten gezielt gestärkt werden (in dieser Situation: Konzept und Kategorisierung von ‚gleich' und ‚verschieden'). Andererseits wird der soziale Status der Kinder als die Ältesten im Kindergarten auf positive Weise hervorgehoben und die Kinder erhalten Gelegenheit, sich mit ihrer Rolle als Schulkind auseinanderzusetzen.

Kompetenzen, die entwickelt werden können

- **Logik:** Gegenstände miteinander vergleichen, Unterschiede und Gemeinsamkeiten erkennen;
- **Sprachliche Kompetenzen:** Gegenstände beschreiben, Kategorien bilden und anwenden; einen Gegenstand beschreiben und präsentieren; an einer Diskussion teilnehmen:
- **Soziale Kompetenzen:** An einer gemeinsamen Aufgabe in der Gruppe und als Gruppe arbeiten; Wissen teilen und diskutieren.

Leitende Prinzipien

- **Interessen und Bedürfnisse der Kinder in den Mittelpunkt stellen:** Die Erzieherinnen haben für die Kinder ein Lernumfeld vorbereitet, das deren Interesse weckt; der Raum ist in unterschiedliche Aktivitätsbereiche aufgeteilt und verschiedene Themen und Materialien stehen zur Auswahl. Da jede Kleingruppe von einer Erzieherin begleitet wird, können Kinder bei Bedarf unterstützt werden, unabhängig davon, ob sie offiziell als Kinder mit sonderpädagogischem Förderbedarf gelten oder nicht.

- **Pädagogische Unterstützung des gegenseitigen Verständnisses:** Die Erzieherin schafft einen Raum, in dem Nico seine (sprachlichen) Fähigkeiten zeigen kann. Damit unterstützt sie ihn darin, eine Position in der Gruppe zu finden, die vielseitig ist und sich nicht auf die Rolle des ‚Kindes mit Förderbedarf‘ beschränken lässt. Inklusion meint in diesem Zusammenhang, dass alle Kinder falls nötig Unterstützung bekommen und wertgeschätzt und gelobt werden.

Günstige Rahmenbedingungen
Die Arbeit in Kleingruppen, die nach bestimmten Gesichtspunkten zusammengestellt werden (hier z. B. die bevorstehende Einschulung) erlaubt es, auf bestimmte Herausforderungen, die die Kinder betreffen, gezielt einzugehen. Ob dies möglich ist, hängt auch von vorhandenen Ressourcen ab, z. B. von ausreichend pädagogischem Personal und räumlichen Gegebenheiten.

vgl. Kap. 3.2, 3.3

5.1.4 Das Experiment ‚Steinfarbe' (D)

Kontext

Vormittag auf dem Außengelände der Kindertageseinrichtung 1.
Beteiligte: Drei Kinder, eine Erzieherin. Unter den Kindern sind Benjamin, 3 Jahre und Moritz, 5 Jahre alt. Moritz ist ein sehr aufgeschlossener Junge mit einer geistigen Beeinträchtigung. Moritz ist interessiert an Werkzeugen und technischen Geräten und ist sehr ausdauernd im Umgang damit. Andere Kinder fühlen sich in ihrem Spiel manchmal durch Moritz gestört.

Benjamin hat die Idee, Steine mit dem Hammer zu zerkleinern. Gemeinsam mit einer Erzieherin entwickelt er die Idee, die Steinbröckchen später mit Kleister zu vermischen, um damit malen zu können und so ‚Steinfarbe' herzustellen.

Situation

Benjamin sitzt draußen auf dem Boden und zerhaut Steine mit einem Hammer. Eine Erzieherin beobachtet ihn. Als Moritz vorbei schlendert, lädt die Erzieherin ihn zum Mitmachen ein: *„Moritz, wir machen ein Experiment."* Moritz kniet sich vor Benjamin und greift nach dessen Schutzbrille, während Benjamin weiterarbeitet. Als die Erzieherin ihm einen eigenen Hammer und eine Schutzbrille anbietet, lehnt er ab und greift erneut nach Benjamins Brille. Benjamin beschwert sich und die Erzieherin ermahnt Moritz zweimal. Als er nicht aufhört, hebt sie ihn hoch und setzt ihn ca. 30 cm von Benjamin weg. Dort greift er einen kleinen Stein, wirft ihn fort und lacht. Dann krabbelt er näher, um einen Hammer zu nehmen und auf einige Steine zu klopfen, die nach allen Seiten weg springen. Benjamin wendet sich an die Erzieherin: *„Der macht das falsch".*
Erzieherin: *„Lass es ihn ausprobieren, du hast auch anfangs probiert."*
Benjamin: *„Er braucht auch 'ne Schutzbrille".*
Erzieherin: *„Oh ja, da hast du recht, er muss sich schützen".*
Sie gibt Moritz eine Brille. Er haut inzwischen mit dem Hammer auf den Boden, Benjamin hämmert weiter auf den Stein. Nach einigen Minuten legt Moritz Hammer und Brille weg. Ein drittes Kind nimmt beides und Moritz kneift es daraufhin. Die Erzieherin erinnert Moritz daran, dass er die Dinge freiwillig beiseite gelegt hat. Moritz steht auf und verlässt die Situation. Die Erzieherin zeigt Benjamin, wie er weitermachen kann.

Kommentar

Moritz und die anderen Kinder benötigen Unterstützung in ihren Interaktionen und gemeinsamen Aktivitäten. Dabei bleibt es manchmal – so wie in der beobachteten Situation – eher bei einem Nebeneinander anstatt einem Miteinander. Manchmal muss die Erzieherin Benjamin unterstützen, damit er an seinem Experiment weiterarbeiten kann, manchmal Moritz' Recht auf Teilnahme und auf seine eigene Auseinandersetzung mit dem Experiment hervorheben.

Für einige Minuten gelingt es, dass die Jungen die Steine friedlich nebeneinander bearbeiten. Sie beschäftigen sich mit den gleichen Gegenständen und verbinden doch offensichtlich unterschiedliche Inhalte damit. Benjamin denkt sich in die Rolle eines ‚Erfinders von Steinfarbe', während Moritz ausprobiert, welchen Einfluss ein Hammer auf Steine haben kann. Aufgrund dieser Differenzen fürchtet Benjamin, dass Moritz das Experiment nicht richtig ausführt. Die Erzieherin macht Moritz' Verhalten für Benjamin verständlich: *„Er will es ausprobieren."* Indem Benjamin eine Schutzbrille für Moritz reklamiert, zeigt er, dass er dessen Teilnahme akzeptiert.

Aufgaben und Ziele aus Sicht der Pädagoginnen und Pädagogen

Generell: Besonders während der Freispielzeit beobachten die Pädagogen die Initiativen der Kinder und sind bereit, diese auf Wunsch aufzugreifen und mit den Kindern weiterzuentwickeln.

In dieser Situation: Da Moritz' Kontaktaufnahme von anderen Kindern häufig als Störung ihres Spiels verstanden wird, beginnen die Kinder, ihn zu meiden. Die Erzieherinnen bieten daher immer wieder Möglichkeiten für gemeinsame Aktivitäten an, in denen sie zwischen Moritz und anderen Kindern vermitteln.

Kompetenzen, die entwickelt werden können

• **Soziale Kompetenzen:** Die Pädagogin interpretiert die Interessen und Absichten der Kinder und verbalisiert sie. Dadurch hilft sie den Kindern, zu lernen, dass Kinder unterschiedliche Interessen und Sichtweisen haben. Kinder lernen, die Perspektiven anderer einzunehmen.

• **Lernmethodische Kompetenzen:** Experimentieren ist eine eigenaktive Lernmethode. Das Entwickeln, Formulieren und Testen einer Idee spricht vielfältige Kompetenzen an, vom Benennen der Ziele über Planung von Handlungen bis zur sachgerechten Umsetzung (z. B. eine verantwortliche und sichere Nutzung von Werkzeug und Material).

Leitende Prinzipien

• **Interessen und Bedürfnisse der Kinder in den Mittelpunkt stellen:** Die Wertschätzung der Interessen der Kinder zeigt sich grundlegend in der Offenheit für ihre Ideen. Darüber hinaus wird das spezifische Interesse eines Kindes an

Werkzeugen aufgegriffen, um eine wichtige anstehende Entwicklungsaufgabe anzusprechen: Die Wahrnehmung und Akzeptanz der Bedürfnisse anderer Kinder und die Einhaltung von Regeln im gemeinsamen Spiel.

- **Pädagogische Unterstützung des gegenseitigen Verständnisses:** Kinder müssen lernen, sich bis zu einem gewissen Grad in andere hineinzuversetzen um deren Perspektive anteilig einnehmen zu können. Auf dieser Basis können sie gemeinsame Sichtweisen aushandeln.

- **Den Sinn herausfordernden Verhaltens aufzeigen:** Indem die Erzieherin die Interessen und Rechte beider Kinder verständnisvoll verbalisiert und kommentiert, fördert sie bei Benjamin das Verständnis für Moritz' Verhalten und ermöglicht es Moritz, sein eigenes Vorgehen zu reflektieren.

Günstige Rahmenbedingungen

Fachwissen und Einstellungen/ Haltungen der Pädagoginnen und Pädagogen: Die Pädagogen akzeptieren Partizipation und Inklusion als prozesshaftes Geschehen, abhängig von Situation und Bedürfnissen der Kinder. Inklusion kann nicht in Begriffen wie ‚ganz oder gar nicht‘ beschrieben werden. Das Spielen der Kinder nebeneinander, aber unter Bezug auf die gleichen Materialien und in einem geteilten Kontext ist die Grundlage für gemeinsame Erfahrungen. Es kann ein wichtiger Schritt in Richtung gemeinsamen Spiels sein.

Zusammenarbeit im Team: Pädagoginnen beziehen die Kinder in Aktivitäten ein und fühlen sich für ihre Teilhabe verantwortlich, unabhängig von der Zugehörigkeit zur eigenen Gruppe.

vgl. Kapitel 2.3, 3.3

5.2 Situationen, in denen motorische und soziale Herausforderungen überwiegen

5.2.1 „Nico kann das!" (D)

Kontext
Vormittag in der Turnhalle der Kindergartentageseinrichtung 2.
Beteiligte: Acht Kinder im Alter von 5 und 6 Jahren in ihrem letzten Kindergartenjahr. Unter ihnen ist Nico (vgl. Kap. 5.1.3). Eine Erzieherin leitet diese Aktivität an.
Einmal pro Woche findet ein spezielles Programm für die zukünftigen Schulkinder statt. Heute findet diese Aktivität in der Turnhalle statt. Zu Beginn sitzen alle Kinder auf dem Fußboden und begrüßen sich gegenseitig.

Situation
Die Kinder gehen, dem Rhythmus eines Tamburins folgend, durch den Raum und platzieren – wenn das Tamburin eine Pause macht – ein Tuch auf unterschiedlichen Körperteilen, die die Erzieherin nennt. Nico kennt alle genannten Körperteile und kann daher sehr schnell reagieren. Danach sollen die Kinder über einen Schwebebalken laufen und dabei das Tuch auf einem bestimmten Körperteil tragen. Die Kinder warten am Schwebebalken, bis sie an der Reihe sind. Im ersten Durchgang können sie das Tuch so transportieren, wie sie wollen. Nico klemmt das Tuch zwischen die Beine oder legt es auf seinen Kopf und hopst über den Balken, was nur teilweise gelingt. Nun teilt die Erzieherin jedem Kind ein zweites Tuch aus und bittet alle, eins auf den Oberarm und eins auf den Unterarm zu legen. In diesem Moment ruft ein Junge aufgeregt laut aus: *„Das kann der Nico nicht"*. Die Erzieherin antwortet ruhig: *„Oh, warte mal ab. Du kannst davon ausgehen, dass er das kann, denn er kann auch sehr gut klettern"*. Nico platziert die Tücher auf seinen Armen und überquert den Balken singend. Die Erzieherin lobt ihn, so wie sie die Leistung jedes Kindes wertschätzt. Das nächste Kind überquert den Schwebebalken.

Kommentar
Die Kinder kennen sich sehr gut. Nicos Körperbehinderung steht nicht im Vordergrund, die Kinder charakterisieren ihn nicht darüber, sondern verbinden andere Eigenschaften mit ihm. Nicos Behinderung spielt im ersten Teil der Aktivitäten überhaupt keine Rolle. Die Auseinandersetzung mit dem menschlichen Körper lenkt die Aufmerksamkeit der Kinder auf Nicos linken Arm. Ein Junge identifi-

ziert in der Aufgabenstellung ein Problem und spricht es laut aus: *„Das kann der Nico nicht".* Der Einwand kommt wie eine plötzliche Entdeckung und zielt nicht darauf ab, Nicos Unfähigkeit herauszustellen. Nicos Beeinträchtigung ist plötzlich Thema. Die Erzieherin reagiert ruhig und erwidert auf die aufgeregte Frage des Kindes: *„Warte mal ab."* Damit lädt sie die Kinder ein, Nicos Fähigkeiten in den Blick zu nehmen und drückt gleichzeitig Nico gegenüber ihr Vertrauen aus. Sie zeigt Wertschätzung für Nicos Kompetenzen, seine körperliche Einschränkung immer wieder erfindungsreich zu kompensieren.

Aufgaben und Ziele aus Sicht der Pädagoginnen und Pädagogen
Das Angebot für die ‚Schulkinder' soll einen Beitrag zur Gestaltung des Übergangs in die Schule leisten.
Kognitive, emotionale, soziale und motorische Fähigkeiten sollen einerseits gezielt gestärkt werden. In dieser Situation sollen die Kinder Rhythmen mit dem ganzen Körper und Geist erleben und Wissen über ihren Körper erwerben, zugleich ihre Körperkoordination verbessern. Nico soll sich darüber hinaus als selbstverständliches Mitglied der Gruppe erleben. Die Erzieherinnen achten sehr aufmerksam auf Nicos Reaktionen.
Andererseits wird der soziale Status der Kinder als die Ältesten im Kindergarten auf positive Weise hervorgehoben und die Kinder erhalten Gelegenheit, sich mit ihrer Rolle als ‚Schulkind' auseinanderzusetzen (vgl. Kap. 5.1.3.).

Kompetenzen, die entwickelt werden können
- **Wissen über den Umgang mit Vielfalt:** Vielfalt meint in diesem Kontext körperliche Unterschiede zwischen Menschen, die im Falle einer Beeinträchtigung meist als ‚unnormal' empfunden werden. Typisch für Kinder im Vorschulalter ist, dass sie sich eng an die Fakten und Regeln halten, die sie selbst gerade begriffen haben. Daher wird Nicos Beeinträchtigung den Kindern im Zusammenhang mit Informationen über den menschlichen Körper (wieder) bewusst. Um widersprüchliche Aspekte zu integrieren (Nico ist ein Kind wie wir – Menschen haben Ober- und Unterarme) müssen Kinder Gelegenheit erhalten, ihre Fragen zu stellen. Die Kinder erfahren die Ausnahme von der Regel, die sie gerade gelernt haben und lernen etwas über Verschiedenheit: Nico ist ein Kind wie wir und einer seiner Arme endet unter seinem Ellbogen. Beides sind wichtige Aspekte im Umgang mit Vielfalt.
- **Weitere Kompetenzen, die in dieser Situation gefördert werden:** Angeregt werden ästhetische Kompetenzen, besonders musikalischer Ausdruck, motorische Kompetenzen, Wissen über Naturphänomene – über den menschlichen Körper, über Körperteile und ihre Funktion und über die Besonderheit des eigenen Körpers.

Leitende Prinzipien

- **Pädagogische Unterstützung des gegenseitigen Verständnisses:** Die Beschäftigung mit Vielfalt bedarf einer vertrauensvollen Atmosphäre, in der Fragen gestellt werden dürfen und in der über persönliche Inkohärenzen gesprochen werden kann, da diese Bestandteil der Auseinandersetzung und Akzeptanz von Behinderung sind. Die Erzieherin lässt Fragen zu und baut kein Tabu auf.
- Die Erzieherin stärkt Nico, indem sie seine **Talente für andere Kinder sichtbar macht** und **seine Fähigkeiten und Kompetenzen wertschätzt.** So zeigt sie, dass Kompetenzen sehr individuellen Charakter haben und sich nicht über das Merkmal ‚Behinderung' beschreiben lassen.

Günstige Rahmenbedingungen

Die positive Bedeutung der Arbeit in Kleingruppen wurde bereits in der Situation Nr. 5.1.3. dargestellt.

vgl. Kapitel 2.3, 3.9

5.2.2 Das Kreisspiel (P)

Kontext

Im Kindergarten 2 in Portugal. Es ist Zeit für das Kreisspiel. Eine der Vorschullehrerin initiierte die Aktivität im Turnraum des Kindergartens.
Im Gruppenraum befinden sich jede Menge Gegenstände und Materialien, so dass nur wenig Platz für Bewegung ist. Aus diesem Grund finden besonders aktive Spiele im Turnraum statt. Dort gibt es genügend Platz, so dass die Kinder sich frei bewegen können. Die Vorschulpädagogin hat gemeinsam mit ihrer Assistentin den Raum vorbereitet. Die Stühle stehen in einem Kreis und das Radio mit der entsprechenden Musik steht bereit. Heute soll ein Kreisspiel mit Stühlen gespielt werden [bei deutschen Kindern auch bekannt als ‚Reise nach Jerusalem'].
Beteiligte: Eine Klasse mit Kindern im Alter von 3-5 Jahren und eine Vorschullehrerin. Eines der Kinder ist Manuel mit einem kongenitalen Hydrocephalus, auf Grund dessen er starke Einschränkungen in seiner Bewegungsfähigkeit hat. Die Lehrerin muss daher die wöchentlich stattfindenden Bewegungsaktivitäten so gestalten, dass Manuel gemeinsam mit den anderen Kindern daran teilnehmen kann.

Situation

Das Spiel: Die Musik läuft und die Kinder rennen um die Stühle. Sobald die Lehrerin die Musik stoppt, setzt sich jedes Kind so schnell wie möglich auf einen Stuhl. Vom Beginn an gibt es in jeder Runde einen Stuhl weniger als die Anzahl der Kinder. So findet jeweils ein Kind keinen Stuhl und scheidet aus.
Das Spiel beginnt mit zwölf Kindern und elf Stühlen. Die Lehrerin stellt die Musik an und die Kinder laufen um die Stühle herum. Als die Musik aufhört, setzen sich elf Kinder auf die Stühle und ein Kind bleibt ohne Stuhl. Das betreffende Mädchen scheidet aus und nimmt einen weiteren Stuhl aus dem Spiel, so dass die Anzahl der Stühle wieder geringer ist als die der Kinder. Das Spiel geht Runde für Runde weiter.
Manuel schafft es bis unter die letzten vier Kinder, bevor auch er ausscheiden muss.
Die ausgeschiedenen Kinder verfolgen das Spiel auf Stühlen sitzend weiterhin mit Spannung und feuern durch lautes Schreien immer wieder ihre persönlichen Favoriten an.

Kommentar

An diesem Spiel sind drei-, vier- und fünfjährige Kinder beteiligt, eine heterogene Gruppe. Für Manuel ist das wegen seiner geringen Körpergröße sehr wichtig, denn dadurch kann er in dieser Gruppe mit Kindern gleicher Körpergröße spielen. Die rhythmische Musik trägt zu noch mehr Begeisterung der Kinder bei und niemand ist enttäuscht oder traurig beim Ausscheiden. Alle empfinden dies als natürlichen Teil des Spieles. Sie halten sich an die Regeln und respektieren sich gegenseitig.

Manuel rennt meist in einem großen Bogen um die Stühle herum, was wahrscheinlich zu einem schnellen Ausscheiden geführt hätte. Daher achtet die Lehrerin darauf, die Musik immer dann anzuhalten, wenn er nahe an einem Stuhl ist. Dadurch ermöglicht sie es ihm, möglichst lange im Spiel zu bleiben.

Die Kinder nehmen auch nach ihrem Ausscheiden noch enthusiastisch an dem Spiel teil, indem sie laut die Namen ihrer Freunde und Favoriten rufen. Auch Manuel feuert die verbliebenen letzten drei Kinder lautstark an.

Aufgaben und Ziele aus Sicht der Pädagoginnen und Pädagogen

Diese Art der Aktivität ist bei allen Kindern sehr beliebt, und Manuel hat sehr viel Erfolg bei diesem Spiel. Neben der Entwicklung seiner physischen Fähigkeiten arbeiten die Pädagogen dadurch auch an Manuels Selbstwert, er kann ein positives Selbstbild aufbauen und wird auch von den anderen Kindern positiv wahrgenommen.

Kompetenzen, die entwickelt werden können

- **Motorische Kompetenzen:** In diesem Bewegungsspiel entwickelt Manuel seine physischen Fähigkeiten.
- **Soziale Kompetenzen:** Zur gleichen Zeit finden Interaktionen zwischen ihm und den anderen Kindern statt, welche den Grundstein für soziale Inklusion und Freundschaften legen können.
- **Raum und Zeit:** In dieser Situation können die Kinder auch ihr Verständnis von Raum und Zeit weiterentwickeln. Sie lernen ihre Aktionen auf der Grundlage akustischer Signale zu einer bestimmten Zeit zu koordinieren und sich auf einen bestimmten Ort (den Stuhl) zu fixieren.
- **Mathematik und Logik:** In diesem Spiel können die Kinder zählen und üben, Zahlen miteinander zu vergleichen (Anzahl der Kinder > Anzahl der Stühle; ‚mehr‘ und ‚weniger‘).
- **Musikalischer Ausdruck:** Die Kinder erleben gleichzeitig Rhythmus und Melodie der Musik.

Leitende Prinzipien

- **Interessen und Bedürfnisse der Kinder in den Mittelpunkt stellen:** Es ist von großer Bedeutung, die Situationen so zu gestalten, dass die Aufgabenstellungen den Bedürfnissen der Kinder angepasst sind und sie zur Eigeninitiative aktivieren. Die Vorschullehrerin plant das Spiel so, dass Manuels motorische Fähigkeiten (ein wichtiger Bereich seines individuellen Entwicklungsplans) weiterentwickelt werden, ebenso wie die der anderen Kinder. Dadurch gelingt es ihr, die Aktivität äußerst interessant für alle Kinder zu gestalten.

• **Abbau von Barrieren:** Die unauffällige Unterstützung (Musik anhalten, wenn Manuel in der Nähe eines Stuhles ist), führt dazu, dass Manuels Fähigkeiten von den anderen Kindern anerkannt werden und dies fördert sein Selbstvertrauen.

• Die Pädagogen sind darauf bedacht, die **Fähigkeiten und Talente aller Kinder hervorzuheben und wertzuschätzen.** Sie legen dabei einen besonderen Schwerpunkt auf Manuels Erfolg im Spiel.

Günstige Rahmenbedingungen

Die gute Zusammenarbeit der verschiedenen pädagogischen Fachkräfte schafft die nötigen Vorraussetzungen, diese Aktivitäten vorher zu planen und zielorientiert zu gestalten.

 vgl. Kap. 3.4

5.2.3 Schreibübungen (F)

Kontext

Ein Kindergarten in Paris. Die Kinder sind in verschiedene Lerngruppen aufgeteilt. Die Aufgaben sind so gestaltet, dass die Kinder in einer spielerischen Art Dinge ihrer Alltagswelt graphisch darstellen können (z.B. das Datum aufschreiben, Zeichnungen von Halsketten, Luftballons am Ende einer Schnur aufmalen, Camembert auf einem Käsetablett aufmalen).

Beteiligte: Diese Gruppe setzt sich aus neun Kindern zusammen, darunter sind zwei mit sonderpädagogischem Förderbedarf. Jean, ein fünfjähriger Junge mit Sprachschwierigkeiten, nimmt immer sehr motiviert und aufmerksam an diesen Übungen teil. Die Situation wird von zwei Fachkräften gestaltet, einer Erzieherin und einer Psychologin.

Situation

Die Kinder sitzen an zwei Tischen in der Nähe der Tafel. Während der Übung konzentriert sich Jean sehr aufmerksam auf die Worte der Erzieherin. Er nimmt genau so aktiv an der Situation teil wie die anderen Kinder, er meldet sich mehrmals, zählt laut mit den anderen Kindern etc. Die Erzieherin verteilt Papier an alle Kinder, damit diese innerhalb der Gruppe individuell arbeiten können und erklärt ihnen die Aufgabenstellung. Dann beginnen die Kinder mit ihrer Arbeit. Die Psychologin setzt sich zur Unterstützung an den einen Tisch und die Erzieherin bietet an dem anderen Tisch, an dem zwei Jungen Schwierigkeiten mit der Übung haben, ihre Hilfe an. Sie achtet auf jedes Kind, um zu sehen, wie es arbeitet und um die Aufgabenstellung individuell und präzise erklären zu können. Jean sucht sehr oft die Aufmerksamkeit der Pädagogin, aber nicht um Fragen zu stellen oder weil er Hilfe benötigt, sondern um zu zeigen, wie er die Aufgaben bearbeitet.

Während sie sich hinter ihm auf den Boden hockt, fragt die Erzieherin Jean: *„Möchtest du an den Luftballons weiterarbeiten?"* Jean nickt. *„Willst du, dass ich dir die Punkte vorzeichne, damit du mit den Ballons beginnen kannst?"* Jean nickt. Die Erzieherin nimmt den Stift und zeichnet die Punkte zur Orientierung auf das Blatt: *„So, du fängst hier an diesem Punkt an, machst dann in dieser Richtung weiter und am Ende verbindest du den Ballon mit der Schnur. Ok? Dann los!"* Jean nimmt den Stift und arbeitet an dem Bild, das die Erzieherin vorbereitet hat.

Dann ruft er: *„Da, da!"* Er ist mit dem ersten Ballon fertig, hebt das Blatt hoch und ruft nach der Erzieherin.
Erzieherin: *„Sehr gut Jean! Dein Ballon ist sehr schön. Mach mit den anderen Ballons genauso weiter."* Jean lächelt, seine Mimik zeigt Zufriedenheit.

Kommentar

Diese kurze Sequenz zeigt, wie jedes einzelne Kind im Rahmen der jeweiligen individuellen Fähigkeiten an einer anspruchsvollen Aktivität, die einen hohen Grad an feinmotorischer Kompetenz erfordert, teilnehmen kann. Es wird deutlich, dass die Erzieherin auf jedes Kind eingeht und aufgrund dieser individuellen Hilfe alle Kinder ihre persönliche Aufgabenstellung erfüllen können.

Aufgaben und Ziele aus Sicht der Pädagoginnen und Pädagogen
In dieser Situation versuchen die Fachkräfte, etwas über die Fertigkeiten und Fähigkeiten eines jeden einzelnen Kindes zu erfahren.

Kompetenzen, die entwickelt werden können

- Diese Übungen sind die Basis dafür, **schreiben zu lernen**. Sie verlangen von den Kindern intensive Konzentration für fast eine Stunde.
- **Motorische Kompetenzen:** Neben der Stimulierung der Phantasie und des Gedächtnisses der Kinder erfordern die Übungen eine Menge feinmotorischer Kompetenzen, die zum Schreiben benötigt werden (Das Schreiben zwischen zwei Linien, Nachzeichnen der Vorlage, Verbinden verschiedener Punkte durch eine Linie).

Leitende Prinzipien

- **Interessen und Bedürfnisse der Kinder in den Mittelpunkt stellen:** Dies ist die Grundlage für eine individuelle Unterstützung
- Die Situationen sollen so gestaltet sein, dass sie **die Kinder zur Eigeninitiative anregen** und ihr Interesse wecken, indem sie Gegenstände zeichnen sollen, die sie aus ihrem Alltag kennen (z. B. Luftballons).
- **Situationen schaffen, die die Fähigkeiten aller Kinder ansprechen** durch individuelle Unterstützung in heterogenen Gruppen. Unabhängig von dem persönlichen Wissensstand nehmen alle Kinder an dieser gemeinsamen Übung teil, jedoch mit verschiedenen Aufgabenstellungen, welche von den individuellen Fähigkeiten abhängig sind. Dabei sollen zum Beispiel Kinder, die in ihrer Entwicklung sehr weit sind, zusätzliche Aufgaben lösen. Die Kinder bekommen Aufgaben vorgegeben, alle Bemühungen, diese Aufgaben im Rahmen der individuellen Fähigkeiten zu bewältigen, werden intensiv wertgeschätzt.

Günstige Rahmenbedingungen

Die geringe Anzahl an Kindern ermöglicht es allen, an die Tafel heranzutreten und Unterstützung von den Erwachsenen zu bekommen. Dadurch können die Pädagoginnen die Kinder und ihre jeweiligen Fertigkeiten besser kennen lernen. Es wird Wert darauf gelegt, dass jedes Kind an die Reihe kommt. Jeder der beiden anwesenden Fachkräfte ist für einen Tisch zuständig. Sie geben sehr klare Anweisungen und sind jederzeit bereit zu wiederholen und zu erklären, was die jeweilige Aufgabenstellung beinhaltet. In der Einzelarbeit helfen sie jedem Kind.

Alle Kinder profitieren von der Gestaltung des Raumes. Die Nähe untereinander und zu den Pädagogen führt dazu, dass jedes Kind gleichermaßen intensiv an den Aktivitäten teilhaben kann. Auf der anderen Seite können die Pädagogen die gesamte Gruppe im Blick behalten. Die Räumlichkeiten und deren Materialien sind von großer Bedeutung. Die Räume und ihre Ausstattung können im Tagesverlauf immer wieder der jeweiligen Aktivität und den entsprechenden Erfordernissen angepasst werden. Erwachsene und Kinder sind sehr flexibel, wenn es darum geht, von einer Aktivität zur nächsten zu wechseln. Durch diese Voraussetzungen eröffnen sich mehr pädagogische Möglichkeiten.

vgl. Kap. 3.2, Kap. 3.3, Kap. 3.4

5.3 Situationen mit ästhetischen und künstlerischen Inhalten

5.3.1 Gemeinsames Singen (F)

Kontext
Ein Kindergarten in Paris. Eine Gruppe hat gerade ihre Arbeitseinheit beendet und sitzt nun im Korridor. Nach und nach stößt auch die zweite Gruppe hinzu. Innerhalb der nächsten halben Stunde werden sie in einer entspannten Atmosphäre gemeinsam spielen (Singen, sportliche Aktivitäten).
Beteiligte: Sechs Kinder. Unter ihnen ist Rose, ein fünfjähriges Mädchen mit schwerer Beeinträchtigung (psychotisch). Sie benötigt eine gut strukturierte Umgebung und die erhöhte Aufmerksamkeit des gesamten Teams. Eine Erzieherin ist ebenfalls anwesend.

Situation
Die Kinder aus der ersten Gruppe, eingeschlossen Rose, sitzen im Kreis auf dem Fußboden vor der Erzieherin. Diese fragt die Kinder: *„Was sollen wir singen? Mit welchem Lied wollt ihr anfangen?"* Einige Kinder murmeln: *„J'aime la galette"* (*„Ich mag den Pfannkuchen"*) – ein Lied, bei dem rhythmisch in die Hände geklatscht wird. *„Ihr wollt dieses Lied singen? Dann lasst uns aber gemeinsam beginnen."* Die Kinder singen miteinander, während sie aufmerksam die Mimik und Bewegungen der Erzieherin beobachten. Rose bleibt sehr aufmerksam und konzentriert. Genauso wie die anderen Kinder hört und schaut sie der Erzieherin zu. Diese nutzt den Moment der Aufmerksamkeit und spricht Rose direkt an: *„Rose, willst du gemeinsam mit uns in die Hände klatschen?"* Daraufhin streckt Rose ihre Hände in Richtung der Erzieherin aus, diese nimmt ihre Hände und sagt: *„So geht's, wenn du willst."* Sie hält Roses Hände und zusammen klatschen sie. In diesem Moment wird deutlich, wie sehr Rose dieses Spiel schätzt. Rose kann sich nur für einen kurzen Moment auf eine bestimmte Sache konzentrieren. Daher springt sie mehrmals auf und rennt quer durch den Raum. Nachdem die Erzieherin sie auffordert: *„Rose, komm sing mit uns!"* kommt Rose zurück in die Gruppe, lächelt und beobachtet, wie die anderen Kinder singen und sich bewegen. Dann beginnt sie, sich auf dem Boden hin und her zu rollen. Die Erzieherin versucht erneut, sie zum Mitmachen zu bewegen: *„Rose, zeigst du uns, wie du klatschst?"*. Rose rennt währenddessen im Raum umher; in diesem Moment kommt eine weitere Erzieherin hinzu, die Rose festhält und sich mit ihr – zwischen ihren Beinen platziert – hinsetzt. Um Roses Aufmerksamkeit zu gewinnen, nimmt sie deren Hände und bewegt sie passend zum Rhythmus des Liedes.

Kommentar
Alle Kinder sind in diese Aktivität involviert, sie hören der Erzieherin aufmerksam zu und imitieren so gut wie möglich ihre Mimik und Gestik. Trotz ihrer Schwierigkeiten nimmt Rose im Rahmen ihrer Möglichkeiten daran teil. Auch wenn sie nicht mitsingt, beobachtet sie aufmerksam die anderen Kinder und hat Anteil an der fröhlichen Atmosphäre. So zeigt sie ihr Interesse an der Aktivität.

Die Erzieherin konzentriert sich auf die gesamte Gruppe, gleichzeitig lenkt sie ihre Aufmerksamkeit in besonderem Maße auf Kinder mit besonderem Förderbedarf. Durch wiederholtes Auffordern: *„Komm sing mit uns/ zeig uns, wie du klatschen kannst/ setz dich hin!"* versucht sie immer wieder, Roses Interesse zu wecken und sie in die Aktivität mit einzubeziehen. Als diese erinnernden Aufforderungen nicht erfolgreich sind, wird Rose durch aufmunternde Gestik und ermutigendes Zureden in den Kreis der anderen Kinder zurückgebracht. Die Erzieherin setzt sich mit ihr auf den Boden und während sie mit den anderen Kindern weiter singt, unterstützt sie Rose dabei, die Bewegungen der anderen zu imitieren.

Aufgaben und Ziele aus Sicht der Pädagoginnen und Pädagogen
Die Pädagogen zielen auf die Entwicklung eines Zusammengehörigkeitsgefühls innerhalb der Gruppe, zwischen allen Mitgliedern der Einrichtung (Mitarbeiterinnen und Kinder) und auf die Sozialisation der Kinder. Solche strukturiert organisierten Aktivitäten sollen den Kindern dabei helfen, die Vorzüge des Lebens innerhalb einer Gemeinschaft kennen zu lernen, wobei das Alter und die jeweiligen Fähigkeiten immer berücksichtigt werden.

Kompetenzen, die entwickelt werden können
• **Soziale Kompetenzen:** Der unterstützende Rahmen ermöglicht es den Kindern, sich als Teil einer Gruppe wahrzunehmen und sich mit den anderen auszutauschen und ihnen zuzuhören. Sie erhalten die Möglichkeit, sich auszudrükken, Beziehungen zu Peers aufzubauen und lernen, die gemeinsamen Regeln zu respektieren. Die Kinder haben Freude an der Aktivität.
• **Sprachliche Kompetenzen:** In dieser frühkindlichen Lernaktivität können sprachliche Kompetenzen weiterentwickelt werden. Die Kinder können üben, sie lernen bestimmte Laute mit Buchstaben in Verbindung zu bringen, indem sie sie in Liedern und Reimen wiederfinden.
• **Ästhetische Kompetenzen:** Durch das Singen bekannter Kinderlieder werden das Erinnerungsvermögen und die Vorstellungskraft der Kinder stimuliert. Des Weiteren wird das Empfinden für musikalischen Rhythmus und Melodie angeregt. Unterschiedlichen Rhythmen werden als Körperübung durch Stillsitzen und Bewegung erfahren.

Leitende Prinzipien

* **Interessen und Bedürfnisse der Kinder in den Mittelpunkt stellen:** Von Beginn an bestimmen die Wünsche der Kinder den Verlauf der Aktivität. Die Lieder werden spontan anhand der Vorschläge der Kinder oder der Erzieherin (in diesen Fällen aber nur mit Einverständnis der Kinder) ausgewählt. In diesem Kontext gemeinsamer Handlungen hört die Erzieherin den Vorschlägen der Kinder zu. Dank der spielerischen Grundstimmung und der entspannten Atmosphäre ist die Situation für alle Kinder attraktiv, unabhängig von ihren unterschiedlichen Fähigkeiten.

* **Situationen schaffen, die die Fähigkeiten aller Kinder ansprechen:** Die Wissens- und Altersunterschiede sind für alle Kinder von Vorteil. Sie können von der Erfahrung anderer profitieren und Lob erfahren, wenn sie anderen Kindern helfen. Diese Art des Zusammenseins fördert die Offenheit und Toleranz gegenüber Vielfalt.

* **Fachwissen und Einstellungen/ Haltungen der Pädagoginnen und Pädagogen:** Die Erzieherin achtet darauf, dass alle Kinder entsprechend ihrer Fähigkeiten an der Aktivität teilnehmen können. Beispielsweise akzeptiert sie, dass Rose nur mit ihrer Unterstützung klatscht, während alle anderen Kinder dies selbständig tun. Weiterhin reagiert sie sofort, wenn Roses Aufmerksamkeit nachlässt, ohne dabei die gesamte Gruppe aus den Augen zu verlieren.

vgl.Kap.3.2, Kap.3.7

5.3.2 Gemeinsames Tanzen (U)

Kontext

Es ist Vormittag im Kindergarten 1 in Budapest.

Beteiligte: Eine altersgemischte Gruppe mit 22 Kindern, darunter Tamara, ein fünfjähriges Mädchen mit Autismus. Sie spricht einzelne Wörter und benutzt Echolalien. Die Erzieherinnen berichten, dass Tamara keine Kommunikation mit anderen Kindern initiiert, anders als andere Kinder spielt und ihr Verhalten oft befremdlich scheint. Sie würde eine Eins-zu-eins Betreuung benötigen, da sie oft herausforderndes Verhalten zeigt (z.B. räumt sie die Fächer und Taschen der Erzieherinnen aus, nimmt die Blumen vom Fensterbrett und zupft deren Blätter ab). Mehrmals versuchte sie, die Gruppe zu verlassen und wurde erst auf der Straße zurück geholt.

Seit zwei Jahren wächst die Gruppe kontinuierlich zusammen. Die Kinder haben sich an gängige und allgemeingültige Regeln und Rollen gewöhnt. Vor drei Wochen wurde Tamara in die Gruppe aufgenommen. Seit ihrer Ankunft ist die Tür des Gruppenraums mit einem speziellen Schloss verschlossen. Das ist für die Gruppe, die Erzieherinnen und auch die Eltern eine neue Situation. (Die Gruppe befindet sich im ersten Stock in unmittelbarer Nähe zur Außentreppe. Trotz der Brüstung an dieser ins Freie führenden Treppe besteht für Tamara eine gewisse Gefahr hinunter zu fallen, zumal sie mit der örtlichen Umgebung noch wenig vertraut ist.)

Die Lehrerin hat noch keinerlei Erfahrungen im Umgang mit Kindern mit sonderpädagogischem Förderbedarf.

Situation

Die Kinder warten auf das Mittagessen. Sie versammeln sich auf dem Teppich, mit Ausnahme von Tamara, die ziellos im Raum herumläuft. Währenddessen initiiert die Lehrerin eine Aktivität: Tanzen zur Musik.

Die Lehrerin stellt sich vor die Kinder, zeigt ihnen die entsprechenden Bewegungen zu den Texten der Lieder und singt dabei mit. Die Kinder schauen und hören ihr zu und beginnen, die Bewegungen zu imitieren. Sie kennen die Musik. Tamara lächelt, als sie die Musik hört und entwickelt einen eigenen Tanz: Sie tanzt durch den ganzen Raum und dreht sich um sich selbst. Sie ist die einzige, die der Vorschullehrerin weder zuhört noch sie beachtet. Die Pädagogin steht mit dem Rücken zu Tamara, da sie sich der Gruppe zugewandt hat. Ab und zu begibt sich Tamara wieder zu den anderen Kindern, beobachtet deren Verhalten und versucht es zu imitieren. Aber die Kinder (und die Lehrerin) sind schneller als sie. Sobald Tamara beginnt eine Bewegung zu imitieren, wechselt die Gruppe bereits zu einer neuen Tanzbewegung. Außerdem stößt sie oft gegen die anderen Kinder, da sie den nötigen Abstand nicht einhält. Dies stört die anderen Kinder jedoch kaum, und sie tanzen locker und fröhlich weiter. Tamara tanzt bis die Musik aufhört. Zum Schluss kann sie bereits die letzten Wörter einer jeden Textzeile mitsingen und singt mit den anderen Kindern gemeinsam.

Kommentar
Es ist sehr positiv, dass Tamara an dieser Aktivität teilnimmt. Beim Singen und Tanzen kann sie ohne größere Schwierigkeiten partizipieren. Die Lehrerin sollte sich so stellen, dass alle Kinder – inklusive Tamara – ihr Gesicht sehen können. Sie ist jedoch eher frustriert und kann Tamaras Verhalten nicht wertschätzen: *„Sie rennt nur umher!"*

Aufgaben und Ziele aus Sicht der Pädagoginnen und Pädagogen
Während der Wartezeit auf das Mittagessen will die Lehrerin durch das gemeinsame Tanzen die sensomotorischen Fähigkeiten fördern und mit den Kindern die genaue Abfolge von Bewegungen durch Imitation üben.

Kompetenzen, die entwickelt werden können
- **Soziale Kompetenzen:** Das Spiel erfordert, sich aufmerksam und rücksichtsvoll den anderen Kindern gegenüber verhalten, die ebenfalls tanzen wollen.
- **Motorische Kompetenzen/ Koordination:** Beim Tanzen werden die Kinder zur Koordination von Hörerfahrung und Bewegung motiviert.

Leitende Prinzipien:
- **Interessen und Bedürfnisse der Kinder in den Mittelpunkt stellen:** In diesem Beispiel bemerkt die Lehrerin Tamaras Aktivitäten kaum und kann sie auch nicht wertschätzen. Sie ist eher frustriert, weil sich Tamara unvorhersehbar und anders als die anderen Kinder verhält. Die Lehrerin fühlt sich, allein mit der Gruppe, hilflos. Wenn sie mehr Erfahrung im Umgang mit Kindern mit herausforderndem Verhalten oder die Unterstützung einer weiteren Pädagogin hätte, könnte sie besser auf Tamaras Bedürfnisse eingehen.
- **Pädagogische Unterstützung des gegenseitigen Verständnisses:** Die Lehrerin könnte den anderen Kindern helfen, Tamaras Verhalten zu interpretieren und ihre Aktivitäten wertzuschätzen. Eine offene und freundliche Einstellung gegenüber Tamara könnte eine Vorbildfunktion für die Gruppe haben.
- **Situationen schaffen, die die Fähigkeiten aller Kinder ansprechen:** Die von der Lehrerin initiierte Aktivität bietet allen Kindern die Möglichkeit, entsprechend ihrer Fähigkeiten zu partizipieren. Diese Erfahrung könnte den Kindern das Gefühl der Gemeinsamkeit geben und den Zusammenhalt der Gruppe stärken.

- **Fachwissen und Einstellungen/ Haltungen der Pädagoginnen und Pädagogen:** Es fällt schwer, das Verhalten der Lehrerin nachzuempfinden. Sie macht einen enttäuschten Eindruck, beachtet Tamaras positive Signale nicht, sondern sieht nur ihre negativen Verhaltensweisen. Sie arbeitet erfolgsorientiert und gibt sehr direkte Anweisungen. Andererseits ist sie allein in der Gruppe, ihre Assistentin ist nicht immer verfügbar und wenn etwas passieren würde, müsste sie entscheiden, ob sie ihre Aufmerksamkeit Tamara oder der Gruppe widmet.

Günstige Rahmenbedingungen

- **Kooperation im Team:** Es ist offensichtlich, dass eine weitere pädagogische Fachkraft die Lehrerin unterstützen sollte.
- **Architektonische Einflüsse:** Wenn die räumlichen Bedingungen für ein Kind eine Gefahr bedeuten, sollten diese verändert werden. Selbst wenn für alle anderen Kinder die Außentreppe keine Gefahr darstellt, wäre es für die Gruppe besser, an einen sicheren Ort umzuziehen (z.B. Erdgeschoss).
- **Gruppenstruktur:** In Gruppen mit heterogenen Altersstrukturen befinden sich die Kinder auf unterschiedlichen Entwicklungsniveaus, so dass das Kind mit sonderpädagogischem Förderbedarf nicht im besonderem Maße hervorstechen; ggf. könnten sich die Kinder gegenseitig helfen und unterstützen oder ein Vorbild für andere sein.

vgl. Kap.2.1, Kap.2.2, Kap.3.2, Kap.3.6

5.3.3 Singen vor dem Mittagessen – „weiße und schwarze Schafe" (S)

Kontext

In einer schwedischen Vorschule. Wenn die jüngsten Kinder von draußen zurück in die Einrichtung kommen, erhalten sie von den Vorschullehrerinnen Unterstützung beim Ausziehen. Dann waschen die Kinder ihre Hände und gehen im Anschluss in einen Raum, in dem eine andere Vorschullehrerin mit den Kindern, die schon zum Essen bereit sind, einige Lieder singt.

Als sich die Kinder noch auf dem Außengelände befanden, hat eine Lehrerin zusammen mit zwei Kindern bereits den Tisch gedeckt. Das Mittagessen wird in der eigenen Schulküche zubereitet. Die Kinder wechseln sich mit dem Tisch decken ab und holen das Essen gemeinsam mit einer Lehrerin mit einem Wagen.

Die Kinder und die Erzieherin sind nach dem Spiel auf dem Außengelände gerade erst in dem Raum angekommen. Momentan befinden sich erst die drei jüngsten Kinder der Gruppe im Raum.

Beteiligte: Karl, ein 3 ½ Jahre alter Junge mit einer geistigen Behinderung, Emil, 4 Jahre; Oskar, 4 Jahre; die Vorschullehrerin.

Situation

Die Vorschullehrerin sitzt auf dem Boden und lehnt mit dem Rücken an der Wand. Emil, Oskar und Karl sitzen im Halbkreis vor ihr ebenfalls auf dem Fußboden.

Die Lehrerin fragt Emil: *„Emil, was würdest du gern singen?"*.

Er antwortet: *„Ich würde gern ,Ba Ba weißes Schaf', singen."*.

Die Pädagogin fragt und benutzt dabei zusätzlich Gebärdensprache: *„Wollt ihr mir dann helfen?"* Dann beginnt sie das Lied zu singen und die Worte gleichzeitig in Gebärdensprache zu übersetzen.

Karl schaut die Beobachterin, die die Situation filmt, an und beugt sich dabei ein wenig zur Seite. Dann dreht er sich zurück zur Lehrerin, schaut sie an, beugt sich zur Seite und klopft auf seinen Hintern. Während diese weiter singt und gebärdet, erwidert sie seinen Blick und lächelt ihn an. Nach einer Weile sagt sie: *„Wisst ihr was ich gesehen habe, was Karl jetzt singen möchte? Er möchte gern Ba Ba schwarzes Schaf singen."* Die Pädagogin spricht und gebärdet direkt zu Karl: *„Möchtest du Ba Ba schwarzes Schaf singen?"*. Gemeinsam singen und gebärden sie. Dabei kann Karl einige der Gebärden ausführen.

Kommentar

Die Situation gehört zu den Routinen dieser Vorschule, um eine ruhige Atmosphäre vor dem Mittagessen zu schaffen. Die Vorschullehrerin nutzt während der gesamten Zeit zusätzlich die Gebärdensprache, damit alle Kinder gleichermaßen partizipieren können.

Aufgaben und Ziele aus Sicht der Pädagoginnen und Pädagogen

Die Pädagogen möchten, dass sich alle Kinder gemeinsam an den Tisch setzen und mit dem Mittagessen beginnen. Die Lehrerin ist, Karls Wünsche betreffend, sensibel und flexibel. Sie kennt seine Bedürfnisse und Wünsche und weiß, dass Karl diese nur selten zum Ausdruck bringt. Sie macht Karls Forderungen für die anderen Kinder verständlich. Auf diese Weise unterstützt sie Karls Initiative, in Interaktion zu treten.

Kompetenzen, die entwickelt werden können

- **Soziale Kompetenzen:** Mit Freunden gemeinsam singen, abwechselnd ein Lied wünschen.
- **Sprachliche Kompetenzen/ Gebärdensprache:** Den Text des Liedes kennen und Wünsche ausdrücken lernen.
- **Ästhetische Kompetenzen (Musik):** Die Kinder wünschen sich Lieder, die sie bereits kennen und üben Rhythmus, Melodie und Text gemeinsam.

Leitende Prinzipien

- **Situationen schaffen, die die Fähigkeiten aller Kinder ansprechen und pädagogische Unterstützung des gegenseitigen Verständnisses:** Karl sitzt nicht neben der Lehrerin, was es den anderen Kindern ermöglicht, sich neben ihn zu setzen, als sie zur Gruppe dazu stoßen. Das ist auch wichtig, damit alle Kinder die Gebärden sehen können, wenn sie singen.
  Die Lehrerin bemerkt Karls Initiative, ein Lied vorzuschlagen und macht seine Bitte den anderen Kindern verständlich. Karls Wunsch wird erfüllt.
- **Fachwissen und Einstellungen/ Haltungen der Pädagoginnen und Pädagogen:** Die Lehrerin kommuniziert mit allen Kindern mittels Sprache und Gebärdensprache, auch wenn sie singen.

Günstige Rahmenbedingungen

Die Kinder können sich aussuchen, wo sie sich hinsetzen möchten. In dieser Vorschule gibt es viele Räume, so dass die Möglichkeit besteht, in diesem Raum vor dem Mittagessen gemeinsam zu singen und zu sitzen. Die Umgebung ermöglicht es, unterschiedlichen Aktivitäten in unterschiedlichen Räumen nachzugehen.

vgl. Kap.3.2, Kap. 3.4

5.4 Situationen mit Blick auf kulturelle Bräuche, Werte und Gemeinschaft

5.4.1 Käseherstellung (P)

Kontext

Gruppenraum im portugiesischen Kindergarten 2. Das Projekt wurde von der Lehrerin initiiert.

Beteiligte: Eine Klasse mit Kindern im Alter von 3-5 Jahren. Darunter ist Nuno, ein Junge mit sonderpädagogischem Förderbedarf; eine Vorschullehrerin und eine Assistentin.

Die Lehrerin hat geplant, mit der gesamten Gruppe Käse herzustellen. Diese Idee kam bei den Kindern auf, nachdem sie gemeinsam einen Bauernhof besucht hatten. Bevor mit der Herstellung begonnen wird, zeigt die Lehrerin einige Bilder des Herstellungsprozesses. Sie hat mehrere Tische aneinandergestellt, so dass sie während der Aktivität näher beieinander sein können. So können alle um den Tisch herum sitzen, auf dem Platz, der mit einem Platzkärtchen mit Foto für sie reserviert ist. Die Kinder können sich gegenseitig und auch die Lehrerin sehen.

Auf dem Tisch stehen die Zutaten und Materialien für die Herstellung bereit. Die Milch stammt von einem Bauernhof in unmittelbarer Nähe des Kindergartens und die Käsepresse wurde von einem Mann aus dem Dorf gebaut.

Situation

Die Lehrerin beginnt, die verschiedenen Arbeitsaufgaben unter den Kindern aufzuteilen. Nuno ist für das Auspressen der Zitrone verantwortlich.

Der Topf mit der Milch steht auf dem Tisch. Alvaro gibt das Lab dazu. Nuno rührt dann die Milch auf seine eigene Weise um und kümmert sich um das Auspressen der Zitrone. Die Vorschullehrerin hilft ihm, da dazu einige Kraft nötig ist. Dann gibt sie die Zitrone an die anderen Kinder weiter, so dass diese sie fühlen und riechen können.

Als Nuno den Zitronensaft der Milch beifügen will, wirft er ein Glas um. Die Lehrerin schenkt diesem Vorfall jedoch keine Beachtung und fährt mit der Aktivität fort. Nuno rührt weiter die Milch um, Carolin gibt etwas Salz hinzu. Hugo sagt, dass er ebenfalls gern die Milch salzen möchte, was er tun darf. Nuno rührt die Milch weiterhin um.

Dann stellen sie die Milch in die Küche, damit sie dort ruhen kann.

Kommentar

Die Lehrerin nutzt in dieser Situation sowohl das Interesse der Kinder als auch die kulturellen Traditionen, die für die Mädchen und Jungen dieser Gemeinde wichtig sind. Auf diese Weise sind die Kinder sehr motiviert und möchten sich an der Aktivität beteiligen. Die Lehrerin teilt die verschiedenen Aufgaben unter den Kindern auf.

Bei Bedarf unterstützt die Lehrerin Nuno bei seiner Aufgabe (Pressen der Zitrone). Nuno hat Angst, einen Fehler zu begehen, daher zeigt er die Tendenz, schwierige Aufgaben zu vermeiden. Als die Lehrerin ignoriert, dass er das Glas umstößt, wird ihm bewusst, dass es kein Problem ist, wenn er einen Fehler macht.

Aufgaben und Ziele aus Sicht der Pädagoginnen und Pädagogen

Ein weiteres Mal ist Nuno aktiv in eine Aufgabe involviert. Die Pädagogen unterstützen ihn dabei körperlich und sprachlich, wenn nötig. Diese Hilfe könnte sowohl von Erwachsenen als auch von anderen Kindern gegeben werden.

Kompetenzen, die entwickelt werden können

- **Soziale Kompetenzen:** Nuno partizipiert an der Gruppenaktivität und nimmt dabei eine aktive Rolle ein.
- **Lernmethodische Kompetenzen:** Nuno muss lernen, wann er sich aktiv einschalten kann und wann er Instruktionen zu befolgen hat.
- **Kulturelles Wissen:** Vermittelt wird Wissen über das Gemeinwesen und über Käseherstellung; dabei werden Milch vom Bauernhof und eine selbst gefertigte Käsepresse aus der Region verwendet.

Leitende Prinzipien

- **Interessen und Bedürfnisse der Kinder in den Mittelpunkt stellen:** Die Pädagogen greifen die Interessen der Kinder auf und nutzen ihre Vorlieben – Nuno beispielsweise liebt Käse.
- **Situationen schaffen, die die Fähigkeiten aller Kinder ansprechen:** Die Lehrerin gestaltet Situationen, in denen die Kinder mit und ohne besondere pädagogische Bedürfnissen gerne etwas gemeinsam tun (‚Beziehungs-Management‘).
- **Abbau von Barrieren:** Die Vorschullehrerin nutzt Bilder und teilt die Arbeitsabläufe in kleine und einfache Schritte auf.
- **Positives Verhalten hervorheben** und nicht heraus stellen, wenn etwas nicht gelingt gibt Nuno Vertrauen und Selbstbewusstsein in seiner Tätigkeit.

- **Günstige Rahmenbedingungen**
  Die Zusammenarbeit zwischen Sonder- und Vorschulpädagogin, aber auch mit den Assistentinnen ermöglicht eine gute Vorausplanung der Aktivität.

Projektarbeit mit heterogenen Gruppen eröffnet die Möglichkeit, Aufgaben auf individueller Ebene zu spezifizieren. Individuelle Förderpläne können verwirklicht werden und in Gruppensituationen eingebunden werden, wenn sich die Pädagoginnen über die besonderen Aufgaben und die eventuell nötige Unterstützung Gedanken machen.

vgl.Kap.2.3, Kap.3.7, Kap.3.8

5.4.2 Kinderrechte (D)

Kontext

Vormittags im Kindergarten 2.

Beteiligte: 16 Kinder, unter ihnen Nico, ein sechsjähriger Junge mit ausgeprägten sozialen Kompetenzen und einer guten Sprachfähigkeit. Nicos linker Arm endet unter dem Ellbogen (s. Kap. 5.1.3). Zwei Erzieherinnen gestalten die Situation. Die Kindertagesstätte arbeitet mit altersgemischten Gruppen. Einmal pro Woche versammeln die Kinder sich in drei dem Alter nach zusammengesetzten Gruppen, in denen verschiedene Themen diskutiert und besprochen werden. Alle Beteiligten finden dabei die Themen gemeinsam, entsprechend den Interessen der Kinder und der pädagogischen Ziele. Nach einer Freispielzeit teilen sich die Kinder der Kindertagesstätte in drei Gruppen auf.

Nicos Gruppe setzt die Beschäftigung mit dem Thema ‚Gesetze' fort, die sie letzte Woche begonnen hat.

Situation

Zu Beginn ruft die Erzieherin den Besuch eines Polizisten in der Kindertagesstätte ins Gedächtnis. Die Kinder erinnern sich, dass er über Regeln im Straßenverkehr gesprochen hat, und die Erzieherin erklärt, dass solche Regeln Beispiele für Gesetze seien. Dann zeigt sie ein Buch, welches das Kinder- und Jugendhilfegesetz enthält und führt aus, dass dort wichtige Gesetze für Kinder festgehalten sind, z. B. das Recht zu lernen oder sicher aufwachsen zu können. Die Kinder hören aufmerksam zu. Auf die Frage, wer die Gesetze erlässt, fallen ihnen zunächst Antworten wie „Gott" oder „E." (die Leiterin der Kindertagesstätte) ein. Die Erzieherin erklärt, dass Politiker Gesetze erlassen und dass Politiker für diese Arbeit gute Ideen haben müssen. Sie bittet die Kinder, sich vorzustellen, sie seien Politiker, die Gesetze für ein gutes Leben von Kindern machen sollen. Die Kinder diskutieren, und eine Erzieherin schreibt ihre Ideen auf: das Recht Freunde zu haben, zu spielen, zu essen, zu wohnen und zu schlafen. Nico murmelt leise etwas vor sich hin, und die Erzieherin ermuntert ihn, laut zu sprechen. Er erklärt, dass Menschen verdursten, wenn sie nichts trinken und dass Kinder daher ein Recht auf Trinken haben müssen. Dann fragt die Erzieherin, was die Kinder sich von ihren Eltern wünschen. Einige Kinder denken an Spielsachen, dann ruft ein Mädchen: *„Dass unsere Eltern uns lieben".* Wieder sammeln die Kinder die Dinge, die ihnen einfallen: Eltern sollen nicht schlagen, sie sollen mit ihren Kindern reden, und sie sollen lang leben und ihre Kinder beschützen. Die Erzieherinnen schlagen vor, den Eltern die Diskussionsergebnisse auf einem großen

Poster zu präsentieren; auf diesem sollen alle wichtigen Aussagen stehen, und die Kinder können dazu Bilder malen. Nico macht den Vorschlag, kleine Kopien des Posters anzufertigen, die jeder mit nach Hause nehmen und den Eltern dort zeigen kann. Alle finden die Idee gut. Sie sprechen darüber, was die Kinder malen möchten. Nico malt ein Glas auf einem Tisch, um das Recht auf Trinken zu verdeutlichen. Einige Kinder erklären sich gegenseitig, was sie malen. Nico kann einem Jungen einen Tipp geben, wie er eine Idee umsetzen kann.

Kommentar
Die Erzieherinnen knüpfen an Erfahrungen und Wissen der Kinder an. Durch die Frage, was Kinder sich von ihren Eltern und von Erwachsenen wünschen, wird ein inhaltlicher Bezug zum Alltag der Kinder hergestellt, und das komplexe Thema Rechte und Gesetze gewinnt für die Kinder an Bedeutung. Da die Gruppe in der Lage ist, ethische Themen und demokratische Werte sehr konkret zu diskutieren, wächst das Interesse der Kinder am Thema im Verlauf der Aktivität. Nico entwickelt dabei eine Idee, die er zunächst der Erzieherin mitteilt. Sie ermutigt ihn, diese laut zu wiederholen. Er erfährt, dass sein Beitrag wertgeschätzt wird und macht weitere Vorschläge. Die Kinder erleben, dass ihre Ergebnisse es wert sind, präsentiert zu werden. Wenngleich jeder für sich an der Umsetzung einer Idee arbeitet, interagieren sie dennoch miteinander. Nico ist ein guter Zeichner und kann Hilfestellung geben. Insgesamt kann er sich selbst als kompetent und hilfsbereit erleben und wird auch von den anderen so wahrgenommen.

Aufgaben und Ziele aus Sicht der Pädagoginnen und Pädagogen
Die Pädagoginnen wollen die abstrakten Begriffe ‚Recht' und ‚Gesetz' für Kinder zugänglich und erfahrbar machen und die Bedeutung im alltäglichen Leben herausarbeiten. Sie sammeln Aspekte, die Menschen – hier: die Kinder – für ein gutes Zusammenleben benötigen.

Kompetenzen, die entwickelt werden können
- **Wissen über Gemeinschaft und Gesellschaft:** Die Kinder erhalten einen alltagsnahen und bedeutungsvollen Zugang zu politischen und gesellschaftlichen Themen.
- **Lernmethodische Kompetenzen:** Komplexe Themen werden in Gruppenarbeit und Gruppendiskussion besprochen.
- **Sprachliche Kompetenzen:** Hier werden schwierige Themen mit neu erlernten Begriffen diskutiert, die Bedeutung der Begriffe wird erfahrbar.

Leitende Prinzipien

- **Lernen in gemeinsamen Erfahrungsräumen:** Es ist wichtig, Situationen zu schaffen, die die Fähigkeiten aller Kinder ansprechen. Diese Situation bietet einen Rahmen, der die Entwicklung und Stärkung vielfältiger Kompetenzen und individuelles Lernen ermöglicht.

- Die Erzieherinnen schaffen – gemeinsam mit den Kindern – ein **vertrauensvolles Klima**, in dem jeder Beitrag wertgeschätzt wird. Die Kinder können sich ohne Angst vor Fehlern beteiligen. Nico kann lernen, sich selbstbewusst in Gruppenarbeiten einzubringen und die Wertschätzung seiner Kompetenzen erleben. Er kann anderen Kindern seine Unterstützung anbieten.

Günstige Rahmenbedingungen
wurden bereits in Situation 5.1.3 beschrieben.

vgl. Kap. 3.3

5.5 Außergewöhnliche Situationen mit komplexen Herausforderungen

5.5.1 Präsentation eines gemeinsamen Buches der letzten Vorschul- und ersten Grundschulklasse (F)

Kontext

Eine école maternelle in Paris; die Situation entsteht aus der Kooperation zwischen der der letzten Klasse der école maternelle und der ersten Grundschulklasse. Die Kinder haben in enger Zusammenarbeit ein gemeinsames Buch entwickelt und gestaltet.

Beteiligte: Die ältesten Kinder der école maternelle und die jüngsten Kinder der Grundschule; zwei Lehrerinnen. In der Vorschulklasse ist Kevin, ein sechsjähriger Junge (ein Jahr älter als die anderen Kinder in seiner Klasse). Seine Sprachentwicklung ist verzögert, besonders im Bereich Aussprache; außerdem hat er Schwierigkeiten beim Zeichnen und Schreiben.

Situation

Ein Kind holt das Buch und präsentiert es: *„Das ist das Buch. Es enthält vier Geschichten, die alle von Pipo handeln."* Ein weiteres Kind liest den Titel vor, worum die Lehrerin es gebeten hatte. Danach findet ein Gespräch über die Autoren statt.

Im zweiten Teil der Präsentation wird das Buch an alle Kinder weitergegeben. Kevin und einige andere Kinder melden sich freiwillig, um die Bücher zu verteilen. Die Kinder können sich das Buch dann, wenn sie wollen, in Kleingruppen anschauen. Sie erkunden das Buch auf ihre Art und arbeiten auf unterschiedliche Weise mit ihm. Manche versuchen gemeinsam bestimmte Textstellen zu erschließen und jedes Kind liest dabei seinen individuellen Fähigkeiten entsprechend den Text. Andere diskutieren über die verschiedenen Bilder und deren Bedeutungen. Wiederum andere suchen in der Liste der Autorinnen und Autoren nach ihren eigenen Namen. Zu dieser Gruppe gehört auch Kevin. Eines der Kinder kann seinen Namen nicht finden und fragt daher die anderen, ob sie ihm seinen Vornamen in der Liste zeigen können. Gemeinsam mit den anderen Kindern schaut Kevin aufmerksam zu und beugt sich nach vorn, als der gefragte Name von einem Kind in der Liste gezeigt wird.

Kommentar

Die Kinder lernen, ihre Fähigkeiten gemeinsam nutzbar zu machen. Die Aktivität hat kein vorher definiertes Ergebnis. Alle Kinder können daran teilnehmen, ohne Angst vor Fehlern oder Versagen haben zu müssen.

Aufgaben und Ziele aus Sicht der Pädagoginnen und Pädagogen

Dieses gemeinsame Projekt von Kindern aus zwei verschiedenen Klassen zielt darauf ab, eine kontinuierliche Zusammenarbeit zwischen école maternelle und Grundschule zu etablieren und somit den Übergang zu erleichtern sowie Kontinuität in Schreib- und Leselernprozessen zu gewährleisten.

Kompetenzen, die entwickelt werden können

*   **Soziale Kompetenzen:** Die Kinder lernen, verschiedene Standpunkte auszutauschen und sich gegenseitig zu unterstützen. Sie lernen, miteinander zu kooperieren, um ein gemeinsames Ergebnis zu erhalten (was zugleich eine Lernmethode darstellt).
*   **Sprachliche Kompetenzen:** Die Situation stellt eine Möglichkeit dar, sich mit geschriebener Sprache auseinanderzusetzen. Die Kinder der école maternelle können erste Erfahrungen mit Schreiben und Lesen sammeln und die Grundschulkinder können ihre Sprachkompetenzen erproben und weiterentwickeln.
*   **Ästhetische Kompetenzen (Kreativität):** Die Herstellung des Buches spricht die Fantasie und Kreativität der Kinder an. Durch das Zeichnen der Bilder wird ihnen eine Entwicklung ihrer künstlerischen Fähigkeiten ermöglicht.
*   **Wissen über kulturelle Werte:** Die Kinder können ihr Wissen über Bücher als Kulturgut vertiefen.

Leitende Prinzipien

*   **Interessen und Bedürfnisse der Kinder in den Mittelpunkt stellen:** Die selbstständige Herstellung eines eigenen Buches durch die Kinder selbst soll ihr Interesse wecken. Das intensive Betrachten des Buches zeugt von dem Vergnügen der Kinder, das Resultat ihrer gemeinsamen Arbeit zu entdecken.
*   **Situationen schaffen, die die Fähigkeiten aller Kinder ansprechen:** Dieses Buchprojekt unterstützt die Eigeninitiative und Autonomie der Kinder. Sie müssen eine Geschichte erfinden, diese aufschreiben und illustrieren und daraus ein Buch herstellen. Sie sind die eigenverantwortlichen Organisatoren dieses Prozesses. Dabei sind verschiedene Arten der Partizipation möglich. Jedes Kind kann seinen Beitrag leisten, unabhängig davon, ob es lesen oder schreiben kann. Die Arbeit in kleinen Gruppen regt die Interaktion zwischen den Peers an. Die Kinder erhalten die Möglichkeit, sich über ihre Ansichten untereinander auszutauschen. Die heterogenen Gruppen, bestehend aus Kindern mit unterschiedlich entwickelten Fähigkeiten, tragen dazu bei, dass die Kinder der Vor-

schule von den Lesefähigkeiten der Grundschulklasse profitieren können und die Grundschüler Anerkennung für ihr Wissen und ihre Fertigkeiten erhalten.

• **Pädagogische Unterstützung des gegenseitigen Verständnisses:** Diese Situation macht den Kindern mit ihren unterschiedlichen Lesefähigkeiten deutlich, dass jedes Kind, unabhängig vom persönlichen Entwicklungsstand, an solch einem gemeinsamen Arbeitsprojekt teilnehmen kann.

• **Fachwissen und Einstellungen/ Haltungen der Pädagoginnen und Pädagogen:** Die Lehrerin lässt den Kindern die Freiheit, ihre Aktivitäten frei zu wählen (das Buch zeigen, es weiterreichen …). Die Kinder werden als Akteure ihrer eigenen Entwicklungs- und Lernprozesse angesehen. Die Lehrerin kann die Kinder um etwas bitten (sie fordert ein Kind auf, den Titel vorzulesen) und ermutigt sie zu autonomem Handeln und Interaktion untereinander.

Günstige Rahmenbedingungen

Der nationale Bildungsplan unterstützt die Entwicklung und den Ausbau der Beziehungen zwischen école maternelle und Grundschule, um kontinuierlich übergreifende Lernprozesse zu ermöglichen. Ein gemeinsames Schulprojekt der beiden Schulen wird bereits seit zehn Jahren durchgeführt. Grundlage ist die gute und etablierte Zusammenarbeit der Lehrerinnen in den jeweiligen Einrichtungen, aber auch zwischen école maternelle und Grundschule.

vgl. Kap.3.5, Kap.3.8

160|

5.5.2 Museumsbesuch:
Die Entdeckung moderner Kunst (F)

Kontext

École maternelle, letzter Jahrgang. d. h. Kinder im Alter von ca. 5 Jahren.
Der Museumsbesuch wurde in der Klasse durch verschiedene Aktivitäten vorbe-reitet (Vorstellung von Artefakten und von Fotos der Ausstellungsstücke). Die Kinder kommen im Museum mit Fotos verschiedener Objekte (Bilder, Skulptu-ren) an, die sie nun in natura betrachten können. Sie haben auch ein Notizbuch dabei, in welches sie hineinschreiben bzw. malen können, was sie besonders in-teressiert.
Die Eltern wurden dazu eingeladen, den Besuch im Museum zu begleiten. Sie wurden vorher über die Ziele dieser Aktivität und ihre Rolle dabei informiert: die Begleitung der Kinder in ihrer freien Entdeckung von Kunstwerken.
Beteiligte: Vier Kinder (unter ihnen ist Kevin, ein sechsjähriger Junge mit Sprach-schwierigkeiten), die Vorschullehrerin, die Eltern.

Situation

Die Kinder entdecken das Museum entsprechend ihren jeweiligen Interessen in kleinen Gruppen, sie werden dabei von einem Erwachsenen begleitet. Kevin ist in einer Gruppe mit drei anderen Kindern und der Lehrerin. Diese Kleingruppe interessiert sich besonders für ein Objekt: ein Vorhang aus Plastikriemen. Die Lehrerin fordert die Kinder auf, dieses Objekt in ihrer Bildersammlung zu fin-den. Sie bittet Kevin darum, das entsprechende Foto zu zeigen, aber er wählt ein falsches aus. Eines der Kinder sagt, ohne über seinen Fehler zu lachen: *„Nein"*. Diese Bemerkung veranlasst ihn dazu, noch einmal genauer nachzuschauen und daraufhin das richtige Bild zu zeigen.
Ein Mädchen schlägt vor, durch den Vorhang zu laufen und zwei weitere Kinder schließen sich ihr dabei an, Kevin allerdings nicht. Die Lehrerin ermutigt ihn dazu, den anderen zu folgen und gemeinsam mit ihr den Vorhang zu passie-ren. Er bewegt sich jedoch nicht vom Fleck. Daraufhin erklärt sie den anderen Kindern Kevins Unbehagen: *„Kevin hat ein kleines bisschen Angst, er traut sich nicht hier durchzugehen."* Die Kinder wollen den Grund für Kevins Verhalten erfahren: *„Warum traust du dich nicht hier durch?" „Wieso hast du Angst?" „Denkst du, das sind Schlangen?"* Er antwortet auf keine ihrer Fragen und verweigert per Kopfschütteln den Vorschlag der Lehrerin, den Vorhang zu berühren. Die anderen Kinder bekräftigen diesen Vorschlag: *„Nur einen Riemen!"* Daraufhin ermahnt die Lehrerin die Kinder, Kevin nicht unter Druck zu setzen. Sie ak-

zeptiert Kevins Verweigerung, dieses Ausstellungsstück näher zu entdecken und ermutigt ihn, der Gruppe ein weiteres Ausstellungsstück zu zeigen, das das Interesse der Kinder geweckt hat. Kevin dreht sich voller Enthusiasmus in Richtung der neuen Skulptur und zeigt sie den anderen Kindern, indem er mit dem Finger auf sie deutet.

Kommentar

Diese Situation ist Teil eines umfassenderen Projektes über Kunst und ihre Entstehung, mit dem sich die Kinder das ganze Jahr über beschäftigen und welches teilweise auch eine Kooperation mit anderen Klassen beinhaltet (Austausch von Kunstwerken).

Die Teilnahme der Eltern an dem Museumsbesuch soll die Beziehungen zwischen école maternelle und Eltern stärken, ein weiteres Ziel dieses Projektes.

Es gibt keinen vorher festgelegten Weg, wie das Museum zu erkunden ist. Jeder kann daran teilnehmen, ohne Angst vor Fehlern und Versagen haben zu müssen.

Aufgaben und Ziele aus Sicht der Pädagoginnen und Pädagogen

Das Ziel der Pädagoginnen besteht darin, den Kindern die verschiedenen Arten zeitgenössischer Kunst näher zu bringen. Der Besuch ist so gestaltet, dass die Kinder Spaß dabei haben, die verschiedenen Ausstellungsstücke zu betrachten und dass sie zu weiteren Museumsbesuchen motiviert werden.

Kompetenzen, die entwickelt werden können

- **Ästhetische Kompetenzen:** Die Kinder entdecken unterschiedliche Arten zeitgenössischer Kunst. Sie erhalten die Möglichkeit, Kunst mit Emotionen zu verbinden und diese auszudrücken (z. B. Freude oder Angst beim Passieren des Vorhangs).
- **Soziale Kompetenzen:** Die Kinder lernen, miteinander zu interagieren (Meinungen zu vertreten, Vorschläge zu unterbreiten, die Sichtweisen anderer zu achten), sie kommunizieren über die Kunstwerke und unterstützen sich gegenseitig.
- **Lernmethodische Kompetenzen:** Innerhalb eines bestimmten zeitlichen und räumlichen Rahmens müssen die Kinder selbständig ihre Erkundungen organisieren.

Leitende Prinzipien

- **Interessen und Bedürfnisse der Kinder in den Mittelpunkt stellen:** Bei der Entdeckung des Museums wird das Interesse der Kinder berücksichtigt. Sie können die für sie interessanten Kunstwerke ansehen.

- **Situationen schaffen, die die Fähigkeiten aller Kinder ansprechen:** Die Kinder können frei und flexibel entscheiden, wie und was sie betrachten wollen. Sie können in der Ausstellung umhergehen, die Kunstwerke auswählen und ihre Zeit selbständig einteilen. Sie können die Werke betrachten, berühren, zeichnen und imitieren. Die Arbeit in Kleingruppen fördert die Partizipation und Interaktion aller. Die Kinder können sich dabei gut über ihre Eindrücke austauschen.

- **Pädagogische Unterstützung des gegenseitigen Verständnisses:** Die Lehrerin nutzt die Gruppendynamik, um Kevins Partizipation und Beziehungsaufbau zu unterstützen. Sie ermutigt die Kinder, sich mit Kevins Schwierigkeiten auseinander zu setzen, indem sie ihnen sein Verhalten wertfrei erklärt. Dabei macht sie deutlich, wie sie versucht, Kevin zu unterstützen und auf sein Verhalten angemessen zu reagieren: Vorschläge unterbreiten ohne zu zwingen. An diesem Verhaltensmodell können sich die Kinder orientieren. Die Lehrerin ermöglicht Kevin, eine aktive Rolle einzunehmen, indem sie ihn dabei unterstützt, die Kinder auf eine neue Skulptur aufmerksam zu machen.

- **Fachwissen und Einstellungen/ Haltungen der Pädagoginnen und Pädagogen:** Die Lehrerin versichert sich der Partizipation aller, sie unterstützt die Kinder, beachtet ihre Interessen, akzeptiert ihre Vorschläge (durch den Vorhang laufen) und respektiert ihre Wahl und Zurückhaltung. Stellenweise unterstützt sie Kevin in besonderem Maße. Damit er sein Unbehagen überwinden kann, versucht sie, ihn auf unterschiedliche Arten einzubeziehen. Dabei konzentriert sie sich jedoch nicht ausschließlich auf die Beziehung mit ihm. Ihr Hauptaugenmerk liegt auf der Interaktion der Kinder untereinander.

∩ vgl. Kap. 3.5, Kap. 3.8

5.5.3 Die Stadtführung (D)

Kontext

Ein Tag in der Innenstadt von Frankfurt am Main.
Beteiligte: Sechs Kinder im Alter von 4 bis 5 Jahren aus unterschiedlichen Gruppen. Unter ihnen Ralph, ein vierjähriger Junge, der als Säugling einen Schlaganfall erlitt. Vor allem in den letzten sechs Monaten machte er große Entwicklungsfortschritte. Er kann mit Unterstützung kurze Strecken laufen, spricht einige Worte, interagiert zunehmend mit anderen Kindern und überwindet dabei seine Schüchternheit; zwei Erzieherinnen.

Die Stadtführung beginnt direkt vor der Tageseinrichtung. Verschiedene Lernmöglichkeiten werden genutzt, um die Orientierung und Fähigkeit der Kinder im öffentlichen Umfeld zu fördern (Verkehrsschilder erkennen, Fahrplan lesen, Verkehrsregeln beachten u. v. m). In der U-Bahn auf der Fahrt in die Innenstadt erzählen die Erzieherinnen vom Rathaus und den Aufgaben der Bürgermeisterin und wecken das Interesse der Kinder, indem sie eine Zeitreise ankündigen.

Die historische Stadtführung findet im Rahmen des Bildungsnetzwerkes der Stadt Frankfurt statt. Sie gehört zu einem ausgearbeiteten Programm für Kindergarten- und Grundschulkinder, mit dem Schwerpunkt auf Gesetzen, Rechten und sozialen Regeln und mit Blick auf die Geschichte der Stadt. Eine der Erzieherinnen ist im Bildungsnetzwerk engagiert und an der Programmentwicklung beteiligt. Sie hat den Kindern bereits Geschichten aus diesem Themenfeld erzählt, aber sie haben noch nie die dazugehörigen Orte gesehen.

Situation

Die Gruppe erreicht die Innenstadt. Ralph sitzt in seinem Buggy. Die Erzieherin zeigt den Kindern Bilder aus der Geschichte und Architektur der Stadt Frankfurt. Die Kinder stehen oder hocken in einem Kreis, in den Ralph mit seinem Wagen integriert ist. Ein erstes Ziel ist die Statue der Justitia, hier werden die Symbole Waage und Richtschwert erklärt. Es entwickelt sich ein Gespräch darüber, was gerecht und was ungerecht ist.

Anschließend sollen alle Kinder die Augen schließen, und die Erzieherin beginnt mit der Zeitreise. Sie erklärt den Kindern Aussehen und Lebensumstände des mittelalterlichen Frankfurts. Sie erzählt die Geschichte eines Ritters, der die Kaufleute bestahl und dafür bestraft wurde. Danach zeigt sie das Stadtwappen und bittet die Kinder, auf dem Marktplatz nach Abbildungen des Wappens zu suchen. Die Erzieherin erzählt, dass unliebsame Leute im Mittelalter mit einem Stadtwappen tätowiert wurden, um ihnen den Zutritt zur Stadt zu verbieten. Die Kinder können sich nun ein Stadtwappen auf die Hand stempeln lassen.

Ralph schüttelt zu dieser Idee zunächst den Kopf. Erst als eines der Mädchen ihm stolz ihre beiden bedruckten Hände präsentiert, nickt er zustimmend. Die Erzieherin fragt ihn erneut, ob er einen Stempel möchte und er nickt. Daraufhin druckt sie das Wappen auf seinen Handrücken. Ralph und die anderen Kinder zeigen stolz ihre Hände.

Kommentar
Durch verschiedene Aktivitäten wird immer wieder das Interesse der Kinder geweckt, ihre Ideen und Vorstellungen werden in Erfahrung gebracht und Diskussionen angeregt. Ralph nimmt selbstverständlich als Gruppenmitglied teil, auch wenn er manchmal schüchtern und zurückhaltend wirkt. Er erhält genügend Zeit, sich für oder gegen einen Stempel zu entscheiden. Es wird respektiert, dass er erst einmal die anderen Kinder ausprobieren lässt.

Aufgaben und Ziele aus Sicht der Pädagoginnen und Pädagogen
Die Erzieherinnen haben individuelle Ziele für jedes Kind. Für Ralph ist es wichtig, an solch einem Ausflug teilzunehmen, da er sehr an den Geschichten, die im Kindergarten erzählt wurden, interessiert war. Es ist wichtig, ihm und den anderen Kindern zu zeigen, dass alle Kinder der Einrichtung gleichermaßen dazu gehören, wenngleich sie auf unterschiedliche Art beteiligt sein können. Für einige Kinder ist es ein Erfolg, den Weg durch die Stadt zurückzulegen und/ oder sich längere Zeit auf ein Thema zu konzentrieren. Andere lernen, ihr Wissen einzubringen oder auch andere Kinder zu Wort kommen zu lassen.
Die Erzieherin sieht eine besondere Herausforderung darin, historische und gesellschaftliche Sachverhalte korrekt, aber in kindgerechter Sprache zu vermitteln.

Kompetenzen, die entwickelt werden können
• **Wissen über Gemeinschaft, kulturelle Werte, Umgang mit Vielfalt:** Im Mittelpunkt dieser Stadtführung stehen Themen wie Gerechtigkeit, Wertewandel und der Einfluss der Menschen auf ihr Gemeinwesen. Die Orte und Plätze in der Stadt sollen für die Kinder mit wichtigen Bedeutungen, Geschichten und speziellem Wissen verbunden werden. Dadurch soll die Stadt ihre Anonymität verlieren und als Lebensraum erfahren werden. Die Vor- und Nachbereitung in der Kindertagesstätte gehört dazu und hilft, sich mit schwierigen Inhalten auseinander zu setzen.
• **Lernmethodische Kompetenzen:** Die Kinder erschließen sich aktiv Informationen über ihre Stadt und soziale Themen. Sie erfahren Neues über die Orte, die sie aus anderen Kontexten kennen (oft werden in der Innenstadt Einkäufe erledigt). Sie lernen, ihre Ideen und Sichtweisen einzubringen und bedeutsame Fragen zu stellen.

Leitende Prinzipien
- **Situationen schaffen, die die Fähigkeiten aller Kinder ansprechen** und
- **Abbau von Barrieren:** Alle Kinder der Einrichtung sind eingeladen, sich an Ausflügen zu beteiligen, je nach Interesse. Ralph interessierte sich im Kindergarten für die historischen Geschichten und nimmt daher an der Stadtführung teil. Da er die Strecke nicht zu Fuß bewältigen kann, wird er im Buggy geschoben. Die Erzieherinnen gehen auf die Bedürfnisse aller Kinder ein. Im Hinblick auf die Stempel wird auf Ralph keinerlei Druck ausgeübt und er erhält Zeit für die Entscheidung.

Günstige Rahmenbedingungen
Personelle und konzeptionelle Bedingungen sind die Grundlage, die ein Engagement von Erzieherinnen in einrichtungsübergreifenden Netzwerken und Programmen ermöglichen und unterstützen. Inklusionsfördernde Perspektiven werden damit auch umgekehrt in die Entwicklung städtischer Programme (in diesem Fall das ‚Bildungsnetzwerk‘) eingebracht.

⌒ vgl. Kap. 3.8

ECEIS Autorenteam

6 Individuelle Unterstützung in der inklusiven Erziehung

6.1 Individuelle Unterstützung von Kindern mit besonderen Bedürfnissen – Kommunikation, Wahrnehmung und Mobilität unterstützen

6.1.1 Frühstückstee (U)

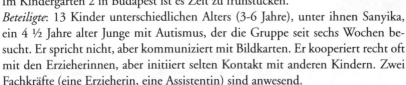

Kontext

Im Kindergarten 2 in Budapest ist es Zeit zu frühstücken.

Beteiligte: 13 Kinder unterschiedlichen Alters (3-6 Jahre), unter ihnen Sanyika, ein 4 ½ Jahre alter Junge mit Autismus, der die Gruppe seit sechs Wochen besucht. Er spricht nicht, aber kommuniziert mit Bildkarten. Er kooperiert recht oft mit den Erzieherinnen, aber initiiert selten Kontakt mit anderen Kindern. Zwei Fachkräfte (eine Erzieherin, eine Assistentin) sind anwesend.

Situation

Das Kind, das heute an der Reihe ist, die Erzieherin bei den alltäglichen Verrichtungen während der Mahlzeiten zu unterstützen, beginnt den Tisch zu decken. Die Assistentin bringt den Tee auf einem Wagen herein. Die Kinder wissen, dass dies das Signal für Frühstück ist; sie unterstützen das Kind, das den Tisch deckt dadurch, dass sie ihr Spielzeug in die Regale räumen. Währenddessen schiebt Sanyika Bauklötze hin und her.

Die Pädagogin zeigt Sanyika die ,Tisch decken'-Karte und untermauert die Aussage mit Worten. Sanyika steht auf, nimmt sein kleines Tischset und legt es gemeinsam mit der Pädagogin auf seinen Platz. Sie bereiten seinen Platz für das Frühstück vor. Danach schüttelt die Pädagogin Sanyikas Hand, zeigt die ,Ich mag es'-Karte und lobt ihn für die Erledigung dieser Aufgabe. Im Anschluss zeigt die ihm die ,Hände waschen'-Karte. Die beiden gehen in den Waschraum und die Pädagogin hilft Sanyika, indem sie ihm zeigt, wie er seine Hände gründlich wäscht; dabei kommentiert sie alles, was sie tun und lobt den Jungen. Die anderen Kinder waschen ihre Hände eigenständig, aber die Assistentin und die Pädagogin haben ein Auge auf die Gruppe, um zu helfen, falls es nötig ist.

Nachdem die Hände abgetrocknet sind, gehen die Kinder zurück in den Gruppenraum und nehmen am Tisch Platz. Die Pädagogin holt Sanyika eine unbestrichene Scheibe Brot und eine mit Schokocreme bestrichene, damit er wählen kann, was er essen möchte. Sanyika wählt die mit der Schokocreme. Die Assistentin macht Kakao für die anderen, während die Pädagogin Tee in einen Plastikbecher füllt: *„Schau, Sanyika, Tee."* Er nimmt den Becher, trinkt die Hälfte und kippt den Rest aus; der Tee verteilt sich auf dem Tisch. Im diesem Moment nimmt die Pädagogin die ‚Sauber machen – alles in Ordnung bringen'-Karte, und zusammen holen sie ein Handtuch, um den Tisch abzuwischen. Sanyika erledigt dies allein, und die Pädagogin zeigt ihm die ‚Ich mag es'-Karte und lobt ihn.

Die anderen Kinder sind mit dem Frühstück fertig und alle Kinder bringen ihre Teller und Becher zurück auf den Wagen. Das Kind, das den Tisch zuvor gedeckt hat, wischt den Tisch ab.

Auch Sanyika ist fertig mit dem Essen und bringt gemeinsam mit der Pädagogin sein Geschirr auf den Wagen. Sie zeigt ihm noch einmal die ‚Ich mag es'-Karte und lobt ihn.

Kommentar

Die Pädagoginnen haben für Sanyika ein System von Bildkarten eingeführt, auf denen Zeichen abgebildet sind, die die Tagesstruktur abbilden (Waschraum, Toilette, Frühstück, Spielen etc.), aber auf denen auch Emotionen zu sehen sind (ich mag es, ich mag es nicht). Sie unterstützen die Kommunikation mit und von Sanyika.

Aufgaben und Ziele aus Sicht der Pädagoginnen und Pädagogen

Ganz bewusst bietet die Pädagogin Sanyika beim Frühstück Alternativen an, zwischen denen er wählen kann. Dies ist wichtig, da er lange Zeit nichts außer unbestrichenem Brot gegessen hat. Zudem hat er keine Getränke aus Glasgefäßen gemocht, nur aus einer bestimmten Flasche, auf der ‚sein' Zeichen abgebildet war. Sanyika trinkt nur Tee, der von der Mutter zu Hause vorbereitet wurde.

Kompetenzen, die entwickelt werden können

* Für Sanyika ist es wichtig, dass er lernt, sich selbst in der **Tagesstruktur** zurecht zu finden.
* **Umgang mit Vielfalt:** Die anderen Kinder erleben einen Spielkameraden, der sich grundlegend anders verhält als sie selbst und eine Lehrerin, die entspannt mit Sanyika umgeht.

Leitende Prinzipien
* **Interessen und Bedürfnisse der Kinder in den Mittelpunkt stellen** und zugleich Partizipation fördern: Die Pädagogin hört den Kindern zu, sie ist sowohl der Gruppe als auch dem Kind mit Behinderung gegenüber aufmerksam. Dadurch, dass sie die Situation für Sanyika so eindeutig wie möglich darstellt, hilft sie ihm, an den gemeinsamen Aktivitäten teilzuhaben.
* **Fachwissen und Einstellungen/ Haltungen der Pädagoginnen und Pädagogen:** Sie akzeptieren, dass die Kinder auf unterschiedliche Art und Weise – entsprechend ihren Wünschen – partizipieren. Die Pädagoginnen haben für Sanyika ein System von Bildkarten eingeführt (s. o.). Sie hängen an der Wand und sind für den Jungen gut erreichbar. Er hat auch eigene Karten in einer Box. Die Karten sind für alle Kinder in der Gruppe zugänglich, wenngleich sie noch nicht begonnen haben diese zu nutzen, wenn sie mit Sanyika kommunizieren wollen. Die Pädagoginnen tauschen mit den Eltern die Erfahrungen mit der Verwendung der Bildkarten aus, und Sanyika trifft zu Hause auf dieselben Regeln, Karten und Bedingungen.

Die Pädagoginnen machen zusätzlich täglich Notizen, Sanyikas Verhalten, Signale und Aktivitäten betreffend, so dass sie die sich wiederholenden Verhaltensmuster und Zeichen des Jungen und deren Bedeutung besser verstehen können. Dieses Tagebuch soll helfen, dass die Pädagoginnen und die Kinder Sanyika besser kennenlernen.

Günstige Rahmenbedingungen
Es wird berücksichtigt, welche Bedeutung der Raum hat: Sanyika hat eine eigene kleine Ecke (Tisch und Stuhl) im Gruppenraum, die er nutzt, z. B. indem er sich mit dem Rücken zu den anderen Kindern setzt, wenn zu viele Reize ihn stören.

☞ s. Kap. 2.1, Kap. 2.3, Kap. 3.2, Kap. 3.4

6.1.2 Stuhlkreis mit Jana (D)

Kontext

Kindertageseinrichtung in Frankfurt 1; in der Turnhalle.

Beteiligte: Alle Kinder und Erzieherinnen und Erzieher der Einrichtung versammeln sich in der Turnhalle. Unter den Kindern ist auch Jana. Sie ist ein siebenjähriges Mädchen, das als Säugling wegen eines Gehirntumors operiert wurde. Jana kann aufmerksam zuhören und kommuniziert durch Mimik und Laute. Sie sieht nur sehr wenig und kann sich nicht selbstständig fortbewegen. Sie liebt Lieder und Rhythmen. Jana ist ein sehr beliebtes Mädchen, das von den anderen Kindern vermisst wird, wenn sie nicht im Kindergarten ist.

Kinder und Erwachsene versammeln sich in der Turnhalle, sie singen Lieder und verabschieden einen Erzieher des Kindergartens. Alle sitzen in einem Kreis auf dem Boden und diejenigen Kinder, die dabei Unterstützung benötigen, sitzen neben einem Erwachsenen. Jana sitzt auf dem Schoß einer Pädagogin. Die Atmosphäre ist entspannt und freudig.

Situation

Der Erzieher, der heute seinen Abschied feiert, verteilt verschiedene Süßigkeiten an alle. Als er zu Jana kommt, fragt er: *„Nun, was möchtest du?"* Die Pädagogin, in deren Schoß das Mädchen liegt, zögert einen kleinen Moment, dann greift sie zur Schokolade: *„Ich denke, Jana mag Schokolade."* Sie packt die Süßigkeit aus und hält sie unter Janas Nase. Jana lacht, und die Pädagogin lässt das Mädchen ein Stück abbeißen. Jana kaut langsam und genießt die Süßigkeit offensichtlich. Als die Pädagogin ihr ein zweites Stück reichen will, lächelt Jana nicht mehr und schiebt es zur Seite. In der Zwischenzeit sind alle Kinder von dem Erzieher begrüßt worden, und es ist an ihm, sich ein Lied zu wünschen, das von der Gitarre begleitet wird. Die Pädagogin, die Jana hält, singt ebenfalls und wiegt das Mädchen im Takt. Jana lacht. Während des schnellen Refrains klatschen alle in die Hände und singen lauter. Die Pädagogin passt dabei ihre Bewegungen dem Rhythmus an. Sie spricht mit dem Mädchen und erklärt ihm alles, was sie sieht. Nach dem Lied spielen die Kinder und Erwachsenen ein Spiel, das ‚Bärenjagd‘ heißt. Die Handlung, die alle Kinder gut kennen, wird von Gesten und Bewegungen begleitet. In der Phantasie müssen die Kinder durch Schlamm robben oder auf einen Baum klettern, um den Bären zu fangen. Während die Geschichte erzählt wird, nimmt die Pädagogin Janas Hände und spricht den Text für sie, sie unterstützt das Mädchen in der Ausführung der jeweils dazugehörigen Gesten. Jana lacht dabei viel. Als die Geschichte vorbei ist, folgt ein ruhiges Lied. Die Pädagogin wiegt Jana ruhig im Takt der Musik. Der Erzieher verabschiedet sich schließlich von Kindern, Kollegen und Kolleginnen und beendet diesen Kreis.

Kommentar

Die Kinder erleben, dass es selbstverständlich ist, dass alle Mädchen und Jungen dabei sind, aber auf unterschiedliche Art und Weise mitmachen können. Jana sitzt nicht in ihrem Rollstuhl, was bedeutet, dass sie besser an den Aktivitäten teilhaben kann. Als die Pädagogin die Süßigkeit auswählen soll, zögert sie einen Moment, sie ist sehr aufmerksam und will Janas Signale abwarten. So beginnt sie beispielsweise nicht direkt, das Mädchen zu füttern, sondern lässt sie erst daran riechen; dabei gibt die Pädagogin ihr Zeit, sich in der Situation zurecht zu finden und eine Reaktion zu zeigen. Jana erlebt, dass sie Einfluss darauf hat, was passiert. Die Pädagogin versucht, Jana soweit wie möglich einzubeziehen. Jana kann die Lieder hören und den Rhythmus durch die Bewegungen spüren. Sie bekommt die ungeteilte Aufmerksamkeit der Pädagogin und folglich die bestmögliche Unterstützung. Auch im nächsten Spiel ist Jana beteiligt. Sie lacht und zeigt, dass es ihr gefällt. So ermutigt sie die Pädagogin, weiterzumachen.

Aufgaben und Ziele aus Sicht der Pädagoginnen und Pädagogen

Es ist für Jana besonders wichtig immer wieder zu erleben, dass sie Teil der Gruppe ist und dass sie beeinflussen kann, was passiert. Da sie Musik und Rhythmen liebt, genießt sie es, die Lieder mit dem ganzen Körper zu erleben. Die Pädagogin, in deren Schoß Jana lag, berichtet, dass sie gespürt hat, dass das Mädchen anfangs angespannt war, sich aber zunehmend entspannt hat.

Kompetenzen, die entwickelt werden können

* **Wissen über kulturelle Werte:** Die Kinder erleben, wie man sich verabschiedet und einen solchen Übergang gestaltet; noch einmal werden vertraute Lieder gesungen und Spiele gespielt. Die Kinder können diesen Vormittag und den Erzieher in Erinnerung behalten. Sie mögen ihn und erfahren, wo er in Zukunft arbeiten wird.
* **Umgang mit Vielfalt:** Die Kinder erleben, dass alle Kinder gleichermaßen zu diesem Kindergarten gehören und auf jeweils ihre Art und Weise an Aktivitäten beteiligt sind.

Leitende Prinzipien

* **Individuelle Unterstützung und gemeinsame Momente schaffen; Situationen schaffen, die die Fähigkeiten aller Kinder ansprechen:** Individueller Unterstützung und kollektive Erfahrung sind in dieser Situation ausbalanciert.
* **Abbau von Barrieren:** Um Schwierigkeiten bei der Teilnahme von Jana abzubauen, sitzt sie auf dem Schoß der Pädagogin, dabei werden die visuellen Eindrücke verbalisiert, Rhythmen und Bewegungen unterstützen dies. Alle Kinder erleben die Heterogenität der Gruppe und unterschiedliche Wege der Partizipation.

s. Kap. 3.2, Kap. 3.4

6.1.3 Der Toaster (U)

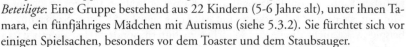

Kontext

Freispiel im Gruppenraum in Kindergarten 2 in Budapest.
Beteiligte: Eine Gruppe bestehend aus 22 Kindern (5-6 Jahre alt), unter ihnen Tamara, ein fünfjähriges Mädchen mit Autismus (siehe 5.3.2). Sie fürchtet sich vor einigen Spielsachen, besonders vor dem Toaster und dem Staubsauger.
Anwesend sind eine Erzieherin sowie eine Sonderpädagogin und eine Psychologin als Beobachterinnen.
Die Sonderpädagogin und die Psychologin beobachten die Aktivitäten im Gruppenraum. Die Kinder spielen. Tamara scheint ziellos im Raum umherzugehen. Die Erzieherin der Gruppe beteiligt sich an den verschiedenen Aktivitäten der Kinder in Kleingruppen.

Situation

Tamara beobachtet, dass zwei Mädchen mit einem Spielzeug-Toaster spielen. Wenn die Kinder den Toaster bedienen, drücken sie an der Seite einen Hebel herunter und zwei Scheiben Plastik-Toast verschwinden in den Schlitzen. Wenn das Toast ‚fertig‘ ist, summt das Gerät kurz, klickt und das Brot springt wieder heraus. Tamara nimmt den Toaster, versucht, ihn zu bedienen, rennt dann fort und beobachtet aus sicherer Entfernung, was passiert. Doch nichts geschieht und das Gerät macht nicht das erwartete Geräusch.
Nun rüttelt Tamara an der Schulter eines Jungen, der an einem Tisch spielt. Bei seinem Spiel unterbrochen, weiß er nicht, was Tamara von ihm möchte und wendet sich verlegen wieder dem Tisch und seinem Spiel zu. Tamara wendet sich wieder ab.
Das Mädchen setzt sich an einen der Tische. Die Beobachterinnen sitzen ein Stück entfernt. Tamara kommt auf die beiden zu und beginnt, mit der Halskette der Sonderpädagogin zu spielen, setzt sich auf ihren Schoß. Die Pädagogin schaukelt sie auf ihrem Schoß und Tamara lacht, steht dann wieder auf und rennt fort.
Bald kommt das Mädchen zurück, hat den Toaster in der Hand und drückt die Hand der Sonderpädagogin auf das Spielzeug und deutet: ‚drücken‘.
Die Pädagogin drückt den Hebel. Tamara versteckt sich hinter ihrer Erzieherin und beobachtet, was passiert. Dann kommt sie erneut auf die Sonderpädagogin zu und deutet mit denselben Gesten wie zuvor an, dass sie den Toaster noch einmal bedienen soll.
Die Beobachterin zeigt und erklärt Tamara, wie das Spielzeug funktioniert. Tamara beobachtet dies und kommt immer näher heran. Die Pädagogin ermutigt

sie jedes Mal, es selbst noch einmal zu versuchen. Nach einer Weile versucht das Mädchen es, aber vergeblich. Die Sonderpädagogin nimmt daraufhin ihre Hand und zusammen bedienen sie den Hebel. Gemeinsam gelingt es. Nach einiger Übung gelingt es dem Mädchen schließlich, den Toaster allein zu bedienen. Sie geht mit dem Gerät spielen.

Kommentar

Tamaras Art zu kommunizieren weicht von der der anderen Kinder ab. Sie versucht, zu einem Spielkameraden Kontakt aufzunehmen, indem sie ihn an der Schulter fasst, da sie ihr Anliegen nicht verbalisieren kann. Der Junge kann die Bedeutung des Signals nicht entschlüsseln. Die Kinder verstehen meist nicht, was Tamara von ihnen möchte, weshalb es dann nicht zu Kontakten kommt. Tamaras Emotionen scheinen sehr ambivalent. Sie ist von dem Toaster fasziniert, hat aber zugleich Angst davor. Die Reaktionen des Gerätes scheint sie nicht vorhersehen zu können. Sie versucht, die Hilfe einer Person, der sie vertraut, zu bekommen. Mit der Unterstützung der Sonderpädagogin lernt Tamara in einem geschützten Rahmen und in ihrem Tempo, wie der Toaster funktioniert. Diese respektiert ihre Bedürfnisse und ihr Tempo. Tamara übt dabei mit jemandem, der sie versteht, Kontakt zu anderen Menschen aufzunehmen und ihre Bedürfnisse auszudrücken. In diesem Prozess lernt sie, mit dem Spielzeug zu spielen, aber auch ihre Angst zu überwinden.

Aufgaben, Ziel und Zweck aus Sicht der Pädagoginnen und Pädagogen

Das Ziel der Sonderpädagogin ist es, die Initiative des Kindes zu verstehen und angemessen darauf zu reagieren. Sie zeigt Tamara, wie das Spielzeug funktioniert, um ihr so auch zu helfen die Angst zu überwinden: Wenn wir etwas begreifen, haben wir weniger Angst davor. Die Pädagogin zeigt in dieser Situation, dass Wissensvermittlung dadurch statt finden kann, dass die Signale des Kindes aufgegriffen werden, dass miteinander in Kontakt getreten und eine gemeinsame Aktivität durchgeführt wird.

Kompetenzen, die entwickelt werden können

- **Lernmethodische Kompetenzen, Wissen über technische Phänomene:** Tamara traut sich, mittels Versuch und Irrtum mit einem Gerät umzugehen, vor dem sie sich fürchtet. Dadurch lernt sie, wie der Toaster funktioniert.
- **Soziale Kompetenzen:** Tamara versucht, teils erfolgreich, Kontakt durch nonverbale Kommunikation aufzunehmen, da Sprache ihr (noch) nicht als Kommunikationsmittel zur Verfügung steht.

Leitende Prinzipien:
- **Interessen und Bedürfnisse der Kinder in den Mittelpunkt stellen:** Die Pädagogin erkennt die Interessen des Kindes, auch wenn dieses nicht spricht. Sie passt ihre Kommunikation den Fähigkeiten des Kindes an.
- **Abbau von Barrieren:** Die Pädagogin ermöglicht Tamara, in einer adäquaten Art und Weise zu lernen: Sie darf verschiedenes in ihrem eigenen Lerntempo ausprobieren.
- **Fachwissen und Einstellungen/ Haltungen der Pädagoginnen und Pädagogen:** Die Pädagogin schafft eine sichere Lernumgebung, in der die Ängste des Kindes vor Unbekanntem reduziert werden können.

s. Kap. 3.3, Kap. 3.4

6.1.4 John im Planschbecken (D)

Kontext

Im Kindergarten 1 in Frankfurt, auf dem Außengelände.
Beteiligte: Eine kleine Gruppe von Kindern im Alter zwischen 3 und 4 Jahren. Unter ihnen ist John, ein 3 ½ Jahre alter Junge. Er kommuniziert durch eine ausdrucksstarke Mimik und Gestik, spricht aber nicht. Er krabbelt, er kann sich an Objekten hochziehen und dann stehen, er kann laufen, wenn er an beiden Händen fest gehalten wird. Manchmal benutzt er einen Rollstuhl.

Zum ersten Mal in diesem Sommer ist ein großes Planschbecken auf dem Außengelände aufgebaut worden. Fast alle Kinder, Erzieher und Erzieherinnen sind draußen. Viele Kinder tragen Badekleidung und spielen am Planschbecken ,Pool-Party'. Da John jedoch eine ruhigere Atmosphäre benötigt, hat er ein eigenes kleines Planschbecken in einer ruhigeren Ecke auf einem Wiesenstück.

Situation

John sitzt in seinem Planschbecken, währenddessen versammeln sich mehr und mehr Kinder am großen Pool. Eine Pädagogin legt Dutzende von Korken in Johns Planschbecken. Nun sitzt John im Wasser und hat etwa 30 Korken um sich herum schwimmen. Er greift nach ihnen und lacht. Vier jüngere Kinder werden darauf aufmerksam und kommen näher, um zu sehen was John tut. Sie kommen zu dem Jungen und spielen eine Weile mit ihm und den Korken. Ein Junge steigt zu John ins Planschbecken, die anderen Kinder sitzen daneben. Als es Zeit zum Mittagessen ist, beenden die Kinder das Spiel und die Erzieherin holt John aus dem Planschbecken und trocknet ihn ab.

Kommentar

Die Pädagogin weiß, dass John eine entspannte Atmosphäre braucht und reagiert darauf, indem sie ihm ermöglicht, in einer ruhigeren Ecke zu baden. Im großen Pool wäre ihm das Spiel der anderen Kinder zu wild gewesen, er hätte eine Erzieherin an seiner Seite gebraucht, um nicht im tieferen Wasser unterzugehen. Zugleich beabsichtigt die Erzieherin, damit auch anderen Kindern in der Freispielzeit ein alternatives Angebot zu machen. Die Aktivität ähnelt dabei der der anderen Kinder und passt gut in die Atmosphäre an diesem Morgen: Es ist ein warmer Sommertag, alle Kinder haben Spaß daran, mit Wasser zu spielen. Die vorbereitete Situation weckt auch das Interesse anderer Kinder, die lieber ruhig im und an dem Planschbecken statt im großen Pool spielen wollen. Dadurch entsteht eine Situation, in der gemeinsames Spiel statt finden kann.

Aufgaben und Ziele aus Sicht der Pädagoginnen und Pädagogen
Die Erzieherin beabsichtigt, eine Situation zu schaffen, in der Kommunikation und gemeinsames Spiel zwischen den Kindern entstehen können. Um es mit ihren Worten zu beschreiben: *„Vor 20 Jahren hatten wir die Idealvorstellung, dass die Kinder immer auch diejenigen mit Behinderung zum Spielen auffordern sollten. Das hat oft nicht funktioniert und schien mehr der Wunsch der Erwachsenen zu sein. Man muss auch etwas Attraktives anbieten, das das Interesse der Kinder weckt auch mit dem Kind zu spielen, das besondere Unterstützung braucht. "*

Kompetenzen, die entwickelt werden können
• **Soziale Kompetenzen:** Erfahren und geübt werden können die Interaktion zwischen Gleichaltrigen und kommunikative Fähigkeiten während des Freispiels bzw. des gemeinsamen Spiels.
• **Umgang mit Vielfalt:** In einer Kindergruppe gibt es unterschiedliche Bedürfnisse und Interessen zur gleichen Zeit. Die Kinder lernen, dies zu akzeptieren und wertzuschätzen und eine Aktivität zu wählen, die ihren Bedürfnissen und Interessen entspricht.
• **Motorische Kompetenzen:** Es können Erfahrungen gemacht werden mit Eigenbewegung im Wasser, Auge-Hand-Koordination, ‚Fangen‘ der Schwimmobjekte.

Leitende Prinzipien
• **Interessen und Bedürfnisse der Kinder in den Mittelpunkt stellen:** Auf der Grundlage des Bedürfnisses von John, aber auch von anderen Kindern, in einer ruhigen Atmosphäre zu baden, entsteht eine attraktive Spielsituation. Die Kinder werden durch die vorbereitete Umgebung angesprochen und eingeladen, daran teilzuhaben und gemeinsam zu spielen. Die Situation (Planschbecken mit schwimmenden Korken) ist eine attraktive Modifikation der Situation, in der die meisten anderen Kinder spielen.
• **Für das Kind mit besonderen pädagogischen Bedürfnissen Situationen schaffen, die auch für andere Kinder attraktiv sind:** Die Pädagogin gestaltet eine Situation, die nicht nur für John, sondern auch für andere Kinder interessant ist.
• **Fachwissen und Einstellungen/ Haltungen der Pädagoginnen und Pädagogen** werden offensichtlich: Sie akzeptieren die unterschiedlichen Arten und Weisen der Kinder teilzuhaben, je nach Situation und Bedürfnissen der Kinder. Es ist ihnen bewusst, dass Kinder in heterogenen Gruppen unterschiedliche Interessen haben, unabhängig von der Unterscheidung zwischen Kindern mit und ohne Behinderung.

Günstige Rahmenbedingungen

Bedeutsam ist das Bestreben der Pädagogen, allen Kindern auf dem Außengelände Aktivitäten anzubieten, unabhängig davon, welcher Gruppe sie im Kindergarten angehören. Das weitläufige Außengelände bietet dazu hervorragende Voraussetzungen.

s. Kap. 3.4

6.2 Therapie und Pflege

6.2.1 Johns Therapie (D)

Kontext

In der Turnhalle der deutschen Kindertageseinrichtung 1.
Beteiligte: Drei Kinder; zwei Schuljungen im Alter von etwa 10 Jahren und John
(s. 6.1.4); Johns Therapeutin, die stundenweise in der Einrichtung arbeitet, ist
ebenfalls anwesend.
Die Therapeutin holt John ab, um mit ihm zur Therapie in der Turnhalle zu gehen, die wiederum zu dieser Zeit für alle Kinder geöffnet ist.

Situation

Als John und seine Therapeutin in die Turnhalle kommen, spielen die beiden
anderen Jungen bereits dort. Die Therapeutin platziert eine große Turnmatte
und einen Tunnel aus Schaumstoffmaterial in der Mitte des Raumes. Dann setzen John und sie sich auf den Boden und beobachten das Spiel der älteren Jungen. Nach einigen Minuten beziehen die Jungen auch den Tunnel in ihr Spiel
ein, indem sie auf diesen hinauf klettern und wieder herunter auf die große
Matte springen. Zunächst beginnt John kurz zu weinen, als er dies sieht. Als die
Therapeutin sagt: *„Schau, sie führen Kunststücke für dich vor!"*, beginnt John, die
Jungen aufmerksam zu beobachten und hört auf zu weinen. John krabbelt an
den Tunnel heran und die Therapeutin bittet die Jungen, nun etwas vorsichtiger
zu springen. Die beiden setzen ihr Spiel etwas ruhiger fort und die Therapeutin
lobt sie dafür. Sie fordert John auf, durch den Tunnel zu kriechen und fragt die
älteren Jungen, ob sie ihm das zeigen können. Zunächst scheint John ängstlich,
doch als er sieht, wie die Jungen zum ersten Mal durch den Tunnel gekrochen
sind und wieder hinaus kommen, lacht er und kriecht ebenfalls hinein und bleibt
im Tunnel liegen. Die Jungen klettern nun auf das Spielgerät und beobachten
John, der in der kleinen Röhre liegt, kopfüber. *„Was tut er?"* fragt die Therapeutin. Einer antwortet: *„Weiß nicht"*, der andere sagt: *„Genießen!"*. Nun bittet einer
der Jungen die Therapeutin, ihm bei einem Salto von dem Tunnel auf die Matte
zu helfen. Als dies beiden gelungen ist, kehren sie zu ihrem ursprünglichen Spiel
in einer anderen Ecke des Raumes zurück. Die Therapeutin und John turnen
noch eine Weile auf den Matten.

Kommentar
In der Turnhalle erobern die Jungen die Spielmaterialien. Es wird deutlich, dass die Therapeutin diese nicht nur für John, sondern auch für alle anderen Kinder platziert hat. Zunächst lässt die Therapeutin John alles beobachten. Als auch John das Material entdecken will, bittet die Therapeutin die Jungen, auf John Rücksicht zu nehmen und etwas vorsichtiger zu spielen, worauf diese sofort reagieren und somit ihr Spiel Johns Bedürfnissen anpassen. Beide besuchen die Kindertagesstätte seit frühster Kindheit und sie sind somit mit den unterschiedlichen Fähigkeiten, die Kinder haben können, vertraut. So gelingt es ihnen ohne Probleme ihr Spieltempo anzupassen, als John in den Tunnel kriecht. Dabei lobt die Therapeutin die beiden sowohl für ihre Kunststücke als auch für ihre Rücksichtnahme. So gelingt es, dass sie das Gefühl bekommen, Lob zu erfahren, weil sie sich angemessen gegenüber John verhalten, zugleich wird ihr Spiel wertgeschätzt. Den Jungen steht es später frei, sich wieder ihrem ursprünglichen Spiel zuzuwenden.

Aufgaben und Ziele aus Sicht der Pädagoginnen und Pädagogen
Die Therapeutin versucht, die Therapie zeitlich so zu legen, dass sie in Johns Tagesstruktur passt. Als sie den Jungen an diesem Morgen zur Therapie holt, unterbricht sie ihn nicht bei einer anderen wichtigen Aktivität. Für sie ist es bedeutsam, dass John die Möglichkeit hat, zu entscheiden was er möchte. Er gibt die Richtung vor und die Therapeutin wartet, bis er die Initiative ergreift. Als die beiden auf die Jungen in der Turnhalle treffen, bezieht sie sie spontan in die Therapie ein.

Kompetenzen, die entwickelt werden können
- **Motorische Kompetenzen:** Alle beteiligten Kinder können besonders ihre grobmotorischen Kompetenzen erweitern. Sie tun dies auf unterschiedliche Weise, benutzen dabei aber dieselben Materialien: Die älteren Jungen üben das Turnen und einen Salto, John trainiert das Krabbeln und Kriechen. Zugleich können die Kinder ihr Raumverständnis erweitern.
- **Soziale Kompetenzen:** Die Kinder spielen miteinander und lernen so etwas über Interaktion, Respekt, Rücksichtnahme und unterschiedliche Rollen. John kann am Modell lernen.

Leitende Prinzipien
- **Interessen und Bedürfnisse der Kinder in den Mittelpunkt stellen:** Die Therapeutin bereitet den Raum so vor, dass das Interesse der Kinder geweckt wird und sie die Materialien ausprobieren und miteinander in Kontakt kommen können.
- **Pädagogische Unterstützung des gegenseitigen Verständnisses:** Die Therapeutin gestaltet eine ansprechende Situation für John und die beiden Jungen. Sie

nimmt Johns Perspektive ein, wenn sie die Jungen bittet, vorsichtiger zu spielen. Zugleich lobt sie das Verhalten der Jungen und hilft allen drei Kindern, wenn es nötig ist.

* **Lernen in gemeinsamen Erfahrungsräumen:** In der Situation gibt es eine Balance zwischen Freispiel und Unterstützung durch die Therapeutin. Sie lässt die Kinder entdecken, aber gibt Hilfestellungen, wenn nötig. Ihre Hilfen sind dem Bedarf des jeweiligen Kindes angepasst, zugleich aber schafft sie auch Momente der Gemeinsamkeit.

* **Für das Kind mit besonderen pädagogischen Bedürfnissen Situationen schaffen, die auch für andere Kinder attraktiv sind:** Die Therapeutin gestaltet eine Situation, die nicht nur für John, sondern auch für andere Kinder interessant ist.

Günstige Rahmenbedingungen:
Da die Therapeutin direkt in der Einrichtung arbeitet, können Therapien in die Tagesstruktur und die Aktivitäten der Kinder integriert werden. Zugleich teilt die Therapeutin die pädagogischen Prinzipien und Haltungen der Einrichtung. Das offene Konzept und damit verbunden die Möglichkeit, Räume frei zu nutzen, macht es möglich, dass andere Kinder spontan in Therapiesituationen einbezogen werden und dass solche interaktiven Situationen entstehen.

s. Kap. 3.1, Kap. 3.4

6.2.2 Janas Pflege (D)

Kontext

Nach dem Mittagessen im Gruppenraum, Kindertageseinrichtung 1 in Frankfurt. *Beteiligte*: Jana ist ein 7 Jahre altes Mädchen, das als Kind wegen eines Gehirntumors operiert wurde (siehe 6.1.2). Jana benötigt in den meisten Situationen Unterstützung und auch Pflege. Eine Erzieherin ist bei ihr.

Alle Kinder der Gruppe haben zusammen zu Mittag gegessen. Nun sollen sie ihre Zähne putzen. Die Erzieherin spricht zu Jana und trägt sie zum Wickeltisch, der sich in der Ecke des Vorzimmers befindet.

Der Wickeltisch liegt der Eingangstür zum Waschraum direkt gegenüber. Jana kann die anderen Kinder hören und ist nah am Geschehen. Die anderen Kinder wiederum sehen Jana aber nicht auf dem Wickeltisch.

Situation

Die Erzieherin bittet einen Jungen, Janas Zahnbürste zu holen. Sie hält diese vor Janas Mund und sagt: *„Die Zahnbürste kommt!"*. Jana öffnet ihren Mund und die Erzieherin putzt ihre Zähne. Mit freundlicher Stimme spricht sie über das vergangene Mittagessen und ob Jana es wohl gemocht hat. Bevor sie Janas Gesicht wäscht, kündigt sie dies an und bittet das Mädchen, die Augen für einen Moment zu schließen. Schließlich bekommt Jana noch eine neue Windel. Die Erzieherin erzählt ihr, dass darauf ein Schmetterling zu sehen ist. Sie zeigt ihr den Schmetterling, indem sie vor dem Anlegen der Windel diese dicht vor Janas Augen hält. Jana lacht. Nun sagt die Erzieherin: *„Ich werde noch deine Haare kämmen"* und tut dies. Jana scheint es sehr zu mögen.

Während der ganzen Zeit sitzt ein etwa 4jähriges Mädchen auf dem Boden vor dem Wickeltisch. Sie ist dabei, sich die Schuhe anzuziehen, da sie draußen spielen möchte. Sie lässt sich viel Zeit und hört der Erzieherin aufmerksam zu. Sie genießt diesen Moment der Ruhe abseits der Hektik im Waschraum ganz offensichtlich sehr.

Kommentar

Die Erzieherin kündigt jede Handlung vorher an und spricht viel mit Jana. Sie bezieht das Mädchen so weit wie möglich ein und beschreibt die Dinge, die Jana nicht sehen kann. Durch diese wertschätzende und empathische Art schafft sie eher eine Atmosphäre gemeinsamer Handlung als eine der Pflege. Janas Versorgung ist dabei in den täglichen Ablauf der Gruppe integriert: Alle Kinder putzen ihre Zähne, einige ziehen sich um, um draußen spielen zu können. Die Situation der Pflege spielt sich nicht abseits der anderen Kinder ab, dennoch bleibt die Privatsphäre des Mädchens erhalten, da die anderen Kinder sie nicht sehen können. Ein jüngeres Kind genießt diese ruhige Situation, die für Jana geschaffen wurde.

Aufgaben und Ziele aus Sicht der Pädagoginnen und Pädagogen
Janas Pflege wird durchgeführt, zugleich schafft die Erzieherin eine vertrauensvolle Atmosphäre und interagiert sehr empathisch mit dem Mädchen.

Kompetenzen, die entwickelt werden können
- **Individuelle Kompetenzen und Ressourcen:** Die begleitenden Kommentare zu jeder Handlung helfen Jana, ihren Körper wahrzunehmen. Die Erzieherin wartet, bis Jana auf ihre Worte reagiert und zeigt dem Kind so, dass seine Bedürfnisse und Wünsche respektiert werden.
- **Soziale Kompetenzen:** Durch die sehr enge Interaktion mit der Erzieherin werden Janas kommunikative Fähigkeiten gefördert. Die Atmosphäre lässt face-to-face-Interaktionen zu, und es entsteht eine Situation, in der Gemeinsamkeit erlebt werden kann.
- **Raum und Zeit:** Jana ist in die täglichen Abläufe des Gruppengeschehens einbezogen. Diese Routinen helfen ihr, sich im Alltag zu orientieren.

Leitende Prinzipien
- **Individuelle Unterstützung und gemeinsame Momente schaffen:** Jana erfährt professionelle und individuelle Unterstützung, ist zugleich aber in das Geschehen der Gruppe integriert. Die Erzieherin schafft eine Atmosphäre der Ruhe und ein vertrauensvolles Klima, auf das auch die anderen Kinder reagieren. Sie ist sehr sensibel gegenüber Janas Bedürfnissen und Wünschen. Sie kommuniziert viel und kommentiert all ihre Handlungen.

Günstige Rahmenbedingungen
Der Betreuungsschlüssel macht die individuelle Unterstützung für Jana möglich – während zeitgleich auch die anderen Kinder intensive Anleitung im Waschraum benötigen. Der Platz, an dem der Wickeltisch steht, ermöglicht es, dass Jana die anderen Kinder hören kann, aber trotzdem ihre Privatsphäre hat. So kann Jana sich gut auf die Handlungen einstellen und auf ihre Art darauf reagieren.

s. Kap. 3.4

ECEIS Autorenteam

7 Pädagogische Unterstützung des gegenseitigen Verständnisses – Signale und Verhalten übersetzen, Konflikte lösen

7.1 Der Autotausch (U)

Kontext

Freispielzeit im Gruppenraum des Kindergartens 2 in Budapest.

Beteiligte: Zsiga (ein Junge mit einer körperlichen Einschränkung), Panni, Henrik, Ben und andere Kinder aus der Gruppe, eine Erzieherin und eine Assistentin.

Situation

Zsiga, Henrik and Ben spielen in der Bauecke. Schon eine ganze Weile sind sie dabei, ein Schloss zu bauen. Zsiga steht neben der Kiste mit den Bauklötzen und reicht sie Ben, der sie dann zu einem Schloss zusammensetzt. Zsigas Ideen werden angenommen; Ben informiert den Jungen, welche Bauklötze er als nächstes benötigt.

Zuvor hatten Zsiga und Ben in der Bauecke einen Streit mit Panni. Nachdem der Konflikt gelöst ist, spielen die beiden Jungen friedlich miteinander. Panni möchte nun gern mitspielen, aber die Jungen ignorieren das Mädchen. Panni geht weg und zu dem Regal mit den Spielzeugautos. Zsiga folgt ihr. Panni kehrt mit einem Bagger in der Hand zurück in die Bauecke, Zsiga kommt mit einem Traktor zurück. Sehnsüchtig schaut er auf das Fahrzeug des Mädchens. Er greift danach, doch Panni tritt zur Seite.

Henrik legt seine Hand auf Zsigas Traktor und ruft: *„Ich will das!"*

Zsiga antwortet: *„Schau, wenn du den Bagger von Panni kriegst, gebe ich dir den Traktor".*

Henrik: *„Okay!"* Er wendet sich an Panni: *„Zsiga will das."*

Panni antwortet: *„Aber ich brauch den auch!"*

Ein Streit kommt auf.

Die Erzieherin unterbricht: *„Also gut, lasst uns zusammen darüber reden. Wie würdet ihr das Problem lösen? Bitte gib mir das erst einmal."* Sie nimmt den Bagger. *„Wer will zuerst erzählen? Wer als Zweiter?"* Sie nimmt ihre Finger zur Hilfe, um zu verdeutlichen, was sie gesagt hat. *„Nun mal ehrlich, wer hat denn zuerst nach*

dem Bagger gefragt?" Sie wendet sich an Zsiga, dann an Panni und Henrik, um eine Antwort zu bekommen. *„Könnt ihr beide euch vorstellen, dass ihr das Zsiga gemeinsam gebt?"*
Henrik antwortet: *„Ja!"* Zsiga sagt zu ihm: *„Ich gebe dir meins!"*
Die Erzieherin zu Henrik und Panni: *„Hier habt ihr ihn. Gebt ihn Zsiga zusammen. Lass Panni ihn halten. So, danke!"*
Zsiga gibt Henrik den Traktor im Tausch.
Die Erzieherin: *„Und? Hast du ihm das andere stattdessen gegeben?"* Sie gibt den Kindern einen Kuss.

Kommentar
Zsiga hat bereits Erfahrungen mit Pannis körperlicher Stärke gemacht. Er weiß, dass er ihr den Bagger nicht weg nehmen könnte. Er traut sich nicht einmal, danach zu fragen. Aber er hat eine bessere Strategie: Er weiß, dass er in der Gruppe mehr Chancen hat, den Bagger zu bekommen. Er kann so auf die Stärke der anderen zurück greifen. Dazu ist es interessant zu sehen, wie er Henrik beeinflusst, so dass der Wunsch, den Bagger zu besitzen, gemeinschaftliches Interesse wird.
Die Erzieherin versucht die Kinder zu beruhigen, indem sie zunächst den Bagger an sich nimmt, damit diese sich nicht sorgen müssen, wer ihn wohl bekommen. Danach stellt sie sicher, dass alle Kinder die Situation aus ihrer Sicht darstellen können.
Die Konfliktlösung erfolgt primär durch sprachlichen Austausch. Nachdem die Kinder erzählen konnten was passiert ist, regt die Erzieherin eine Lösung an, bei der die Kinder, deren Interessen sich eigentlich kontrovers gegenüber stehen, gemeinsam agieren müssen. Dennoch fühlt sich kein Kind als Verlierer. Die Erzieherin beobachtet, wie die Kinder das Problem schließlich lösen und macht ihnen durch ihre warme Geste Mut.

Aufgaben und Ziele aus Sicht der Pädagoginnen und Pädagogen
Die Erzieherin fungiert in diesem Konflikt als Vermittlerin. Sie stellt sicher, dass sie sich nicht verletzen, sondern ruhig bleiben. Sie ermutigt sie, über ihr Problem zu sprechen, statt körperliche Gewalt anzuwenden. Dennoch drängt sie sich nicht auf, sondern lässt die Kinder entscheiden, ob ihr Lösungsvorschlag akzeptiert werden kann.

Kompetenzen, die entwickelt werden können
- **Soziale Kompetenzen:** Die Kinder lernen, die Interessen und Bedürfnisse des jeweils anderen wahrzunehmen und zu berücksichtigen. Die Erzieherin hilft, zu einer friedvollen Lösung des Problems zu kommen, so dass alle Kinder weiter spielen können.

Leitende Prinzipien
- **Interessen und Bedürfnisse der Kinder in den Mittelpunkt stellen:** Die Erzieherin hört den Standpunkt aller Kinder an. Diese können wählen, ob sie den Lösungsvorschlag der Erzieherin akzeptieren wollen oder nicht.
- **Pädagogische Unterstützung des gegenseitigen Verständnisses:** Die Erzieherin zeigt ihre Wertschätzung, als die Kinder den Konflikt gewaltfrei lösen.
- **Fachwissen und Einstellungen/ Haltungen der Pädagoginnen und Pädagogen:** Die Erzieherin schafft einen verlässlichen und Trost spendenden Rahmen für die Konfliktlösung. Das Problem zu lösen bleibt aber Aufgabe der Kinder selbst.

⌒⌐ s. Kap.. 3.2

7.2 Karl und Anton spielen draußen (S)

Kontext

Eine schwedische Vorschule. Alle Kinder spielen seit einer Stunde auf dem Außengelände, so wie jeden Morgen. Es ist eine altersgemischte Gruppe, die Kinder sind 1-6 Jahre alt. Es ist Winter und der Boden ist mit Schnee und Eis bedeckt. Der Schnee ist gerade erst gefallen und einige Kinder versuchen, mit Plastikspaten im gefrorenen Sandkasten zu graben. Andere Kinder bauen unter einem Tisch eine Bude; einige haben eine ‚Pulka' (eine feste große Plastikscheibe in Form eines Apfels, um damit über den Schnee zu rutschen) und versuchen, damit zu rutschen. Wieder andere Kinder gehen auf dem Außengelände umher und beobachten, was die anderen Kinder tun.

Beteiligte: Karl, ein 3 1/2 Jahre alter Junge mit geistiger Beeinträchtigung, Anton, 3 ½ Jahre alt, Emil und Oskar, beide 4 Jahre alt und eine Vorschulpädagogin.

Situation

Anton und Emil knien auf dem Boden und Karl steht direkt hinter Anton. Die Vorschullehrerin läuft an den Jungen vorbei und Emil folgt ihr. Anton zerstößt mit einem kleinen Plastikspaten Eis auf dem Boden. Karl tätschelt Antons Kopf. Die Pädagogin steht ein Stück abseits und sagt zu Anton: *„Karl tätschelt deinen Kopf. Ich denke, er mag deine Kappe. Karl denkt, dass du heute nett aussiehst. "*
Anton dreht seinen Kopf, schaut zu Karl und lächelt ihn an. Karl tätschelt Antons Wange mit dem Handschuh.
Die Lehrerin sagt: *„Er kitzelt dich und schaut auf dein Ohr."*
Emil und Oskar kommen auf Anton und Karl zu und setzen sich neben die beiden.

Die Lehrerin geht auf die Gruppe zu, hockt sich auf ihre Fersen und gibt Emil einen Spaten zurück, den Oskar ihm weg genommen hatte. *„Das war Emils Spaten. "* Dann spricht die Pädagogin und deutet zugleich in Gebärdensprache: *„Du kannst dir deinen eigenen Spaten holen, wenn du möchtest. "*
Karl tätschelt nun Antons Rücken. Die Pädagogin sagt und deutet in Gebärdensprache: *„Du weißt, wenn du nicht willst, dass er dich tätschelt, kannst du ‚Nein' zu Karl sagen".* Anton antwortet der Lehrerin: *„Aber ich mag, wenn er das tut. "*

Kommentar

Die Situation spielt sich draußen ab. In dieser Vorschule gehört es zum täglichen Ablauf, dass die Kinder morgens etwa eine Stunde draußen sind (wie in den meisten anderen Vorschulen in Schweden). Das Außengelände ist weitläufig und bietet den Kindern gute Möglichkeiten, ihre motorischen und kommunikativen Fähigkeiten zu erweitern. Die Kinder können ihre Aktivitäten wählen und frei spielen, zum Beispiel mit Eis und Schnee. In dieser Umgebung treffen oft Kinder aus unterschiedlichen Gruppen zusammen. Die Rolle der Pädagogin besteht darin, an den Aktivitäten und Interaktionen der Kinder beteiligt zu sein, wenn es nötig ist. Das Spiel auf dem Außengelände hat in Schweden, wie bereits erwähnt, eine lange Tradition.

Aufgaben und Ziele aus Sicht der Pädagoginnen und Pädagogen

Aus pädagogischer Sicht ist es das Ziel in dieser Situation, dass die Kinder miteinander in Kontakt kommen. Die Pädagogin greift eine dieser Gelegenheiten auf und unterstützt die Interaktion zwischen den Kindern. Die Lehrerin betrachtet Karls Aktivitäten in positivem Licht. Es gelingt ihr, Karls Handlungen und Fähigkeiten gegenüber Anton, Emil und Oskar zu verdeutlichen. In der beschriebenen Situation deutet die Lehrerin darauf hin, dass Anton Karl sagen soll, wenn er nicht von ihm getätschelt werden möchte. Die Vorschulpädagogin folgt dabei der Situation und gibt sie nicht vor. Sie beruhigt die Interaktion zwischen den Kindern, indem sie ihnen ein Vorbild ist und indem sie Karl eine Stimme gibt.

Kompetenzen, die entwickelt werden können

- **Soziale Kompetenzen:** Durch das Spiel mit anderen Kindern werden soziale Kompetenzen erworben.
- **Sprachliche Kompetenzen/ Gebärdensprache:** Die Erzieherin unterstützt die Kommunikation durch die Gebärdensprache und beschreibt, was Karl mit seinen Handlungen bezweckt.
- **Wissen über Naturphänomene:** Die Kinder zerstoßen Eis in kleine Stücke. Sie lernen, wie fest es ist und wie fest sie stoßen müssen, damit das Eis bricht.

Leitende Prinzipien

- **Interessen und Bedürfnisse der Kinder in den Mittelpunkt stellen:** In dieser Situation werden verbale Sprache und Zeichensprache genutzt, um das gegenseitige Verständnis zu unterstützen. Die Erzieherin macht Karls Handlungen und Interaktion für die anderen Kinder verständlicher.
- **Situationen schaffen, die die Fähigkeiten aller Kinder ansprechen:** Die Pädagogin unterstützt die Kinder, indem sie die Situation kommentiert, aber keine Richtung vorgibt, statt dessen Handlungsalternativen aufzeigt, wenn ein Kind

etwas möchte: Es liegt an dem jeweiligen Kind, zu entscheiden (*„Du kannst dir deinen eigenen Spaten holen", „Du kannst Nein sagen"* ...).
• **Pädagogische Unterstützung des gegenseitigen Verständnisses:** Die Pädagogin zeigt Karls Beteiligung dadurch auf, dass sie seine Handlungen erläutert.

Günstige Rahmenbedingungen:
Die Gesamtgruppe ist altersgemischt (Kinder im Alter von 1 bis 6 Jahren). Ein weiterer positiver Aspekt ist das weitläufige Außengelände mit seiner Ausstattung, zum Beispiel Sandkasten und Schaukel. Diese und andere Spielmaterialien fördern unterschiedliche soziale und motorische Kompetenzen.

s. Kap. 3.1, Kap. 3.2

ECEIS Autorenteam

8 Freispiel – Situationen mit vielfachen Herausforderungen

In den Freispielsituationen sind die Kinder selbst in hohem Maße dafür verantwortlich, was sie tun möchten. Sie sehen sich mit mannigfaltigen Herausforderungen konfrontiert, im Besonderen im Bereich der Selbstorganisation, des Beziehungs-Managements und der Kommunikation.

8.1 Entdeckung und Initiative im Freispiel (F)

Kontext
Am späten Nachmittag im Kindergarten in Paris. In der Freispielphase ergreifen Kinder die Initiative für unterschiedliche Aktivitäten: Rollenspiele, Spiele in der Bauecke, Puzzle, Malen etc. Am Ende des Tages holen die Eltern die Kinder ab und bekommen in der Regel einen Einblick in den Alltag des Kindergartens. *Beteiligte:* 15 Kinder, unter ihnen Jean (ein Kind mit Sprachschwierigkeiten); drei Erwachsene.

Situation
Die Kinder finden sich zum Freispiel zusammen. Sie können umhergehen, ein Spielzeug auswählen oder den Raum wechseln. Gerade finden hauptsächlich zwei Aktivitäten statt: Eine Gruppe spielt mit Marionetten – mit unterschiedlicher Beteiligung verschiedener Kinder – und in einer anderen Gruppe wird eine Geschichte erzählt (ungefähr fünf Kinder versammeln sich in einem anderen Teil des Raumes um eine Erzieherin). Die Kinder nutzen den Raum auf unterschiedliche Weise. Sie sind die Hauptakteure. Spontan finden sie sich in Kleingruppen zu Aktivitäten zusammen: Kinder mit den Marionetten spielen auf einer Art Bühne, die Zuschauer sitzen auf Stühlen vor ihnen. Die Kinder, die der Geschichte lauschen, sitzen auf einer Matratze. Die Aufteilung der Kinder ist nicht festgelegt; die Kinder wechseln entsprechend ihrer Interessen von einer Aktivität zur anderen. So kommt es, dass einige Kinder eine Aufgabe abbrechen und sich der Geschichten-Erzähl-Gruppe anschließen, sich als Zuschauer ins Publikum setzen, eine Spielzeugkiste durchsuchen, allein spielen oder verhandeln, um ein Spielzeug zu bekommen. (Das betrifft vor allem die Marionetten.)

Jean erkundet den Raum zunächst mit einem Mikrofon in der Hand; er spricht laut, als wäre er ein Radio-Moderator. Nun stoppt er unter der Bühne und bittet einen Jungen, ihm eine Marionette zu geben. Der Junge stimmt sofort zu; er wirft die Puppe Jean zu und versucht, so genau wie möglich zu zielen. Jean schließt sich der bereits existierenden Kleingruppe von Kindern an und bewegt die Marionette genau so, wie die anderen es tun, indem er ihr Leben und Stimme gibt. Er bezieht auch die Zuschauer ein, wenn er ruft: *„Kinder, los geht's, Kinder."* Es ist bemerkenswert, dass die Kinder die Regeln selbst einführen und dafür sorgen, dass diese respektiert werden; wer beispielsweise die Bühne betreten und bei der Vorstellung mitmachen will, benötigt dazu eine Marionette.

Gerade beobachtet Jean den Bühneneingang. Er sieht ein Mädchen, das versucht, ohne Marionette auf die Bühne zu klettern; Jean blockiert den Eingang und wiederholt mit fester Stimme: *„Nein, nein, nein."*

Kommentar
Die spontane Art, mit der die Spiele sich ereignen, ist wichtig. Dies ist auch der Moment, in dem die Kinder wieder mit ihren besten Freunden zusammentreffen, von denen sie während der unterschiedlichen Aktivitäten im Tagesverlauf getrennt waren. Während des Freispiels greifen die Erwachsenen nur wenig ein. Sie sind an verschiedenen Stellen einbezogen, beispielsweise wenn ein Kind um Unterstützung bittet, wenn eines eine Geschichte vorgelesen bekommen möchte, Begleitung in den Waschraum braucht oder getröstet werden muss, weil es hingefallen ist. Die Erzieherinnen begrüßen auch die Eltern.

Aufgaben und Ziele aus Sicht der Pädagoginnen und Pädagogen
Wichtig ist den Pädagoginnen die Entwicklung von Eigeninitiative und Autonomie der Kinder, die Zeit zum Entspannen, das Freispiel als ein wichtiger Moment der Sozialisation, um Beziehungen zwischen Gleichaltrigen zuzulassen und hervorzuheben, Übergänge und Beziehungen zwischen Kindergarten und Familien (Begrüßung der Eltern).

Kompetenzen, die entwickelt werden können
- **Soziale Kompetenzen** können vor allem mit Blick auf Freundschaften, Identität und Verhandlungsgeschick der Kinder untereinander erworben werden.
- **Ästhetische Kompetenzen:** Die Phantasie wird angeregt, wenn die Kinder sich mit den Charakteren der Geschichte identifizieren können. Das Kind kann sich etwas ausdenken, eigene Charaktere gestalten und auf die Bühne bringen, indem es die Marionette als Medium nutzt.
- **Motorische Kompetenzen:** In diesen freien und spielerischen Situationen kann das Kind sich seines Körpers und der Körperglieder bewusst werden und das eigene Körperbild in einem übergeordneten Zusammenhang erleben.

Leitende Prinzipien

- **Interessen und Bedürfnisse der Kinder in den Mittelpunkt stellen:** Die Kinder können frei umhergehen und ihre Spielmaterialien selbst auswählen. In diesem Rahmen sind sie freie Akteure, die Erwachsenen sind Zuschauer. Wenn den Kindern vorgelesen wird, suchen sie das Buch aus und bitten die Erzieherin, zu lesen. Das Puppenspiel wurde ohne den Einfluss eines Erwachsenen initiiert und die Kinder haben die Rollen gewählt, die sie wollten. Die Erzieherin nimmt die Interessen der Kinder wahr, drängt den Kindern nichts auf.
- **Situationen schaffen, die die Fähigkeiten aller Kinder ansprechen:** Die Situation ist gedacht als Moment der Entspannung nach einem anstrengenden Tag. In dieser Atmosphäre des Freispiels und des Vergnügens können die Kinder in Ruhe auf ihre Eltern warten. In das Spiel vertieft, werden die Ankunft der Eltern oder die Verabschiedung der Freunde nicht als dramatisch wahrgenommen. In ähnlicher Weise entsteht ein verlässliches Klima, in dem Kinder akzeptiert, unterstützt und wertgeschätzt werden und in dem sie frei spielen können, unabhängig von der jeweiligen Disposition des einzelnen Kindes. So spricht zum Beispiel Jean, der große sprachliche Schwierigkeiten hat, in ein Mikrofon, macht beim Marionetten-Spiel mit und ruft andere Kinder.
- **Heterogene Gruppen:** Die jüngeren Kinder versuchen oft, den älteren nachzueifern und werden gelobt, wenn es ihnen gelingt. Umgekehrt werden die älteren Kinder angeregt und ebenfalls gelobt, wenn sie die Gelegenheit haben zu helfen, damit die jüngeren Kinder einbezogen werden können. In ähnlicher Weise existieren Anregungen und Interaktionen zwischen Kindern mit und ohne Behinderung.

Günstige Rahmenbedingungen

Wir sehen, dass alle Kinder in eine selbst gewählte Aktivität einbezogen sind. Dieses Arrangement wird durch die unterschiedlichen Spielecken und die diversen zur Verfügung stehenden Materialien gefördert.

s. Kap. 3.1, Kap. 3.3, Kap. 3.5

8.2 Freispiel als Training (S)

Kontext

Ein Vormittag in einer schwedischen Vorschule.
Beteiligte: Malin ist 4 Jahre alt und kann nicht allein laufen. Sie kann sich aufstellen, wenn sie etwas zum Festhalten hat. Sie kommuniziert nicht verbal. Sie hat noch keine Diagnose, aber eine Diagnostik findet zurzeit statt.
Olle ist ein 3 Jahre alter Junge aus der Gruppe.
Die Vorschullehrerin arbeitet in dieser Kindergruppe, und Malin ist eines der Kinder, für das sie besonders verantwortlich ist.
Malin hat sehr gute Laune, lacht und bekommt von Kindern und Erzieherinnen viel positives Feedback. Sie hat im Gruppenraum mit ihrem Laufrahmen das Laufen geübt und ist nun zu müde zum Stehen. Einige der jüngsten Kinder spielen im Nebenraum mit Puppen, Büchern und Autos. Die ältesten Kinder spielen draußen im Sandkasten.

Situation

Malin liegt mit ihrem Gesicht auf dem großen blauen Teppich auf dem Boden. Die Vorschulpädagogin hockt zu ihren Füßen neben ihr. Olle steht, mit Lego-Steinen spielend, an einer Bank an der Wand. Die Lehrerin hilft Malin, auf die Knie zu kommen (damit sie das Krabbeln üben kann) und das Mädchen drückt sich mit den Armen hoch, um in Krabbel-Position zu kommen. Es gelingt ihr, eine Weile die Balance zu halten, und dann legt sie sich wieder auf das Gesicht. Olle kommt zum Teppich hinüber, bleibt stehen und beobachtet die Pädagogin und Malin mit einem Lächeln im Gesicht. Malin dreht sich auf den Rücken. Die Lehrerin lobt ihr Bemühen und kommentiert: *„Nun schaut Olle dir zu"* und zeigt dabei in seine Richtung. Sie lädt Olle ein, sich auf den Rücken auf den Teppich neben Malin zu legen. Sie sehen sich an und lächeln. Malin schaut zu Olle und versucht aufzustehen, aber es gelingt ihr nicht, so dass sie auf den Teppich zurückfällt. Im Fallen gelingt es ihr, ihren Kopf zu halten, so dass sie sich diesen nicht stößt. Die Vorschulpädagogin hebt dies Malin gegenüber hervor, und das Mädchen lacht und versucht erneut aufzustehen. Wieder gelingt es ihr nicht, und sie fällt lachend zurück. Olle lacht ebenfalls, versucht aufzustehen und lässt sich absichtlich auf den Teppich fallen. Beide Kinder lachen. Abwechselnd versuchen die beiden aufzustehen, erst Malin und dann Olle; jedes Mal, wenn einer von beiden fällt, lachen sie.
Die Pädagogin hat aufgehört, Malin anzuleiten und sitzt still zu ihren Füßen, ebenfalls lachend. Nach einigen vergeblichen Aufstehversuchen stößt Malin mit dem Kopf auf den Boden, da ihre Bauchmuskeln vom Training und dem Lachen müde geworden sind.
Die Lehrerin wendet sich ihr zu.

Kommentar

Die Situation entsteht im alltäglichen Ablauf der Vorschule und aus Malins guter Laune und Motivation heraus. Ihre Freude zieht Olle an, und er wird von der Pädagogin eingeladen mitzumachen. Somit wird die Trainingseinheit mehr zu einer sozialen Situation und wendet sich von einer reinen Übung der motorischen Fähigkeiten hin zu einem Training der nonverbalen Peer-Interaktion und gemeinsamer Aufmerksamkeit.

Aufgaben und Ziele aus Sicht der Pädagoginnen und Pädagogen

Die Strategie der Pädagogin, mit Malin dann zu üben, wenn sie motiviert und in entsprechender Stimmung ist, schafft diese spontane Situation. Die Übung findet im gewöhnlichen Gruppenraum der Vorschule statt, so dass die anderen Kinder die Gelegenheit haben, mitzumachen oder zu beobachten. Diese Strategie erfordert Übungen, die einfach vorzubereiten sind. Alle Mitarbeiter der Vorschule kennen die Ziele Malins (in der Lage sein, allein zu laufen und zu essen) und alle können entscheiden, wann sich eine mögliche Übungsstunde für Malin auftut.

Kompetenzen, die entwickelt werden können

- **Motorische Kompetenzen:** Das Ziel ist es, dass Malin selbstständig laufen kann, und in dieser Situation trainiert sie das Krabbeln, den Gleichgewichtssinn, die Ausdauer, den Muskelaufbau.
- **Soziale Kompetenzen:** Als Olle hinzukommt, entwickelt sich die Situation hin zu dem Schwerpunkt gemeinsamer Aufmerksamkeit, Peer-Interaktion, Freundschaft und gemeinsamer Erfahrung.

Leitende Prinzipien

- **Interessen und Bedürfnisse der Kinder in den Mittelpunkt stellen:** In der Arbeit mit Malin konzentrieren sich die Pädagoginnen auf Malins Stimmung und Motivation. Diese sind entscheidend dafür, ob und wann eine Trainingseinheit statt findet.
- **Situationen schaffen, die die Fähigkeiten aller Kinder ansprechen:** Die Übungseinheiten finden in der Regel im Gruppenalltag statt, was die Möglichkeit bietet, dass alle Kinder daran teilhaben können; das heißt die Übung wird zu einer sozialen Aktivität und motorische und soziale Kompetenzen können gleichermaßen entwickelt werden.
- **Die Kinder zu sozialen Interaktionen ermutigen; Lernen in gemeinsamen Erfahrungsräumen:** Die Vorschullehrerin lenkt Malins Aufmerksamkeit auf Olle, sie lädt Olle dann ein, sich ihnen anzuschließen. Als die Kinder zusammen spielen, zieht sie sich zurück, um das Spiel nicht zu stören; alles, was sie tut ist, das Spiel durch ihr Lachen zu begleiten.

• **Pädagogische Unterstützung des gegenseitigen Verständnisses:** Alle pädagogischen und therapeutischen Mitarbeiterinnen in dieser Vorschule sind sich bewusst und übernehmen die Verantwortung dafür, dass sie Übungssituationen schaffen müssen, um Malins Fähigkeiten zu fördern. Diese Arbeitsweise basiert auf Beziehungen und Austausch unter den Erzieherinnen.

Günstige Rahmenbedingungen
In dieser Vorschule ist der Personalschlüssel sehr gut (15 Kinder und fünf Pädagoginnen).
Die Einstellung der Vorschullehrerinnen hinsichtlich ihrer Arbeit ist eine weitere begünstigende Bedingung. Sie alle sind daran interessiert, ihr Wissen zu erweitern und ihre Praxis und tägliche Arbeit weiterzuentwickeln. Sie sehen Schwierigkeiten als Herausforderungen, die es zu bewältigen gilt und sind in ihrer Haltung gegenüber Kindern, Eltern und Kolleginnen professionell.
Die Eltern und die Pädagogin haben sich hinsichtlich der Entwicklungsziele von Malin abgesprochen.

s. Kap.. 3.3, Kap.. 3.4

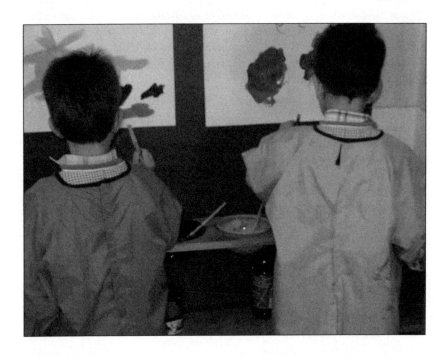

8.3 Tamara spielt mit dem Wäscheständer (U)

Kontext

Gegen 9:00 Uhr morgens im Kindergarten 1 in Budapest.
Die ‚Süni'- Gruppe ist eine Gruppe mit 22 Kindern im Alter von 5-6 Jahren. Es ist ihr letztes Kindergartenjahr vor der Schule.
Beteiligte: Tamara (siehe 5.3.2), andere Kinder, die Erzieherin. Zwei Beobachterinnen sind im Hintergrund.

Situation

Die Lehrerin ist mit den Kindern im Gruppenraum. Es ist Freispiel-Zeit am Morgen. Die Kinder spielen auf dem Teppich, einigen bauen an einem Tisch mit Lego. Tamara geht im Raum umher.
Tamara nimmt sich einen Spielzeug-Wäscheständer. Zwei Mädchen stehen in der Nähe und beobachten sie interessiert. Tamara klappt den Wäscheständer auseinander. Sie schlägt zwei- bis dreimal mit einem Wischmopp darauf. Die Mädchen imitieren sie und schlagen mit den Händen auf den Wäscheständer. Tamara beobachtet dies, aber reagiert nicht auf ihre Handlungen, schlägt nur wiederholt auf den Wäscheständer, was die Aufmerksamkeit der beiden Mädchen nicht länger hält. Das ‚Spiel' endet.

Kommentar

Tamara entdeckt die Gegenstände im Raum. Offensichtlich nutzt sie das Spielzeug nicht entsprechend seiner Bestimmung. Tamaras ungewöhnliche Aktivität scheint die Mädchen zu interessieren. Sie wollen es ebenfalls ausprobieren und imitieren sie. Das könnte der Beginn eines Spiels sein, doch da Tamara die Intentionen der Mädchen nicht versteht, reagiert sie nicht angemessen und das Spiel endet. Die Lehrerin bemerkt die Situation nicht und greift aus diesem Grund nicht ein.

Aufgaben und Ziele aus Sicht der Pädagoginnen und Pädagogen

Im Freispiel wählen die Kinder selbst aus, was sie tun möchten. Sie können selbst die Initiative ergreifen und in Beziehung gehen und lernen, darüber zu verhandeln, was sie tun wollen und wie man mit Gleichaltrigen gemeinsam etwas macht.

Kompetenzen, die entwickelt werden können

• Es sind hauptsächlich **soziale Kompetenzen**, die entwickelt werden können und die für die Erzieherinnen im Mittelpunkt stehen. Manchmal benötigen die Kinder Unterstützung, um die Absicht eines anderen zu verstehen.

Leitende Prinzipien
- **Pädagogische Unterstützung des gegenseitigen Verständnisses:** In dieser Situation bemerkt die Vorschullehrerin nicht, was passiert. Andernfalls hätte sie die Interaktion zwischen den Gleichaltrigen erleichtern können, indem sie die Signale des jeweils anderen interpretiert und den Austausch unterstützt.

s. Kap.. 3.3

8.4 Händchen halten (P)

Kontext
Freispiel im portugiesischen Kindergarten 2, Außengelände.
Beteiligte: Kinder im Alter zwischen 3 und 5 Jahren, unter ihnen Nuno, ein Junge mit besonderen pädagogischen Bedürfnissen, sowie Teresa und Ana Maria.
Am Morgen haben die Kinder die Gelegenheit, auf dem Außengelände 20 Minuten lang frei zu spielen. Das Gelände ist weitläufig und hat verschiedene Bereiche, z. B. Terrassen und Bäume. So können die Kinder in Gruppen, zu zweit oder allein spielen.

Situation
Nuno geht in den Außenbereich und sucht seine Freundin Teresa. Händchen haltend unterhalten sie sich, lachen, rennen und spielen freudig. Teresa lässt Nunos Hand los, hebt einen Stock auf und beginnt, damit auf dem Boden zu malen. Nuno bleibt in ihrer Nähe und beobachtet, was sie tut. Sie geht zum Garten und spielt mit Blumen und Stöcken. Nuno nähert sich Teresa und spielt mit ihr, er greift nach Stöcken und malt auf dem Boden.
Während des Spiels mit Teresa versucht Nuno, ‚Terese‘ zu rufen, er ruft ‚Tete‘.
Ana Maria nähert sich Nuno; er gibt ihr seine Hand, Teresa nimmt Nunos andere Hand. Die drei Freunde gehen zusammen. Salomé kommt zu der Gruppe.
Ana Maria fordert ihre Freunde auf, einen Kreis zu bilden; sie stellen sich kreisförmig hin und singen.

Kommentar
Nuno zeigt die Bereitschaft, eine freundschaftliche Bindung zu den Kameradinnen eingehen zu wollen. Teresa akzeptiert Nunos Verhalten, sie zeigen Freude und festigen ihre Interaktion. Sie beginnen durch Teresas Initiative eine andere Aktivität, ohne sich verbal abgesprochen zu haben, verstehen sich aber hinsichtlich Ort und Art des Spiels. Nuno bemüht sich, den Namen seiner Freundin auszusprechen; es ist eines der wenigen Wörter, das er spricht.
Die Vorschulpädagogin beobachtet nur.

Aufgaben und Ziele aus Sicht der Pädagoginnen und Pädagogen
Nuno hat gute Beziehungen zu seinen Peers, besonders zu den Mädchen. Die jüngeren Kinder zeigen ein liebevolles Verhalten und die älteren, vor allem Ana Maria, sind sehr beschützend. Die Vorschullehrerin greift nicht ein, wenn die Kinder in ein Spiel, in angemessene Interaktion oder für alle Beteiligten bestärkend wirkende Situationen vertieft sind.

Kompetenzen, die entwickelt werden können
* **Soziale Kompetenzen:** Die Kinder lernen eine Wahl zu treffen, gemeinsame Spiele zu erleben und werden sich der Kultur der Gleichaltrigen bewusst.
* **Sprachliche Kompetenzen:** In der Interaktion werden Kommunikation und Sprachentwicklung gefördert.

Leitende Prinzipien
* **Interessen und Bedürfnisse der Kinder in den Mittelpunkt stellen:** Kinder können ihren Interessen folgen und ihren Präferenzen nachgehen (mit besten Freunden spielen, ohne von einem Erwachsenen unterbrochen zu werden).
* **Situationen schaffen, die die Fähigkeiten aller Kinder ansprechen:** Die Balance zwischen Freispiel und strukturierten Situationen bringt ein Gleichgewicht zwischen Aktivitäten mit sich, die von den Kindern bzw. von den Lehrerinnen gesteuert werden. So haben die Kinder im Freispiel die Gelegenheit, echte Entscheidungen treffen zu können, die Gleichaltrigen unterstützen zu können und von ihnen Unterstützung zu erhalten.

s. Kap.. 3.3

8.5 Die Farbe der Handschuhe (S)

Kontext

Eine schwedische Vorschule. Die Situation findet während des morgendlichen Spiels draußen statt. Alle Kinder spielen auf dem Außengelände. Die meisten Kinder haben eine Pulka (s. 7.2) und spielen damit auf unterschiedliche Art. Einige laufen damit umher, während andere versuchen, eine Rutschbahn dafür zu finden. Andere Kinder laufen herum und beobachten die Spiele.

Beteiligte: Karl, ein 3 ½ Jahre alter Junge mit geistiger Einschränkung; Anton, 3 ½ Jahre alt; Oskar, 4 Jahre; die Vorschullehrerin.

Situation

Anton und Oskar sitzen auf einer Bank. Karl läuft auf die Jungen zu, fällt aber hin und landet auf dem Po. Die Pädagogin läuft auf die Kinder zu, kniet sich und deutet in Gebärdensprache zu Karl: *„Du bist hingefallen und wieder aufgestanden. Du kannst froh sein, dass du so warme Handschuhe hast."* Die Lehrerin klatscht ein paar Mal ihre roten Handschuhe vor ihm gegeneinander.

Oskar sagt zu ihr: *„Ich habe nicht so Handschuhe wie du!"*

Anton zur Lehrerin: *„Aber ich habe solche wie du!"*

Oskar: *„Aber meine sind weiß."*

Die Pädagogin sagt und zeigt in Gebärdensprache: *„Nein, schau noch einmal hin. Welche Farbe haben deine Handschuhe?"*

Sie sagt und gebärdet: *„Rot, wie meine"* und zeigt auf ihre Handschuhe.

Die Vorschullehrerin zeigt auf sie und wiederholt zu Karl *„rot"*, und sich an Anton wendend: *„Und Anton hat auch rote Handschuhe."*

Oskar steht auf und geht auf die Lehrerin zu, dabei hält er seinen Arm und Handschuh vor sich hoch.

Sie zeigt auf ihre Handschuhe und sagt und gebärdet: *„Diese sind rot und Oskars sind rot."* Die Pädagogin zeigt auf Oskars Handschuhe. Sie beugt sich vor, zeigt auf Karls Handschuhe und sagt und gebärdet: *„Und Karls sind dort rot."*

Kommentar

Aktivitäten auf dem Außengelände bieten Gelegenheit für viele unterschiedliche Lernsituationen, wenn die Pädagoginnen den Aktivitäten und Interessen der Kinder folgen und sie unterstützen. In dieser Situation lenkt die Pädagogin die Aufmerksamkeit in der Interaktion der Jungen auf die Handschuhe – eine Lerngelegenheit. Sie interagiert im Folgenden auf gleicher Ebene und stellt sich selbst nicht in den Mittelpunkt.

Aufgaben und Ziele aus Sicht der Pädagoginnen und Pädagogen
Die Vorschullehrerin bringt die Interaktion auf einen gemeinsam geteilten Fokus und beteiligt sich partnerschaftlich. (Sie kniet, zeigt auf ihre eigenen Handschuhe und die der Kinder.)

Kompetenzen, die entwickelt werden können
- **Soziale Kompetenzen:** Die Pädagogin gestaltet eine soziale Aktivität, indem sie mit den Kindern über die Handschuhe, ihre Farbe, Ähnlichkeiten und Unterschiede diskutiert.
- **Sprachliche Kompetenzen und Gebärdensprache:** Alle Kinder können an der Situation teilhaben, da die Lehrerin alle Kinder anspricht und dadurch die Kommunikation unterstützt.
- **Naturphänomene:** Die Kinder lernen die Namen der Farben kennen.

Leitende Prinzipien
- **Interessen und Bedürfnisse der Kinder in den Mittelpunkt stellen:** Die Pädagogin hört den Kindern zu und unterstützt die Kommunikation und Handlung der Jungen.
- **Situationen schaffen, die die Fähigkeiten aller Kinder ansprechen:** Sie spricht mit den Kindern über die Namen und das Konzept der Farben, ermutigt sie, zu vergleichen und einen zweiten Blick darauf zu werfen. Aus einer spontan entstandenen Situation heraus schafft sie eine Lerngelegenheit, während die Jungen spielen.
- **Fachwissen und Einstellungen/ Haltungen der Pädagoginnen und Pädagogen:** Die Lehrerin kommuniziert mit allen Jungen mit Sprache und Gebärdensprache.

👓 s. Kap. 3.2, Kap. 3.4

8.6 Fahrrad fahren (S)

Kontext

Eine schwedische Vorschule. Es ist einer der ersten Frühlingstage in Schweden, die Sonne scheint und beginnt die Luft zu wärmen. Die Kinder aus einigen Gruppen spielen in Winterkleidung auf dem Außengelände, aber nun fehlt der Schnee. Im Winter können die Kinder nicht schaukeln oder Fahrrad fahren, da diese Geräte in der Regel weggepackt werden, wenn es kalt ist und schneit. Nun stehen die Schaukeln den Kindern wieder zur Verfügung und die Kinder stehen Schlange, um schaukeln zu können. Die Vorschullehrerinnen sind bei den Schaukeln beschäftigt und achten darauf, dass die Kinder sich abwechseln.

Beteiligte: Unter den Kindern ist Fanny, ein Mädchen mit Down-Syndrom. Sie ist 5 Jahre alt und hat eine zusätzliche persönliche Assistentin, eine Pädagogin.

Situation

Fanny geht an einem Jungen vorbei, der sich mit seinem Fahrrad in einem Busch versteckt (vermutlich mit einem schlechten Gewissen, weil er nicht weiß, ob er ein Fahrrad haben darf). Fanny nimmt Notiz von dem Jungen und geht zielstrebig auf den Abstellraum zu, zeigt auf die Tür und schaut ihre persönliche Assistentin an.

„Was möchtest du?" fragt diese. Fanny steht nun direkt vor der Tür des Abstellraumes und zeigt darauf. Die Pädagogin wiederholt ihre Frage. Fanny zeigt wieder auf die Tür. Die Pädagogin schaut verwirrt und wiederholt die Frage erneut. Fanny zeigt in Gebärdensprache *„Fahrrad"*. *„Oh! Du möchtest ein Fahrrad?"* sagt sie zu Fanny. Diese setzt ein breites Lächeln auf und lacht. *„Nun, es liegt kein Schnee mehr, also sollte das okay sein."* Die persönliche Assistentin öffnet die Tür des Abstellraumes. Fanny schlüpft hinein und wählt ein Fahrrad aus. Die Pädagogin nimmt das Fahrrad heraus und befestigt einen Anhänger am Fahrrad. Fanny fährt und fährt mit dem Fahrrad im Garten umher. Zwei Jungen im Sandkasten beobachten sie, und ihr Spiel wird dadurch unterbrochen, dass Fanny auf ihrem Weg mit dem Fahrrad direkt an ihnen vorbei fährt. In manchen Ecken bleibt der Anhänger des Fahrrades stecken und Fanny springt von ihrem Fahrrad, hebt den Anhänger an, dann springt sie wieder auf das Rad und fährt mit großer Freude weiter. Als der Anhänger beim nächsten Mal in der Nähe des Sandkastens stecken bleibt, nutzen die Jungen die Gelegenheit, nach dem Fahrrad zu greifen, als Fanny den Anhänger anhebt. Einer der Jungen klettert auf das Fahrrad, der andere in den Anhänger. Fanny schaut etwas irritiert, aber steigt selbst in den Anhänger neben den Jungen. *„Seid ihr fertig?"* ruft der Junge auf dem Fahrrad, alle lachen zusammen, und sie fahren los. Fanny hat ein breites Lachen im Gesicht. Sie fahren eine Weile mit dem Rad und helfen sich mit viel

Lachen gegenseitig, eine höhere Geschwindigkeit zu erreichen. Plötzlich springt Fanny vom Anhänger und rennt auf die Schaukeln zu. Eine der Schaukeln ist frei und Fanny besetzt sie.

Kommentar
Fanny zeigt ihr Interesse daran, Fahrrad zu fahren, was ihre persönliche Assistentin anerkennt. Fanny muss die Gebärde für ‚Fahrrad' machen, um ein Rad zu bekommen. Sie fragt nicht nach dem Anhänger, aber die Pädagogin befestigt ihn an dem Fahrrad.

Aufgaben und Ziele aus Sicht der Pädagoginnen und Pädagogen
Die Pädagogin nutzt ihr Wissen, dass Fahrräder attraktive Spielgeräte für alle Kinder sind. Sie hängt auch den Anhänger an, um die Wahrscheinlichkeit auf Kontakt und Interaktion zwischen den Kindern zu erhöhen. Wenngleich die Pädagogin Fanny versteht, als diese auf die Tür des Abstellraumes zeigt, bringt sie Fanny dazu, eine entsprechende Gebärde zu machen, um ihren Willen auszudrücken.

Kompetenzen, die entwickelt werden können
- **Soziale Kompetenzen:** Die soziale Interaktion unter den Kindern wird durch den Anhänger des Fahrrades gefördert. Er macht es den anderen Kindern möglich, sich zu beteiligen und die Erfahrung des Radfahrens gemeinsam zu teilen.
- **Motorische Kompetenzen:** Beim Fahrrad fahren werden die motorischen Fähigkeiten sowie die Stärke, den Anhänger herauszuziehen, wenn er stecken bleibt, gefördert.

Leitende Prinzipien
- **Interessen und Bedürfnisse der Kinder in den Mittelpunkt stellen:** Die Assistentin nutzt Fannys ausdrückliches Interesse an den Rädern und schafft während des Freispiels eine Lernsituation für sie.
- **Für das Kind mit besonderen pädagogischen Bedürfnissen Situationen schaffen, die auch für andere Kinder attraktiv sind:** Durch den bewussten Einsatz des Hilfsmittels (in diesem Fall des Fahrrades) kann eine Situation wie diese entstehen. Die Pädagogin weiß, dass Fahrräder attraktive Spielgeräte sind, und sie weiß, dass wenn sie den Anhänger anhängt, auch andere Kinder daran interessiert sein können, mit Fanny gemeinsam Fahrrad zu fahren.
- **Situationen schaffen, die die (intellektuellen und sozialen) Fähigkeiten aller Kinder ansprechen:** Ihre persönliche Assistentin bringt Fanny dazu auszudrücken, was sie möchte, als sie vor der Tür steht und auf den Abstellraum zeigt.

Günstige Rahmenbedingungen:
Unterstützender Hintergrund in der Einrichtung ist hier, dass Fanny zusätzlich eine persönliche Assistentin hat, die ihre Arbeit sehr bewusst angeht.

s. Kap. 3.2, Kap. 3.3

ECEIS Autorenteam
9 Zusammenarbeit mit Eltern

9.1 Das Kommunikations-Buch (S)

Kontext
Beteiligte: Fanny, ein 5 Jahre altes Mädchen mit Down-Syndrom und die persönliche Assistentin, eine ausgebildete Vorschullehrerin.
Es ist Montagmorgen in einer schwedischen Vorschule. Fanny hat eine Übungsstunde mit ihrer persönlichen Assistentin, einer Pädagogin. Die Übungsstunde findet in einem separaten Raum in der Vorschule statt. Abwechselnd beschreiben die beiden, was sie am Wochenende erlebt haben. Fanny und die Pädagogin sitzen sich an einem Tisch gegenüber. Die anderen Kinder treffen sich in einem anderen Raum.

Situation
Die Pädagogin stellt Fannys Tasche vor ihr auf den Tisch. Fanny öffnet sie und holt ein kleines Buch heraus.
Ihre Assistentin fragt Fanny: *„Möchtest du mir zeigen, was du am Wochenende gemacht hast?"* Fanny nickt und lacht. Sie nimmt das Buch und die Pädagogin stellt die Tasche zur Seite. *„Lass uns mal sehen, was ist das?"* fragt sie. *„Warst du gestern turnen, Fanny?"* Fanny nickt erneut.
Die Pädagogin beginnt, in Fannys Buch zu blättern. Im Buch sind Fotos von ihrem Turnlehrer und den anderen Kindern, die sonntags turnen gehen. Unter jedem Foto finden sich ein Symbol für die jeweilige Person und ihr Name. Die Assistentin fragt Fanny nach jeder Person in dem Buch, ob diese gestern turnen war, und Fanny antwortet, indem sie lautiert und gebärdet. Sie lesen das Buch drei Mal, und dann möchte Fanny in der Tasche nach etwas anderem suchen.

Kommentar
In dieser Situation ist die Zusammenarbeit zwischen Fannys Eltern und der Pädagogin in der Vorschule entscheidend. Die Eltern kennen die Alltagsstrukturen der Vorschule, in diesem Fall das Gespräch darüber, was die Kinder am Wochenende erlebt haben. Um für Fanny eine solche Gesprächsgelegenheit zu schaffen, wurde das Buch über die Turnstunde von Fannys Mutter angelegt. Information über und Interesse an den Aktivitäten der Vorschule machen es möglich, dass Situationen mit ähnlichen Absichten und Inhalten entstehen.

Fanny hat auch ein Mitteilungs-Buch, in das die Eltern und die Pädagogin abwechselnd hineinschreiben, um sich gegenseitig darüber zu informieren, was am Tag passiert ist (zu Hause und/ oder in der Vorschule). In Fannys Sachen findet sich auch eine Kamera; die Pädagogin wird von Fannys Eltern ermutigt, einige Bilder von den Aktivitäten in der Vorschule zu machen.
In dieser Situation stellt die Pädagogin Fanny viele Fragen, und sie antwortet verbal und durch Gebärden. Es wird klar, dass Fanny entscheidet, was sie tun und wie lang sie in dieser Situation bleiben möchte. Sie setzt die Aktivität mit Unterstützung ihrer persönlichen Assistentin in Gang.

Aufgaben und Ziele aus Sicht der Pädagoginnen und Pädagogen
Die Pädagogin gestaltet ein gleichwertiges Angebot für Fanny, bei dem sie in der Lage ist, von einer Aktivität des Wochenendes zu berichten, wie alle anderen Kinder der Gruppe auch. Das Ziel dieser Aktivität ist, Fanny zu motivieren, von Erfahrungen außerhalb der Vorschule zu erzählen.

Kompetenzen, die entwickelt werden können
• **Gedächtnis und sprachliche Kompetenzen:** Diese Aktivität fördert Fannys Gedächtnis und Sprache, denn durch das ‚Kommunikationsbuch' hat sie die Gelegenheit, wie jedes andere Kind auch vom Wochenende erzählen zu können. Die Turnstunde findet regelmäßig statt und stellt für Fanny, seit sie hingeht, eine echte Chance dar. Fanny bekommt auch die Gelegenheit, sich an die Namen der Kinder sowie die Symbole für jedes von ihnen zu erinnern und sie zu verbalisieren.

Leitende Prinzipien
• **Interessen und Bedürfnisse der Kinder in den Mittelpunkt stellen:** Fanny steuert die Aktivität und wählt, was sie tun möchte und wie lange es dauern soll; es endet, als Fanny in der Tasche nach etwas anderem sucht.
• **Individuelle Unterstützung:** Ausgehend von Fannys Interesse entsteht in dieser Situation eine strukturierte Lerngelegenheit. Fanny wählt vor allen anderen Dingen das Buch, das sie aus der Tasche zieht.
• **Zusammenarbeit mit Eltern:** Fannys Buch, entworfen von der Mutter, ist ein hervorragendes Beispiel für eine hilfreiche Vernetzung zwischen der Vorschule und Fannys Leben in der Familie bzw. anderen Situationen außerhalb der Vorschule.

Günstige Rahmenbedingungen:
Eine gute Bedingung liegt in der engen Zusammenarbeit zwischen Vorschule und Eltern. Fannys Interesse an der Aktivität ist eine weitere begünstigende Bedingung in dieser Situation.

s. Kap. 3.4, Kap. 3.5, Kap. 3.8

9.2 Schreib(vor)übungen in Zusammenarbeit mit den Eltern (F)

Kontext

In der école maternelle, letzte Jahrgangsgruppe, d. h. Kinder im Alter von etwa 5 Jahren. Fünf bis sechs Eltern sind in den Gruppenraum eingeladen, um sich an einer Schreibübung zu beteiligen. Sie sitzen alle an verschiedenen Tischen. Die Kinder sollen versuchen, Wörter in unterschiedlichen Schriftsystemen (arabisch, chinesisch etc.) und Ideogrammen zu schreiben, indem sie das Wissen der Eltern nutzen. Jedes Kind hat ein Blatt und Papier. Sie können frei im Raum umhergehen.

Beteiligte: Mehrere Kinder, unter ihnen Kevin, ein Kind mit Sprachschwierigkeiten; Eltern und die Lehrerin.

Situation

Es ist zu beobachten, wie Kevin sich an der Aktivität beteiligt. Er entscheidet sich, mit einer Mutter chinesischer Herkunft zusammen zu arbeiten; er zeigt ihr sein Blatt, auf das die Lehrerin seinen Namen geschrieben hat und schlägt ihr vor, den Namen in ihrem Schriftbild für ihn aufzumalen. Eine kleine Gruppe versammelt sich um den Tisch, an dem die Mutter sitzt. Diese schreibt zuerst den Vornamen des Kindes auf das Blatt und dann zwei andere Wörter, die ins Chinesische übersetzt: ‚Maman' (Mama) und ‚Papa' bedeuten. Mündlich betont sie, dass beide Wörter in zwei Silben geteilt werden können, um die Übereinstimmung zwischen Laut- und Schriftsprache zu verdeutlichen. Sie bietet dem Jungen an, auch das Wort ‚Lehrer' übersetzen zu können, aber das Kind lehnt ab, indem es den Kopf schüttelt. Die Mutter drängt ihn nicht und wendet sich dem Kind neben ihr zu, macht diesem und der sich nähernden Lehrerin dasselbe Angebot. Die Lehrerin interessiert sich für das Angebot der Mutter, den Begriff ‚Lehrer' zu übersetzen und nutzt diesen Vorschlag, um die Aufmerksamkeit der Kinder auf die Zerlegung des Wortes in unterschiedliche Silben zu lenken. *„Wie viele Silben hat das Wort Lehrer?"* Kevin beobachtet und versucht, das chinesische Wort auf sein Blatt zu malen.

Alle Eltern sind auf diese Weise in die Aktivität einbezogen worden. Ein Vater an einem anderen Tisch, umgeben von einer Gruppe von Kindern, schreibt eine Liste mit arabischen Wörtern. Zudem entwickeln sich auch Interaktionen zwischen den Eltern, in denen es um die Unterschiede der verschiedenen Schriftsysteme geht.

Kommentar

Die Situation ist organisiert, aber in ihrem Rahmen gibt es Handlungsspielraum: Jedes Kind kann auf seine Art und Weise mitmachen, entsprechend den jeweiligen Fähigkeiten; es kann auswählen, welche Worte es schreiben möchte, welches Ideogramm es wählt und mit welchem Erwachsenen es zusammen arbeiten möchte. Die Kinder können das Schreiben ausprobieren ohne sich vor Fehlern fürchten zu müssen. Da dies für alle Beteiligten etwas Neues ist, weiß noch niemand, wie man es macht, weder die Lehrerin noch die Kinder.

In diese Aktivität sind die Eltern auf ihre eigene Art involviert (zerlegen Wörter, erstellen Listen etc.). Ihre Beteiligung an der Situation zeugt davon, dass ihre Fähigkeiten als unterstützender Faktor im Lernprozess des Kindes wahrgenommen werden. Es ist eine Wertschätzung der kulturellen Vielfalt der Familien.

Die Aktivität trägt dazu bei, dass die Eltern verstehen, was die Kinder in der école maternelle machen und was die pädagogischen Ziele der Lehrerin sind.

Aufgaben und Ziele aus Sicht der Pädagoginnen und Pädagogen

Mit diesem Angebot soll die Neugier der Kinder hinsichtlich unterschiedlicher Schreibweisen von Wörtern geweckt werden; sie sollen zum Lernen motiviert werden. Ziel ist auch, zum Schreiben zu ermutigen, um die Praxis und die Fähigkeiten in diesem Bereich zu fördern.

Kompetenzen, die entwickelt werden können

* **Sprachliche Kompetenzen:** Durch das Entdecken der unterschiedlichen Schriftsysteme entsteht ein erster Zugang zum Schreiben und zu linguistischer Vielfalt.
* **Wissen über kulturelle Vielfalt, Umgang mit Vielfalt:** Die Kinder können auch Wissen über die kulturelle Vielfalt der Eltern der Vorschule (die aus verschiedenen Ländern kommen) erwerben, besonders in sprachlicher Hinsicht.
* **Soziale Kompetenzen:** Sie lernen, wie man mit unterschiedlichen Erwachsenen kommuniziert, um die Aufgabe ausführen zu können.

Leitende Prinzipien

* **Interessen und Bedürfnisse der Kinder in den Mittelpunkt stellen:** Die Lehrerin konzipiert die Situation so, dass die Initiative der Kinder gefördert und ihre Interessen genutzt werden. Sie können auswählen, was sie schreiben möchten.
* **Situationen schaffen, die die Fähigkeiten aller Kinder ansprechen:** Die Lehrerin sucht nach einer Anregung der kindlichen Neugier. Die Kinder können frei umher gehen und sich in kleinen Gruppen um einen Erwachsenen versammeln. Die Aufteilung soll Interaktionen zwischen Erwachsenen und Kindern und zwischen den Kindern untereinander fördern.

- **Die Zusammenarbeit mit den Eltern** wird hier als Gelegenheit genutzt, den Kindern interessante Zugangsweisen zu Sprache und Schrift zu ermöglichen.
- **Fachwissen und Einstellungen/ Haltungen der Pädagoginnen und Pädagogen:** Die Lehrerin schätzt die Ergebnisse der Kinder wert und ermutigt sie, Neues zu entdecken. Als ihr beispielsweise ein Mädchen zeigt, dass sie ihren Namen in arabischen Schriftzeichen geschrieben hat, ermutigt sie es zu lernen, wie er in Korea geschrieben wird.

Die Lehrerin hat keine konkreten Vorstellungen hinsichtlich des Ablaufs. Sie ist bereit, individuelle Unterstützung zu geben oder die Beteiligung eines Kindes mit besonderen Bedürfnissen zu ermöglichen, falls nötig. (Sie hat Kevins Namen auf ein Blatt geschrieben, um ihm die Arbeit zu erleichtern.)

Günstige Rahmenbedingungen:
Die Entwicklung von guten Beziehungen zu den Eltern ist ein Teil des Schulprojektes, das von einem Lehrerteam entwickelt wurde und von der Direktorin koordiniert wird: Die Aktivitäten der Vorschule sollen sichtbar und nachvollziehbar für die Eltern sein, die Eltern sollen eine Atmosphäre der Gastfreundschaft erleben.

☞ s. Kap. 2.3, Kap. 3.5

9.3 Das Maisfest (P)

Kontext

Im portugiesischen Kindergarten 2 auf dem Außengelände.

Beteiligte: Eine Klasse mit Kindern im Alter von 3-5 Jahren (zwei Kinder mit besonderen pädagogischen Bedürfnissen – Nuno und Carolina). Carolina ist ein Mädchen, das die Vorschule erst seit diesem Jahr besucht und sehbehindert ist; Vorschullehrerin, Assistentin, Sonderpädagogin, die Eltern einiger Kinder der Gruppe und Nunos Großmutter, Kinder der Grundschule im Alter von 6-10 Jahren; Lehrer.

Im Herbst kümmern sich die Menschen in dieser ländlichen Kommune um die Maisernte und schälen die Maiskolben aus der äußeren Hülle. Dieses Ereignis ist ein Fest, da die ganze Bevölkerung beteiligt ist und zusammen erntet. Wenn die Arbeit erledigt ist, tanzen sie zu traditioneller Musik.

Einer der Väter der Kinder hat mit einem Traktor Mais gebracht und schenkt ihn den Kindern, so dass sie das traditionelle Fest in der Vorschule feiern können. Einige Eltern und Familienmitglieder schließen sich dem Fest an, eine von ihnen ist Nunos Großmutter. Hugos Vater kommt mit seinem Traktor auf das Außengelände, um den Mais zu bringen.

Situation

Die Kinder verlassen den Gruppenraum und gehen mit der Vorschullehrerin und der Sonderpädagogin auf das Außengelände. Dann treffen die Eltern und Nunos Großmutter ein. Hugos Vater erscheint mit dem Traktor und dem Mais. Alle Kinder zeigen Begeisterung und Freude, sie lachen und schreien.

Die Eltern und die Pädagoginnen holen den Mais vom Traktor und legen ihn in der Nähe der Kinder auf den Boden. Die Kinder stellen sich in einem Kreis um den Mais herum, sie singen ein traditionelles Lied und klatschen dabei in die Hände. Carolina beobachtet während des Klatschens aufmerksam ihre Hände, da sie aufgrund ihrer Sehbehinderung Probleme mit der Auge-Hand-Koordination hat.

Im Anschluss erkunden die Kinder, wie der Mais geschält wird. Nuno hebt die Maiskolben auf, berührt sie und rennt mit ihnen fort. Er lacht viel, während er das tut.

Nuno versucht Blätter abzuschälen. Er löst sie und den Bart des Maises vom Kolben ab. Um die Körner vom Kolben lösen zu können, bittet Nuno die Sonderpädagogin um Hilfe; es bedarf einiger körperlicher Stärke, um es zu schaffen, den Maisbart vom Kolben zu lösen. Er läuft, um den Mais in einen Korb zu werfen.

Carolina nimmt einen Maiskolben und bleibt einen Moment still, danach nähert sie sich der Sonderpädagogin und bittet sie, ihr zu helfen, die Körner vom Maiskolben zu lösen; dann untersucht Carolina die Blätter.

Rodrigo hat den ‚König der Maiskolben', einen roten Maiskolben, gefunden. Traditionell darf die Person, die rote Maiskolben findet, jemanden auswählen, der ihm oder ihr Küsse gibt. Die Vorschullehrerin nimmt diese Tradition ernst und Rodrigo wählt alle Kinder aus seiner Gruppe aus.

Die Kinder der Grundschule kommen hinzu. Gemeinsam mit den Vorschulkindern lösen sie die Maiskolben aus den Blättern.

Als alle Maiskolben geschält sind, verkünden die Eltern, dass am Ende immer alle tanzen und feiern. Die Vorschullehrerin spielt Gitarre und singt ein Lied, und alle Kinder und Eltern tanzen.

Carolina bleibt in der Nähe der Wand, da sie sich so sicherer fühlt, und als sie tanzt, stützt sie sich mit einer Hand an der Wand ab, um das Gleichgewicht zu halten. Sie gewinnt Selbstvertrauen und bewegt sich von der Wand weg, aber fällt dann hin. Die Assistentin reicht ihr eine Hand und sie tanzen gemeinsam.

Am Ende wird der Mais sortiert. Sie legen den Mais auf den Boden und Nunos Großmutter zeigt mit einem Stock, wie das geht. Alle Kinder sind, mit Unterstützung der Vorschullehrerin, beteiligt.

Kommentar

Die Vorschullehrerinnen planen und führen die Aktivität unter Beteiligung der Eltern in der Gruppe durch. Die Aktivität wird dabei entsprechend der Traditionen der Region ausgeführt, Traditionen aus der Gemeinde werden respektiert.

Es gibt eine gute Zusammenarbeit zwischen den Pädagoginnen und den Eltern. Die Eltern übernehmen in dieser Aktivität eine wichtige Rolle, sie kommunizieren, was sie denken und ihre Entscheidungen werden berücksichtigt. Die Erfahrungen von Nunos Großmutter werden in der Gruppe geschätzt.

Die Kinder können den Mais auf ihre Art untersuchen; sie haben die Gelegenheit, ihn anzufassen und die Charakteristika des Mais zu entdecken. Wenn nötig, bekommen sie Unterstützung durch die Erwachsenen.

Dies ist auch eine gute Gelegenheit zur Zusammenarbeit mit der Grundschule.

Aufgaben und Ziele aus Sicht der Pädagoginnen und Pädagogen

Das Angebot ist Teil eines jährlichen Aktivitäten-Plans der Grundschule und der Vorschule des Ortes. Das Angebot hat mehrere Ziele: beide Bildungseinrichtungen ansprechen, die Familien einbeziehen und den naturgesetzlichen, sozialen und kulturellen Kontext als Basis für die inhaltliche Arbeit der Vorschulerziehung nutzen. Für Nuno ist diese Aktivität sehr wichtig, da die Pädagoginnen aus Vorschule und Schule an den Zielen seines individuellen Förderplans in besonderer und umfassender Weise arbeiten konnten. Die Beteiligung der Familien ist bedeutsam; Nuno ist glücklich, dass seine Großmutter involviert ist.

Kompetenzen, die entwickelt werden können
In dieser Situation können viele Fähigkeiten und Kompetenzen entwickelt werden, besonders **kulturelles Wissen, soziale Kompetenzen, Wissen über Naturphänomene, musischer Ausdruck** in der traditionellen Feier mit den Mitgliedern des Gemeinwesens. Wissen über Gemeinschaft, Objekte und landwirtschaftliche Produkte, die im Kindergarten nicht alltäglich sind, werden vermittelt; Gesang und gemeinsamer Tanz beenden den Tag.

Leitende Prinzipien
- **Eine Aktivität organisieren, die Freude und Interesse aller weckt – das der Kinder, der Eltern und anderer Familien- und Gemeindemitglieder:** Das bedeutet, Situationen zu schaffen, die die Initiative der Eltern und Kinder anregen. Die Pädagoginnen müssen auf die Organisationsfähigkeiten der Eltern und auf ihre Durchführung vertrauen, ebenso auf die Kompetenzen der Kinder. Solche Tage basieren auf der Einbeziehung und Beteiligung der Eltern in die (vor-) schulischen Aktivitäten.
  Die positiven Fähigkeiten der Familien (hier des Kindes mit besonderem Förderbedarf) werden von den Pädagoginnen wertgeschätzt. Nunos Großmutter zeigt der Schulgemeinschaft, wie man richtig mit dem Mais arbeitet.
  Die Beteiligung der Grundschule bei gemeinsamen Aktivitäten ist ein weiterer wichtiger Aspekt, da sie den Übergang zwischen beiden Bildungssystemen erleichtert.
- **Individuelle Unterstützung durch die Pädagoginnen** bleibt notwendig. Die Erwachsenen unterstützen die Kinder bei der körperlichen Arbeit, wenn nötig (beispielsweise Nuno und Carolina).

Günstige Rahmenbedingungen
Die Zusammenarbeit zwischen den Sonderpädagoginnen, den Vorschullehrerinnen, der Assistentin und den Eltern ist unverzichtbare Bedingung. Sie basiert auf einer guten Einbettung der Einrichtung in das Gemeinwesen, nicht nur auf einem einzigen Kontakt an einem Tag.

s. Kap. 3.5, Kap. 3.7, Kap. 3.8

ECEIS Autorenteam

10 Inklusion in der Praxis – Wichtige Prinzipien und offene Fragen

10.1 Verschiedene Länder – Gemeinsame wichtige Prinzipien der Inklusion

In den vorangegangenen Kapiteln 5-9 wurde gezeigt, wie hilfreich es für die Erzieherinnen und Lehrerinnen ist, wichtige Prinzipien inklusiver Erziehung und Bildung im Blick zu haben. Daher stellen wir im Folgenden das Wesentliche dieser Grundsätze zusammenfassend dar.

10.1.1 Interessen und Bedürfnisse des Kindes in den Mittelpunkt stellen

Von den Interessen der Kinder ausgehen
Die Aufmerksamkeit für die Interessen und Bedürfnisse der Kinder ist sowohl die Bedingung für die Gestaltung gemeinsamer Aktivitäten in der Gruppe wie auch für individuelle Unterstützung. Pädagogen und Pädagoginnen müssen über die Grundhaltung verfügen, die Kinder wertzuschätzen, ihnen zuzuhören und ihre Interessen und Meinungen zu berücksichtigen (siehe z. B. 5.1.4, 5.3.1). Über diese allgemeinen Notwendigkeiten hinaus müssen Pädagogen und Pädagoginnen besonders auf wachsende und sich verändernde Interessen im dynamischen Spiel- und Lernprozess achten. Aufbauend auf diesen Beobachtungen können sie die Umgebung vorbereiten und Aktivitäten initiieren, die für *alle* Kinder attraktiv sind, trotz ihrer unterschiedlich ausgeprägten Fähigkeiten.

Situationen und Umgebungen schaffen, die das Interesse der Kinder wecken
Kinder werden durch eine vorbereitete Umgebung motiviert, die ihr Interesse weckt und sie zu weiterer Initiative und gemeinsamem Spiel einlädt. Es ist eine der wichtigsten pädagogischen Aufgaben, die Wissbegierde der Kinder anzuregen. Ihre Neugier in den ersten Lebensjahren und darüber hinaus zu bewahren ist der Grundstein dafür, dass Kinder und Erwachsene auch in Zukunft mit Freude und Ausdauer lernen.

Um das Interesse der Kinder zu wecken, sind Situationen zu schaffen, in denen sie ermutigt werden, Dinge auszuprobieren und zu kooperieren. Mit Blick auf die inklusive Erziehung muss auch darüber nachgedacht werden, wie sich Kinder mit unterschiedlichen Fähigkeiten auf verschiedene Art und Weise und zu unterschiedlichen Zeitpunkten beteiligen können – denken Sie an einige der oben beschriebenen Beispiele, in denen in bestimmten Situationen einige Kinder die Anzahl der Gruppenmitglieder zählen, andere diskutieren, Zahlen vorlesen oder nur zuhören, während wieder andere ein Bilderbuch anschauen (siehe z. B. 5.1.1, 5.4.1).

Um die Interessen und Bedürfnisse aller Kinder zu berücksichtigen, müssen auch einige äußere Voraussetzungen gegeben sein: Die Räume sollten in unterschiedliche Aktivitätsbereiche gegliedert sein, unterschiedliche Materialien, Werk- und Spielzeuge sollten den Kindern zur Verfügung stehen. Pädagogen sollten aber auch berücksichtigen, dass es nicht ausreicht, eine Vielzahl von Materialien vorzuhalten, sondern dass sie sicherstellen müssen, dass sie allen Kindern zugänglich sind.

10.1.2 An Lernprozessen teilhaben – Situationen schaffen, die die Fähigkeiten aller Kinder ansprechen

Heterogene Gruppen bilden

Unterschiede hinsichtlich Alter und Wissen sind für alle Beteiligten förderlich. Kinder können von der Erfahrung anderer profitieren oder Wertschätzung erfahren, wenn sie um Hilfe bitten oder gebeten werden. Wenn jüngere Kinder aktiv werden, versuchen sie oft, den Älteren nachzueifern und erfahren Bestätigung, wenn es ihnen gelingt. Umgekehrt erfahren die Älteren Anregung und Wertschätzung, wenn sie die Gelegenheit erhalten, jüngeren Kindern zu helfen und sie einzubeziehen. Ähnliche Anregungen und Interaktionen finden wir auch zwischen den Kindern mit und ohne Behinderung. Wie bereits erwähnt, muss natürlich die Gruppensituation den Rahmen bieten, in dem sich die unterschiedlichen Fähigkeiten der Kinder entwickeln können.

Heterogene Gruppen beeinflussen positiv eine offene Grundeinstellung der Kinder gegenüber Verschiedenheit. Wenn sie pädagogisch gut begleitet und unterstützt werden, sind heterogene Gruppen das beste Umfeld einer vorurteilsfreien Erziehung.

Flexible Strukturen – Wechsel zwischen Groß- und Kleingruppe

Aktivitäten in der Großgruppe sind wichtig, um die Kinder die Vielfalt der Gruppe erleben zu lassen. Sie sind auch bedeutsam, um den Gemeinschaftssinn der

Kinder sowie das Zugehörigkeitsgefühl des einzelnen Kindes wachsen zu lassen. Darüber hinaus machen einige Aktivitäten nur dann Spaß, wenn viele Kinder daran beteiligt sind (siehe z. B. 5.2.2, 5.3.2).

Die Bedeutung der Kleingruppen liegt darin, alle Kinder zur Beteiligung zu ermutigen und die Interaktion der Kinder untereinander besonders anzuregen. In einer kleineren Kindergruppe kann auf sehr unterschiedliche Bedürfnisse und Fähigkeiten eingegangen werden, gerade wenn Kinder mit besonderen pädagogischen Bedürfnissen beteiligt sind. In kleinen heterogenen Gruppen können die Kinder individuell angesprochen *und* zugleich in den Zusammenhang gemeinsamer Aktivitäten eingebunden werden – eine Kombination, die in einer großen Gruppe nur schwer zu erreichen ist. Aufgrund der individuellen Unterstützung können gemeinsame Aktivitäten sogar bei gravierenden individuellen Erschwernissen gelingen (siehe z. B. 5.2.1). So können Kinder ihr Interesse an Kommunikation und Zusammenarbeit besonders gut weiter entwickeln.

Curricula und Anforderungen anpassen
Es macht keinen Sinn, für heterogene Gruppen, die Kinder mit unterschiedlichen Bedürfnissen und Fähigkeiten umfassen, ein einheitliches Curriculum und einheitliche Anforderungen aufzustellen. Beides muss angepasst werden. Curricula und Anforderungen auf Kinder mit besonderem pädagogischen Förderbedarf abzustimmen bedeutet meist, Aktivitäten zu vereinfachen (zum Beispiel dadurch, dass eine Aktivität in kleine oder einfachere Schritte unterteilt wird), öfter zu wiederholen, andere Lehrmethoden anzuwenden (zum Beispiel Bildkarten statt gesprochener Sprache) oder die Regeln eines Spiels zu verändern (siehe z. B. 5.1.1, 6.1.1).

Die Kunst der Vermittlung besteht darin, für Kinder, die sich im Rahmen eines bestimmten Projektes oder Themas auf unterschiedlichem Niveau befinden, jeweils Aufgaben und Herausforderungen zu formulieren. Auf diese Art und Weise können alle Kinder mit ihrem jeweiligen Wissens- und Kenntnisstand in unterschiedlichen Aufgabenbereichen entsprechend ihrer Fähigkeiten teilnehmen. Von Kindern, die in ihrer Entwicklung anderen voraus sind, können zusätzliche Aufgaben verlangt werden, zum Beispiel die Schriftbilder eines Namens innerhalb einer Geschichte zu finden. Andere Kinder können Unterstützung bei grundlegenderen Aufgaben bekommen, zum Beispiel dabei, ein Bild zu finden, das zur Handlung passt. Die Kinder erleben damit unterschiedliche Herausforderungen, die durch ein gemeinsames Thema verbunden sind. Gute Pädagoginnen und Pädagogen werden das individuelle Bemühen und die individuellen Fortschritte wertschätzen, unabhängig davon, auf welchem Level sie stattfinden.

Balance zwischen Freispiel und strukturierten Situationen

Strukturierte Spiel- und Lernsituationen, zumeist angeleitet von einer Erzieherin oder Lehrerin, werden arrangiert, um ein im Vorfeld definiertes Ziel zu erreichen. Dabei kann eine Aktivität auf eine spezifische Kompetenz im Bereich frühkindlicher Erziehung und Bildung abzielen, aber in der Regel sollte das Ziel für jedes Kind individuell, entsprechend dem voraussichtlich nächsten Entwicklungsschritt formuliert werden. Auf diese Weise ist es möglich das kulturelle Wissen, das wir den Kindern weitergeben wollen, zu systematisieren – mehr oder weniger, je nach Absicht – und ihnen Orientierungspunkte bei der Konstruktion ihres Weltbildes zu geben. Selbstverständlich müssen auch angeleitete Situationen den Interessen der Kinder entsprechen (siehe z. B. 5.1.3, 5.4.2).

Auf der anderen Seite gibt es Situationen, die auf den freien (Spiel) Aktivitäten der Kinder basieren. (Darüber hinaus sind auch Mischformen zwischen Freispiel und strukturierten Situationen – halbstrukturierte Situationen – möglich, siehe Kap. 3.3 und z. B. 5.3.2.) In diesen Situationen haben die Kinder die Freiheit, selbst über die Art der Initiative und Beteiligung zu entscheiden. Beschränkt lediglich durch einige elementare Gruppenregeln und den allgemeinen Rahmen der Institution, entstehen in diesen Situationen Gelegenheiten, in denen die Kinder authentische Entscheidungen treffen können – sofern die Pädagoginnen den Begriff des Freispiels ernst nehmen. Solche durch das Kind kontrollierten Situationen sind von großer Bedeutung, um das Kind entdecken, ausprobieren und üben zu lassen, was es bereits gelernt hat, um Autonomie zu entwickeln und zu lernen sich selbst zu organisieren, um Interaktion mit Gleichaltrigen und Kommunikation zu üben, weil Verhandlungen nötig sind und Übereinkunft erzielt werden muss (siehe z. B. 5.3.2, 8.1, 8.4 und 8.5).

Ein gut ausbalanciertes Konzept zwischen Freispiel und strukturierten Situationen gibt den Kindern beides: einen äußeren Rahmen zum Lernen und/ oder die Freiheit aus eigenen Aktivitäten zu lernen. Es hängt von der Persönlichkeit des jeweiligen Kindes ab, wovon es am meisten profitiert.

Ein vertrauensvolles Klima gestalten

Kinder testen die Grenzen ihrer Fähigkeiten aus (und gehen darüber hinaus), wenn sie nicht fürchten müssen, bloßgestellt oder beschämt zu werden. Risiken in der Bewältigung von Aufgaben eingehen zu können ohne Angst vor Versagen zu haben, ist die beste Voraussetzung, um mit Freude und Ausdauer zu lernen. Darum ist es wichtig, das Kind in seinen Bemühungen zu unterstützen und Misserfolge nicht verhindern zu wollen (siehe z. B. 6.1.3, 9.3). Eine zentrale Methode zur Gestaltung eines vertrauensvollen Klimas wird durch den folgenden Aspekt beschrieben:

Die Fähigkeiten und Talente aller Kinder hervorheben und wertschätzen
Erzieherinnen sollten sich darum bemühen, ein Klima zu schaffen, in dem der Beitrag eines jeden Kindes anerkannt wird. Das bedeutet nicht nur sichtbar beeindruckende Erfolge zu loben, sondern auch jene kleinen Entwicklungen und Fortschritte, die von Kindern mit Behinderung mit großer Anstrengung erreicht werden. Daher ist eine grundlegende pädagogische Aufmerksamkeit auch bezüglich kleiner Errungenschaften wichtig, verbunden mit der Bereitschaft, positive Ansätze zu loben und die Aufmerksamkeit nicht auf das zu legen, was nicht gut gelingt. Eine solche Haltung vermittelt dem Kind Selbstvertrauen und stärkt sein Selbstbewusstsein. Viele solcher Beispiele wurden in diesem Manual vorgestellt.

Abbau von Barrieren
Inklusive Erziehung beruht auf der Verhinderung, der vollständigen Beseitigung oder dem größtmöglichen Abbau von Barrieren der Beteiligung aller Kinder. Barrieren treten in unterschiedlicher Weise auf; manche haben mit der Zugänglichkeit zu Räumen zu tun, andere mit Kommunikationsschwierigkeiten oder Lernerschwernissen. Barrieren der Teilhabe sind das Resultat einer mangelnden Passung zwischen äußeren und individuellen Voraussetzungen der kindlichen Entwicklungs- und Lernprozesse, was Aktivitäten und Beziehungen ernstzunehmend beeinflusst. Um solche Schwierigkeiten effektiv beseitigen zu können, müssen wir verschiedene Ebenen berücksichtigen:
• Abbau von Barrieren durch eine generelle Veränderung der Umgebung und durch die Variation von Strukturen und Prozessen,
• Abbau von Barrieren durch den Einsatz von Hilfsmitteln,
• Abbau von Barrieren durch (in allgemeine Abläufe integrierte) individuelle Unterstützung und Förderung,
• Abbau von Barrieren durch die Modifikation und Anpassung von Aufgaben (individuelle Aufgaben, individuelle Zeitstrukturen …),
• Abbau von Barrieren durch die Modifikation, Anpassung von Lernzielen.
Die Situationen, die in den Kapiteln 5-9 beschrieben werden, zeigen vielfältige Methoden, um auftretende Hindernisse und Barrieren zu reduzieren.

Individuelle Unterstützung und gemeinsame Momente schaffen
Um Barrieren abbauen zu können, bleibt die individuelle Unterstützung durch die Pädagogin während gemeinsamer Aktivitäten oft notwendig. Dabei kann es sich um physische Unterstützung, um Hilfe bei der Kommunikation oder um Unterstützung im eher psychologischen Bereich handeln. Leitendes Prinzip sollte die authentische Beteiligung aller sein, nicht nur das reine Zusammensein z. B. in einem Raum oder beim Stuhlkreis; letztlich muss individuelle Unterstützung immer darauf abzielen, das Kind *einzubeziehen* (siehe z. B. 5.3.1, 5.3.3, 6.1.2).

Individuelle Unterstützung ist nicht nur für jene Kinder notwendig, die als ‚Kinder mit besonderem Förderbedarf' gelten – jedes Kind sollte die Unterstützung bekommen, die es braucht, unabhängig von seinem formalen Status. Dieser Punkt zielt auch auf die Bedingungen inklusiver Erziehung: Es braucht z. B. ausreichend Personal um die notwendige Unterstützung geben zu können.

Im Kontext der Thematik individueller Unterstützung gibt es dabei einen besonders hervorzuhebenden Aspekt:

Individuelle Förderpläne – Umsetzung und Einbettung in Gruppensituationen
Einerseits haben wir gerade betrachtet, wie Kinder an gemeinsamen Aktivitäten teilhaben können. Andererseits müssen wir aber auch die Sache aus einer anderen Perspektive betrachten und uns fragen, wie individuelle Unterstützung entsprechend dem individuellen Förderplan gewährt werden kann. Hier ist zu bedenken, wie solche Interventionen durchgeführt werden können, ohne das Kind zu isolieren bzw. auszusondern. Wir können nach Alltagsroutinen und Aktivitäten suchen, in die individuelle Unterstützung und Therapie eingebettet werden können; oder wir überlegen, wie Aktivitäten im Rahmen des individuellen Förderplans eines Kindes auch für andere attraktiv gemacht werden können, um auch in der Realisation individueller Förderung gemeinsame Situationen zu initiieren (siehe z. B. 5.1.2).

Nebenbei bemerkt: Um das Interesse anderer Kinder zu wecken (bspw. um sie in individuellen Fördersituationen einzubeziehen), müssen nicht unbedingt neue oder aufregende Dinge geboten werden. Kinder (zumindest einige von ihnen) werden auch von einer ruhigen Atmosphäre angezogen oder von Kindern, mit denen sie nicht ständig verhandeln und streiten müssen. So kann es geschehen, dass ein Kind, das beispielsweise in seinen motorischen und kommunikativen Möglichkeiten eingeschränkt ist und auf einer Decke liegt, andere Kinder zu freundlichem und entspanntem Nebeneinander einlädt.

10.1.3 Pädagogische Unterstützung des gegenseitigen Verständnisses

Die bislang beschriebenen Prinzipien bieten Anregungen für die Arbeit in heterogenen Gruppen einschließlich solchen mit Kindern mit besonderen Bedürfnissen, um die Beteiligung und Lernmöglichkeiten aller Kinder sicherzustellen. Nachfolgend werden wir einige Prinzipien zur Steuerung und Mediation von Gruppenprozessen beschreiben; nicht alle dieser Ideen sind völlig neu, werden aber hier aus der kommunikativen Perspektive betrachtet.

Umgang mit Vielfalt

Im Bewusstsein seiner Vorbildfunktion hat die Erzieherin oder Lehrerin bedeutenden Einfluss auf die Sichtweisen, die Sensibilität und den Respekt, den Kinder im Kontakt miteinander finden und leben – vor allem im Umgang mit denjenigen, die sich in ihrem Verhalten oder ihren Fähigkeiten deutlich von ihnen selbst unterscheiden. Die meisten unserer Beispiele schließen diesen Aspekt ein. Im Umgang mit Vielfalt ist ein vertrauensvolles Klima notwendig, in dem es erlaubt ist, Fragen zu Phänomenen stellen zu dürfen, für die die Kinder noch keine Erklärung haben oder über persönliche Irritationen und Inkohärenzen sprechen zu können. Pädagogen sollten solche Fragen zulassen und darauf eingehen um zu verhindern, dass bestimmte Themen tabuisiert werden.

Situationen zusammen mit dem Kind mit spezifischem Förderbedarf schaffen, die auch für andere Kinder attraktiv sind (‚Beziehungs-Management‘)

Dieses Prinzip soll an die Tatsache erinnern, dass manchmal die Initiative der Erzieherin notwendig ist, um Kindern mit sehr unterschiedlichen Fähigkeiten Vorschläge für gemeinsame Aktivitäten zu machen. Wie das umgesetzt werden kann, haben wir beschrieben (siehe z. B. 6.1.4): Situationen und Umgebungen schaffen, die das Interesse der Kinder wecken, individuelle Unterstützung und gemeinsame Momente realisieren sowie individuelle Förderziele in Gruppensituationen umsetzen und integrieren (siehe oben).

Fähigkeiten und Talente für andere Kinder sichtbar machen

Wir haben hervorgehoben wie bedeutsam es ist, die Bemühungen und Fähigkeiten aller Kinder wertzuschätzen. Aus der Perspektive gegenseitigen Verständnisses bedeutet dies, die Talente eines Kindes für die anderen Gruppenmitglieder sichtbar zu machen. Eine der möglichen Methoden ist es, ein Kind zu loben. Eine andere grundlegende Strategie besteht darin, Kindern mit besonderem pädagogischem Unterstützungsbedarf in bestimmten Situationen oder bei bestimmten Aufgaben eine Schlüsselrolle zu übertragen (siehe z. B. 5.1.2, wenn Nuno alle Kinder zum Essen ruft). In solchen Situationen haben die Kinder selbst die Möglichkeit, ihre Fähigkeiten und Talente anderen zu zeigen. Es ist ein wichtiger Aspekt um zu verhindern, dass ein Kind innerhalb der Gruppe auf die Position desjenigen mit ‚besonderem Förderbedarf‘ fest gelegt wird.

Unverständliche Signale und Verhaltensweisen für die anderen Kinder übersetzen

In heterogenen Gruppen im Elementarbereich zeigt sich, dass sich Kinder nicht immer sicher sind, wie sie sich in bestimmten Situation adäquat verhalten können oder – im Gegensatz dazu – dass sie in anderen Momenten sehr sicher sind, was zu tun ist, weil sie gerade erst für diese Situation eine kulturelle Norm erlernt haben. Dementsprechend verstehen sie manches Verhalten nicht, wenn es sich sehr von ihrem unterscheidet. Das Unverständnis oder die Ratlosigkeit bezieht sich besonders auf das Verhalten von Kindern mit schwerwiegenden Beeinträchtigungen im motorischen, sensorischen, sprachlichen, emotionalen oder kognitiven Bereich. Aufgrund ihrer Einschränkungen werden deren Bedürfnisse, Stimmungen und Interessen zumeist durch andere interpretiert. Dafür sind hohe Sensibilität und Aufmerksamkeit notwendig. Andere Kinder verstehen es oft überraschend gut, Laute, Lächeln oder das Verhalten schwer beeinträchtigter Kinder zu interpretieren. Dennoch ist es häufig die Aufgabe der Erwachsenen, die Signale oder das Verhalten des Kindes zu ‚übersetzen‘ und vorzuschlagen, was getan werden soll, um den Wünschen und Bedürfnissen des Kindes nachzukommen (siehe z. B. 7.2).

Den Sinn von befremdlichem und herausforderndem Verhalten aufdecken, um die Normalität darin aufzuzeigen
Das Prinzip der ‚Übersetzung‘, das im vorhergehenden Abschnitt beschrieben wurde, ist besonders bedeutsam, wenn Kinder fremd anmutendes, herausforderndes oder aggressives Verhalten zeigen. Nicht oder falsch verstandenes Verhalten zu erklären bedeutet, seinen Anlass oder seinen Sinn offen zu legen. So können Kinder Motive und Verhaltensweisen anderer, die sie auch vielleicht von sich selbst kennen, verstehen und damit den Aspekt der Normalität und dessen Modifikation im Verhalten des anderen Kindes sehen – ein Prozess, der zum gegenseitigen Verständnis beiträgt (siehe 5.1.4).
Den Sinn herausfordernden Verhaltens zu erklären heißt jedoch nicht, alle Handlungen eines Kindes wie beispielsweise aggressives Verhalten zu tolerieren. Es ist wichtig, allen Gruppenmitgliedern deutlich zu machen, dass es bestimmte Verhaltensweisen oder Handlungen gibt, die von den Pädagoginnen nicht toleriert werden; aber es ist auch wichtig zu zeigen, dass ein bestimmtes *Verhalten* kritisiert wird und nicht das Kind als solches verurteilt wird; sein Verhalten kann als eine Botschaft an Erwachsene und Kinder verstanden werden.

10.1.4 Fachwissen und Einstellungen/ Haltungen der Pädagoginnen und Pädagogen in der Praxis

Das Kind als Protagonist seiner eigenen Entwicklung akzeptieren
In Anlehnung an konstruktivistische Theorien gilt es, den individuellen Lernprozess des Kindes zu respektieren. Damit die Kinder sich ein eigenes Bild der Welt verschaffen können, sind eine Umgebung mit allen Lernmöglichkeiten und Partner zum Verständnis des kulturellen und sozialen Sinns darin notwendig. Dabei

haben die Kinder unterschiedliche Arten und Tempi der Partizipation und des Lernens. Um die Bedeutsamkeit des Erlernten zu erleben, ist es für die Kinder wichtig, Dinge auszuprobieren und zu sehen, dass sie Situationen beeinflussen können. Das Wissen, Situationen und Prozesse beeinflussen zu können sowie das Selbstvertrauen, Handlungen initiieren und ausführen zu können, sind nachhaltig wirksame Faktoren vieler zukünftiger Aktivitäten und Beziehungen. Daher ist es erforderlich die Intentionen, Wünsche und Vorschläge des Kindes ernst zu nehmen. In vielen Situationen müssen wir fragen „Wer definiert die Aufgabe?" „Wer definiert das Problem?" „Wer definiert die Art der Ausführung und die Fortschritte im Prozess?" In der Arbeit mit Kindern müssen wir jederzeit darauf vorbereitet sein, aus der Perspektive des Erwachsenen in die des Kindes zu wechseln (siehe z. B. 5.5.2, 6.1.1, 6.1.3).

Reflexion der Vorbildfunktion

In der Betrachtung des Prinzips 'Umgang mit Vielfalt' wurde der große Einfluss der Pädagoginnen auf das Verhalten und die Einstellungen der Kinder betont. Erzieherinnen und Lehrerinnen müssen sich ihrer Rolle als Verhaltensmodell bewusst sein, vor allem in Situationen, die den Kindern neu erscheinen oder in denen sie nicht wissen, wie sie mit einem Problem umgehen sollen (siehe 7.1). Einstellungen und Verhalten der Pädagoginnen und Pädagogen gehören zu den sehr effektiven, aber oft heimlich wirkenden Strategien der Erziehung. Von Erzieherinnen und Lehrerinnen oft unterschätzt, müssen Situationen und Zeiten innerhalb und außerhalb der Alltagsstrukturen geschaffen werden, die ermöglichen, sich an diesen Aspekt zu erinnern und ihn zu reflektieren.

Zusammenarbeit mit Eltern

Die Eltern sind diejenigen, die die Bedürfnisse, Stärken und Schwächen ihres Sohnes oder ihrer Tochter am besten kennen. Sie sind die Experten bzgl. ihres Kindes. Daher sind die Kommunikation und Zusammenarbeit mit den Eltern eine grundlegende Bedingung und Komponente kind- und familienzentrierter Erziehung.

Eine auf Partnerschaftlichkeit beruhende Zusammenarbeit stellt die Abstimmung der Erziehungsziele und -inhalte sicher. Eltern sollten in die Gestaltung der Erziehungsprozesse, Bildungsangebote und Konzeptionen der Einrichtung eingebunden werden, um zu einem Konzept zu kommen, das sich am sozialen Leben der Kinder und Eltern orientiert (siehe 9.1).

Wie wir in einigen Beispielen gesehen haben (siehe 9.2, 9.3), gibt es auch gute Gelegenheiten, die Eltern in den Kindergartenalltag einzubeziehen. Dies ist eine günstige Bedingung, um gegenseitiges Verständnis zu fördern und der Familie des Kindes Wertschätzung entgegen zu bringen.

10.1.5 Günstige Bedingungen inklusiver Praxis

Kooperation im Team (in der Gruppe)
Neben den konkreten Bedingungen struktureller Arrangements und dem Rahmen der Institution ist die Zusammenarbeit im Team in heterogenen Gruppen von höchster Bedeutung. Den Wünschen, Interessen und Bedürfnissen der Kinder kann entsprochen werden, indem sie in Kleingruppen unterteilt werden, indem einige Kinder während einer gemeinsamen Aktion unterstützt werden oder indem einem Kind in der Gruppe individuelle Hilfestellung angeboten wird. Wie auch immer das jeweilige Arrangement aussieht: Um eine inklusive Atmosphäre entstehen zu lassen ist es wichtig, dass grundsätzlich alle Pädagoginnen sich für alle Kinder in der Gruppe verantwortlich fühlen. Vor allem dann, wenn eine Erzieherin die Aufgabe der Assistenz oder Unterstützung eines Kindes mit besonderem Förderbedarf übernommen hat, gilt es, die Bildung einer Subgruppe zu verhindern – einer Subgruppe, die aus dem Kind mit Behinderung und einer Pädagogin oder Therapeutin besteht. In einigen der vorgestellten Beispiele können wir sehen, wie Fachkräfte mit dieser Herausforderung umgehen. Sie beziehen andere Kinder mit ein (siehe 6.1.4) oder übergeben bestimmte Aufgaben an ein Kind (siehe 5.4.1).

Die Einrichtung als unterstützender Hintergrund
Die Unterstützung, die eine Einrichtung geben kann, ist sehr bedeutsam, da diese den Rahmen aller pädagogischen Arbeit auf Gruppen- oder individueller Ebene bildet. Inklusive Arbeit ist stark vom ausdrücklichen Willen des Teams (unterstützt durch die Leitung der Institution) abhängig, Bildung und Erziehung für alle Kinder anzubieten und diesem Ziel entsprechende Einstellungen und Abläufe zu entwickeln. Mit diesem Aspekt hängen die Möglichkeiten zur Schulung und Weiterbildung unmittelbar zusammen. Die Anzahl der Mitarbeiter/innen, der Betreuungsschlüssel und die Verfügbarkeit von Räumen und Materialien sind ebenfalls wichtig – zumeist aber sind diese an administrative Vorgaben gebunden, die nur seitens des Trägers verändert werden können. Wir müssen jedoch bedenken, dass selbstverständlich bestimmte Ressourcen notwendig sind, um Arbeit in Kleingruppen oder individuelle Unterstützung anbieten zu können, dass aber Ressourcen allein noch keine gute inklusive Arbeit garantieren.

Architektonische und räumliche Einflüsse
Wenn man in Rechnung stellt, dass Kinder in aktiver Auseinandersetzung mit ihrer Umwelt lernen, kommt einer gut vorbereiteten Umgebung eine besondere Bedeutung zu. Räume, die unterschiedliche Aktivitäten in verschiedenen Bereichen anregen, die Rückzugsbereiche bieten oder die auf mehreren Ebenen angelegt

sind, eignen sich gut um verschiedene Bedürfnisse und Interessen von Kindern auf unterschiedlichen Entwicklungsstufen anzusprechen. Darüber hinaus können Architektur und Umgebung gute Ausgangspunkte für Interaktionen zwischen Kindern bzw. zwischen Kindern und Erwachsenen darstellen, wenn sie Atmosphäre geben und bestimmte Aktivitäten anregen. Es macht einen Unterschied, ob es einen für die Kinder verfügbaren Außenbereich gibt oder nicht (siehe z. B. 8.5). Letztendlich aber sollten die Erzieherinnen auch bei diesen Aspekten bedenken, dass gute äußere Rahmenbedingungen mit guten Konzepten gefüllt werden müssen, und dass mit guten Konzepten und Ansätzen versucht werden sollte, die existierenden Rahmenbedingungen zu nutzen.

Netzwerke und Zusammenarbeit im Gemeinwesen: Kooperation mit anderen Diensten
Kinder leben und lernen in unterschiedlichen Umgebungen. Unter diesem Gesichtspunkt kommt den Familien und den Kindertageseinrichtungen eine bedeutende Rolle zu, ebenso aber der Infrastruktur, Sportvereinen oder anderen Freizeiteinrichtungen in der Wohngegend. Um auf die Fragen und Themen der Kinder eingehen zu können, ist es notwendig, ihr Alltagsleben mit zu berücksichtigen, Orte zu besichtigen und zu sehen, was Kinder über sie wissen und denken und ihr Wissen durch neue Informationen zu bereichern (siehe z. B. 5.5.3). Dieses Prinzip gilt unverändert in der inklusiven Erziehung, wenngleich manchmal Kreativität notwendig ist, um Barrieren abzubauen und die Partizipation aller Kinder zu ermöglichen.
Hinsichtlich der Kinder mit besonderem Förderbedarf ist es oft notwendig, dass die Pädagogen mit anderen Expertinnen oder Therapeuten zusammenarbeiten – im Kindergarten oder außerhalb der Einrichtung. Erzieherinnen benötigen Zeit für Kooperation. Zwei Aspekte sind dabei bedeutsam: zum einen die eigenen Beobachtungen und Kenntnisse mitzuteilen, zum anderen durch die Außensicht zu lernen, die andere professionelle Akteure einbringen. Kooperationszeiten und darüber hinaus die Strukturen der Zusammenarbeit sind wichtige Bedingungen zur Generierung von Wissen und professioneller Kompetenz.

10.1.6 Wichtige Prinzipien – der Überblick

1 Interessen und Bedürfnisse des Kindes in den Mittelpunkt stellen
- Von den Interessen der Kinder ausgehen
- Situationen und Umgebungen schaffen, die das Interesse der Kinder wecken

2 An Lernprozessen teilhaben – Situationen schaffen, die die Fähigkeiten aller Kinder ansprechen
- Heterogene Gruppen bilden
- Flexible Strukturen – Wechsel zwischen Groß- und Kleingruppe
- Curricula und Anforderungen anpassen
- Balance zwischen Freispiel und strukturierten Situationen
- Ein vertrauensvolles Klima gestalten
- Die Fähigkeiten und Talente aller Kinder hervorheben und wertschätzen
- Abbau von Barrieren
- Individuelle Unterstützung und gemeinsame Momente schaffen
- Individuelle Förderpläne – Umsetzung und Einbettung in Gruppensituationen

3 Pädagogische Unterstützung des gegenseitigen Verständnisses
- Umgang mit Vielfalt
- Situationen für das Kind mit spezifischem Förderbedarf schaffen, die auch für andere Kinder attraktiv sind ('Beziehungs-Management')
- Fähigkeiten und Talente für andere Kinder sichtbar machen
- Unbekannte Signale und Verhaltensweisen für die anderen Kinder übersetzen
- Den Sinn von befremdlichem und herausforderndem Verhaltens aufdecken um die Normalität darin aufzuzeigen

4 Wissen und Einstellungen – Haltungen der Pädagogen und Pädagoginnen in der Praxis
- Das Kind als Protagonisten seiner eigenen Entwicklung akzeptieren
- Reflexion der Vorbildfunktion
- Zusammenarbeit mit Eltern

5 Günstige Bedingungen inklusiver Praxis
- Kooperation im Team (in der Gruppe)
- Die Einrichtung als unterstützender Hintergrund
- Positive architektonische und räumliche Einflüsse
- Netzwerke und Zusammenarbeit im Gemeinwesen: Kooperation mit anderen Diensten

10.2 Dilemmata und offene Fragen für Pädagogen und Pädagoginnen

Die oben beschriebenen Prinzipien bilden grundlegendes Wissen ab, extrahiert aus den Konzepten inklusiver Settings und den Beobachtungen der pädagogischen Arbeit. Wir betrachten sie als Leitlinien in der Arbeit mit Kindern in heterogenen Gruppen. Dennoch sind diese Prinzipien weit davon entfernt, ein Rezept darzustellen, mit dem alle Probleme im Bereich inklusiver Erziehung und Bildung gelöst werden können. Es bleiben immer noch Situationen und Prozesse, in denen die Pädagoginnen und Pädagogen entscheiden müssen, was zu tun ist, auch in Situationen, in denen sie unschlüssig sind – in Situationen, in denen sie entscheiden müssen, ob eine bzw. welche Intervention passend ist oder in Situationen, in denen zwischen mehreren Möglichkeiten gewählt werden kann, jede von ihnen nicht eindeutig gut oder schlecht, falsch oder richtig. Erzieherinnen und Lehrerinnen treffen oft auf Dilemmata und offene Fragen, die nur unter Berücksichtigung der jeweiligen Situation und der beteiligten Kinder gelöst werden können. Dennoch ist es bedeutsam, Vor- und Nachteile der verschiedenen Optionen zu kennen und berücksichtigen zu können. Mit den nachfolgend beschriebenen Fragen und Dilemmata werden jeweils auch Aspekte angesprochen, die in Handlungsentscheidungen eingehen können.

* **Gleichbehandlung aller – Individualisierung/ individuelle Unterstützung**
Inklusion beinhaltet Vorstellungen über die positive Wertschätzung der Verschiedenheit der Kinder. Sie baut auch auf Werte wie Zugehörigkeit, Verbundenheit, Solidarität und Chancengleichheit. Sie betont die Bedeutsamkeit gemeinsam geteilter Aktivitäten und das Recht eines jeden Kindes auf Partizipation. Sie verurteilt Sonderlösungen, die das Kind von der Gruppe trennen. In der Praxis der Inklusion treten jedoch Situationen auf, in denen die Erzieherin entscheiden muss, ob die (Sonder-)Lösung für ein Kind eine Individualisierung ist, die mit dem Konzept der Inklusion kompatibel ist, oder ob in der konkreten Situation eine Gleichbehandlung ohne Sonderlösung eher mit dem Konzept der Inklusion zusammenpasst. Hier schließt sich auch die Frage an, ob die Wahrnehmung von Unterschieden zwischen den Kindern ein positiver Wert ist oder diskriminierend wirkt.

* **Allgemeinverbindliche Regeln für alle – besondere Regeln für Kinder mit besonderen pädagogischen Bedürfnissen**
In Zusammenhang mit letztgenanntem Aspekt stehen die Pädagogen oft vor der Frage, ob sie zwischen den Kindern so differenzieren sollen, dass unterschiedliche

Regeln angewandt werden. Kann das herausfordernde Verhalten eines Kindes im Fall einer Beeinträchtigung akzeptiert werden, bei anderen Kindern aber nicht? Konsequenz und Beständigkeit gehören zu den wichtigsten Regeln in der Erziehung. Aber worauf beruhen sie? Erzieherinnen sollten auf Leitlinien bestehen, die das Zusammensein und die Gruppenbildung so regeln, dass in der Gemeinschaft jedes Kind akzeptiert wird und individuelle Unterschiede wertgeschätzt werden. Diese Grundregel kann in der konkreten Situation unterschiedliche Anwendung finden; ihre Umsetzung hängt auch von Fähigkeiten und Bedürfnissen des Kindes ab. Aber soll dies als zu akzeptierende Regel proklamiert oder eher als Modellverhalten der Pädagogen vorgelebt werden? Wenn Kinder einer Gruppe klare Erklärungen dafür bekommen, warum das selbe Verhalten in einem Fall gelobt wird und im anderen nicht akzeptiert werden kann und dass das dieser unterschiedlichen Bewertung zu Grunde liegende Prinzip dasselbe ist (nämlich die Berücksichtigung der Fähigkeiten und Bedürfnisse des Kindes), dann werden die Kinder die tiefere Bedeutung von Gleichwertigkeit auf selbstverständliche Art und Weise lernen.

- **Eingreifen und Unterstützen – Gelegenheit zu eigenen Erfahrungen bieten**
Eine weitere Frage in der Arbeit mit Kindern mit besonderen pädagogischen Bedürfnissen ist, zu bemerken und zu wissen, in welchen Situationen ein Eingreifen notwendig ist und wann nicht. Dies tritt beispielsweise in Situationen auf, in denen die Pädagogin befürchten muss, dass ein Kind scheitern oder nicht in der Lage sein wird, eine Aktivität/ Situation zu bewältigen. Soll sie eingreifen oder das Kind aus seinen Fehlern lernen lassen? In welchem Maße und unter welchen Bedingungen kann das Kind scheitern und trotzdem sein Selbstbewusstsein gestärkt werden? Eine Frage, die nur in guter Kenntnis der Persönlichkeit des Kindes beantwortet werden kann.

- **Kinder und Eltern über die besonderen pädagogischen Bedürfnisse eines Kindes informieren?**
Klar ist, dass ein Kind mit besonderen pädagogischen Bedürfnissen, wie jedes andere Kind auch, andere Kinder und Erwachsene außerhalb der eigenen Familie kennen lernen sollte. Die Frage ist, ob diese anderen Menschen über die besonderen Bedürfnisse des Kindes informiert werden sollten. Für den Fall, dass eine Behinderung Sorgen und Angst erzeugt, können Informationen über die Beeinträchtigung dazu beitragen, sich mit den eigenen Phantasien und Vorstellungen über Behinderung auseinander zu setzen. Unabhängig von der Schwere einer Beeinträchtigung scheint sie weniger beängstigend, wenn sie bei einem Kind beobachtet wird; sie ängstigt uns weniger als wir befürchtet haben, da die reale Begegnung mit Behinderung es uns ermöglicht, diesbezügliche Ängste und Sorgen abzubauen.

Die Eltern behinderter Kinder zeigen unterschiedliche Reaktionen, wenn sie über den besonderen pädagogischen Förderbedarf ihres Kindes informiert werden oder wenn sie davon hören, welchen anderen Kindern mit Beeinträchtigungen ihr eigenes Kind begegnen wird. Anhängig vom jeweiligen Grad des Verstehens und den Ängsten, die die Behinderung auslöst, können sich diese Reaktionen im Spektrum von einfacher Akzeptanz bis hin zur gänzlichen Verleugnung bewegen. Dann liegt es in der Verantwortlichkeit der Pädagogin, die Eltern willkommen zu heißen und zu begleiten, wenn sie mit ihren Befürchtungen konfrontiert werden, so dass sie mit der Behinderung vertraut werden können.

Ein Kind mit besonderen Bedürfnissen wird andere Kinder treffen – Kinder mit gleichen Beeinträchtigungen, Kinder mit anderen Einschränkungen. Wie kann man mit den Kindern über diese Vielfalt sprechen? Die größte Herausforderung für die Erzieherinnen ist es, bei den Kindern ein Bewusstsein dafür zu erzeugen, dass einige ihrer Altersgenossen mit Einschränkungen leben und dass ihre Art und Weise, damit umzugehen, mit Respekt betrachtet werden soll. Ziel ist nicht, zu dramatisieren oder Angst zu erzeugen, sondern die Besonderheit eines jeden Kindes zu verstehen. Das ist eine große Herausforderung, aber auch Teil der Erfahrung von Vielfalt.

- **Mit dem Druck umgehen, umfangreiches kulturelles Wissen vermitteln zu müssen – gleichzeitig die besonderen Bedürfnisse eines Kindes zu berücksichtigen**

Das Ziel inklusiver Erziehung ist, alle Kinder an die gleichen Wissensbestände heranzuführen, beispielsweise die Bereiche Sprache, Kognition, körperliche Fähigkeiten, Kunst und soziale Kultur und dabei das Potential, die persönlichen Interessen und Lernfortschritte eines jeden Kindes im Entwicklungsverlauf zu berücksichtigen.

Dieses Ziel legt nahe, pädagogische Strategien zu wählen, die den Kindern einen gewissen Spielraum bieten und es ihnen ermöglicht, auf ihre Art an den unterschiedlichen Angeboten teilzunehmen. Kinder mit besonderem pädagogischem Förderbedarf in ihren Lernprozessen zu begleiten und zu fördern bedeutet manchmal, Erwartungen neu zu betrachten und Aufgaben wie Umgebung anzupassen, um die Partizipation dieser Kinder zu gewährleisten.

Unabhängig von der jeweiligen Aufgabe sehen die Pädagoginnen sich mit Entscheidungen konfrontiert: Bis zu welchem Ausmaß können eigene Wege des Kindes akzeptiert werden? Wie weit können wir bzgl. des Lernprozesses auf die Selbststeuerung des Kindes durch eigene Wünsche und Fähigkeiten vertrauen? An welchem Punkt muss eingegriffen werden, um ein Kind für die Aktivitäten zu gewinnen, mit denen sich die anderen Kinder der Gruppe beschäftigen und wie kann das erreicht werden?

Wenn die Kinder nur der Verrichtung ihrer eigenen Tätigkeiten nachgehen, werden sie tendenziell nicht nur von den anderen isoliert werden, sondern es werden ihnen auch die gegenseitigen Anregungen fehlen, von denen die anderen Kinder profitieren. Andererseits können Kinder möglicherweise negativ reagieren oder destruktives Verhalten entwickeln, wenn sie in Aktivitäten einbezogen werden, deren Sinn sie nicht verstehen.

- **Fördereinheiten/ Therapien mit Kindern in der Gruppe – individuelle Fördereinheiten/ Therapien**
Inklusion betont die Bedeutung gemeinsamer Aktivitäten und das Recht des Kindes zur Partizipation. Dennoch mag es Fördereinheiten geben, die besser in einem abgeschloseneren Kontext statt finden, beispielsweise wenn ein Kind sich in Anwesenheit anderer Kinder schlecht konzentrieren kann. Andererseits erfahren so möglicherweise sowohl das betroffene Kind als auch die anderen Kinder in der Gruppe durch die (zeitweise) Separation, dass es nicht dazu gehört und kein Mitglied der Gruppe ist, weil es anders ist. Der letztgenannte Effekt muss auf jeden Fall vermieden werden, kann jedoch nur im Kontext der konkreten Gruppe eingeschätzt werden.

- **Das Recht der Kinder auf Selbstbestimmung – das Recht der Kinder auf Beteiligung.**
Inklusion betont zwei wesentliche Aspekte, die miteinander in Konflikt geraten können. Zum einen ist das Recht jeden Kindes auf Individualität und Selbstbestimmung zentraler Bestandteil inklusiver Konzepte. Kinder sollen starke Kinder werden, die ihre Bedürfnisse und ihre Interessen kennen und kommunizieren können. Dabei haben sie ein Recht darauf, sich als einzigartig zu erleben und von anderen Kindern zu unterscheiden. Dazu gehört auch, dass Kinder bestimmen, mit wem sie (nicht) spielen wollen. Andererseits spielt auf der Gruppenebene die Unterstützung von Kommunikation und die Moderation von Beziehungen eine große Rolle, gerade wenn Kinder mit sehr unterschiedlichem Entwicklungsstand in der Gruppe sind. Einige Kinder werden aufgrund ihrer schwierigen Verhaltensweisen von anderen Kindern gemieden, andere haben von sich aus die Tendenz, sich zurückziehen. Pädagoginnen und Pädagogen müssen entscheiden, wann sie Kindern individuellen Rückzug oder Kleingruppenbildung zugestehen und wann sie sie herausfordern, alternative soziale Konstellationen zu erproben.

- **Unterschiedliche Bildungsvorstellungen in Kindergarten und Schule**
Aufgrund der Entwicklungsgeschichte, der gesellschaftlichen Aufgaben und des unterschiedlichen Alters der Kinder in Kindergarten und Schule haben sich vielfach unterschiedliche Vorstellungen entwickelt – Vorstellungen über den Charak-

ter kindlicher Bildungsprozesse und dementsprechend über die wichtigen Inhalte, die begünstigenden Einflüsse und die nötigen Rahmenbedingungen von Lernen und Bildung. Unser Verständnis von frühkindlichem Lernen orientiert sich stark an Vorstellungen von ganzheitlichem Lernen in allen Entwicklungsbereichen, von Lernen und Entwicklung in sozialen Bezügen und der eigenaktiven Bildung des Kindes in Auseinandersetzung mit seiner Umwelt. Die Individualität von Lernprozessen und Bildungsergebnissen fügt sich sehr gut in Inklusionskonzepte ein. Andererseits werden Pädagoginnen und Eltern am Übergang der Kinder in die Schule oft mit einem Bildungsverständnis konfrontiert, das Leistungsvergleiche, die Möglichkeit des Scheiterns und Selektionsfunktionen beinhaltet; dies gilt besonders im mehrgliedrigen Schulsystem bzw. dort, wo es Sonderschulen für Kinder mit sonderpädagogischem Förderbedarf gibt. Manchmal sehen sich Erzieher/innen und Vorschullehrer/innen unter Druck gesetzt, schulvorbereitende Inhalte vermitteln zu müssen, die den Bedürfnissen und Fähigkeiten der Kinder nicht entsprechen. Hier liegt die Herausforderung, ein inklusives Verständnis von individuellen und gleichwertigen Bildungsprozessen gegen unterschiedliche anderslautende Ansprüche zu verteidigen und dabei gleichzeitig *allen* Kindern den Zugang zu anspruchsvollen Themen und Inhalten zu ermöglichen.

Maria Kron

11 Zusammen (auf)wachsen – Unterschiedlichkeit erleben

Die Prinzipien, die wir nun am Ende vorgestellt haben, fassen zusammen, was in der Praxis lebendig werden kann, wenn inklusive Erziehung realisiert wird. Auch die Fragen, die offen bleiben bzw. nur in der jeweiligen Situation zu beantworten sind, zeigen, dass eine reflexive Pädagogik erforderlich ist, um die gemeinsame Sozialisation der Kinder zu unterstützen. Barrieren der Teilhabe zu reduzieren – das ist das Ziel der gemeinsamen Erziehung aller Kinder. Jeder Junge, jedes Mädchen soll die Möglichkeit haben, in einer Gruppe von Kindern aufzuwachsen, in der er/es die Verschiedenheit der Menschen und damit einen Ausschnitt der gesellschaftlichen Normalität erleben kann, in der keine institutionelle Auslese und soziale Diskriminierung statt findet. Jedes Kind soll die Möglichkeit haben, individuelle Unterstützung wie Gemeinsamkeit in einer heterogenen Gruppe zu erleben, die die gesellschaftliche Realität spiegelt. Wo, wenn nicht in der frühen Kindheit, wird die Grundlage gelegt, dieses Prinzip als lebensnah und selbstverständlich zu erfahren? In unserer immer heterogener werdenden Gesellschaft brauchen wir die verbindende Grundlage, dass individuelle Unterschiede respektiert und nicht als Abweichung bewertet werden, wenn sich diese Gesellschaft nicht in einzelne soziale Formationen aufspalten soll. Frühe Erfahrungen, was gemeinsam möglich ist, ohne dass dabei die eigene Identität aufgegeben werden muss, sind ein gutes Startkapital dafür.

Viele Kinder (wie Jugendliche und Erwachsene) sind in unserer Gesellschaft benachteiligt oder von Benachteiligung bedroht. Dies betrifft Kinder aus sozio-ökonomisch schwachen Familien, Kinder mit Migrationshintergrund, Kinder mit Behinderung und etliche Kinder mit anderer Ausgangsbasis. Für alle gilt das Recht, nicht auf Grund ihrer Herkunft oder individuellen Ausstattung marginalisiert zu werden. In diesem Manual haben wir Kinder mit Behinderung besonders berücksichtigt. Dies hat seinen Grund nicht nur darin, dass 2006 die UN-Konvention über die Rechte von Menschen mit Behinderung verabschiedet und in den Folgejahren von sehr vielen Ländern (2008 auch von Deutschland) ratifiziert wurde; hier wird der Abbau von Barrieren der Teilhabe zur Pflicht im Sinne eines Menschenrechts. Unser Ausgangspunkt war auch und vor allem, denjenigen, die neuerdings, zukünftig oder schon immer in der gemeinsamen Bildung und Erziehung arbeiten (werden), Unterstützung und Anregungen zu geben. Denn in vielen europäischen Ländern ist oder war die gemeinsame Erziehung von Kindern mit und Kindern ohne Behinderung keineswegs selbstverständlich. Durch eigens geschaffene institutionelle Systeme der Erziehung und Bildung für diese Kinder mit besonderen pädagogischen Bedürfnissen wurden sie nachhaltig aus der allgemeinen Bildung und Erziehung ausgegrenzt. Eine inklusive Erziehung, die auch diese Kinder einschließt, bringt daher (immer noch) viele Erzieher/innen, Sozialpädagogen/ Sozialpädagoginnen und Lehrer/innen in neue herausfordernde Situationen. Aber auch diejenigen, die schon lange in der gemeinsamen Erziehung arbeiten, suchen oft nach Beispielen und Materialien, die ihnen bei der Gestaltung ihrer anspruchsvollen Aufgabe Anregungen geben können.

Als eine Antwort darauf haben wir die unterschiedlichen Erfahrungen, Strategien und deutlich verschiedenen Arbeitsweisen aus fünf europäischen Ländern analysiert; wir können damit zeigen, wie inklusive Bildung und Erziehung konkret aussehen kann und welche gemeinsamen Leitlinien dennoch all den unterschiedlichen Praktiken zu Grunde liegen. Dies mag einen Teil der Leser/innen in ihrer Arbeit bestärkt haben, andere werden neue Anregungen und wieder anderen konkrete Hilfestellung und vielleicht den Mut finden, in solchen heterogenen Gruppen zu arbeiten. In jedem Fall wünschen wir, dass die Beispiele der unterschiedlichen Wege inklusiver Erziehung in europäischen Ländern unseren Blick weiten und unsere Konzepte für neue Ideen öffnen können. Die Kompetenz und der Ideenreichtum von Erziehern/ Erzieherinnen, Sozialpädagogen/ Sozialpädagoginnen und Lehrern/ Lehrerinnen machen Kindertageseinrichtung, pre-school und école maternelle zu einem Raum, in dem Kindheit nachhaltig positiv auf dem weiteren Weg der Jungen und Mädchen wirken kann.

12 Literatur

Kap. 2.1
Bailey, J. (1998): Medical and psychological models in special education needs. In: Clark, C., Dyson, A., Millward, A. (Ed.): Theorising special education. London: Routledge.

Clark, C., Dyson, A., Millward, A. (1998): Theorising special education. Time to move on? In: Clark, C., Dyson, A., Millward, A. (Ed.): Theorising special education. London: Routledge.

Dyson, A., Millward, A. (2000): Schools and special needs – issues of innovation and inclusion. London: Sage.

Emanuelsson, I. (2001): Reactive versus proactive support coordinator roles. An international comparision. In: European Journal of Special Needs Education. vol. 16, no. 2, 133-142.

Emanuelsson, I., Persson, B., Rosenqvist, J. (2001): Forskning inom det specialpedagogiska området – en kunskapsöversikt. Stockholm: Skolverket. (Research within the special educational field – comprehensive review.)

Gustavsson, A. (2004): Inledning. In: Gustavsson, A. (red.): Delaktighetens språk. Lund: Studentlitteratur. (The language of participation)

Göransson, K. (2007): Olikhetens plats i den inkluderande skolan. In: Andersson, B., Thorsson, L. (red.): Därför inkludering. Härnösand: Specialpedagogiska institutet. (The place of difference in the inclusive school.)

Nilholm, C. (2003): Perspektiv på specialpedagogik. Lund: Studentlitteratur. (Perspective on special education.)

Nilholm, C. (2006): Inkludering av elever "i behov av särskilt stöd" – Vad betyder det och vad vet vi? Stockholm: Myndigheten för skolutveckling. (Inclusion of students "in need of special support" – What does it mean and what do we know?)

Skrtic, T. (1995): Disability and democracy. Reconstructing (special) education for postmodernity. New York: Teachers College Press.

Tössebro, J., Kittelsaa, A. (2003): The study of disabled people's living conditions – a review and analysis. Propositionspaper published by Institutt för socialt abred. NTNU.

Kap. 2.2
Armstrong, F. (1998): Curricula, Management and Special and Inclusive education. In: Clough, P. (Ed.): Managing Inclusive Education. From Policy to Experience. London: Paul Chapman, 48-63.

Bourdieu, P. (Ed.) (1993): La misère du monde. Paris: Ed de Minuit.

Castel, R. (1995): Les métamorphoses de la question sociale. Une chronique du salariat. Paris: Fayard.

Castel, R. (2006): L'insécurité sociale. Paris: Seuil.

Chauvière, M. (2007): Trop de gestion tue le social. Essai sur une discrète chalandisation. Paris: La Découverte.

De la Taille, Y., Silva de Sousa, L., Vizioli, L. (2004): Etica e inclusão. Uma revisão da litteratura educational de 1990 a 2003. In: Educação e Pesquisa (Universidade São Paulo), vol. 30, no. 1, 91-108.

Herrou, C., Korff-Sausse, S. (1999): Intégration collective des jeunes enfants handicapés. Semblables et différents. Toulouse: Erès.

Hinz, A. (2002): Von der Integration zur Inklusion – terminologisches Spiel oder konzeptionelle Weiterentwicklung? In: Zeitschrift für Heilpädagogik, 9/2002, 354-361.

Kristeva, J. (2003): Lettre au Président de la République sur les citoyens en situation de handicap, à l'usage de ceux qui le sont et de ceux qui ne le sont pas. Paris: Fayard.

Manço, A. (1999): Intégration et identités. Stratégies et positions des jeunes issus de l'immigration. Paris-Bruxelles: De Boeck Université.

Plaisance, E. (2007): The integration of "disabled" children in ordinary schools in France: a new challenge. In: Barton, L., Armstrong, F. (Ed): Policy, Experience and Change. Cross Cultural Reflection on Inclusive Education. Dordrecht: Springer, 37-51.

Plaisance, E., Belmont, B., Verillon, A., Schneider, C. (2007): Intégration ou inclusion? Éléments pour contribuer au débat. In: La nouvelle revue de l'adaptation et de la scolarisation, no. 37, 159-164.

Kap. 2.3

DECET-Networks (Diversity in Early Childhood Education and Training): Keulen van, A. et al. (Ed.) (2004): Diversity and Equity in Early Childhood Training in Europe. DECET Network. URL: http://www.decet.org/decet_manual.pdf

Fuchs, M. (2007): Diversity und Differenz – Konzeptionelle Überlegungen. In: Krell, G. u. a. (Hg.): Diversity Studies. Grundlagen und disziplinäre Ansätze. Frankfurt, N. Y.: Campus, 16-34.

Hanson, M. J. (2002): Cultural and Linguistic Diversity. Influence on Preschool Inclusion. In: Odom, S. L. (Ed.) (2002): Widening the Circle. Including Children with Disabilities in Preschool Programs. N. Y.: Teachers College Press, 137-153.

Honneth, A. (1992): Kampf um Anerkennung. Zur moralischen Grammatik sozialer Konflikte. Frankfurt: Suhrkamp.

Krell, G. et al. (Hg.) (2007): Diversity Studies. Grundlagen und disziplinäre Ansätze. Frankfurt, N. Y.: Campus.

Kron, M. (2008): Integration als Einigung – Integrative Prozesse und ihre Gefährdungen auf Gruppenebene. In: Kreuzer, M., Ytterhus, B. (Hg.): Dabei sein ist nicht alles. München: Reinhardt, 189-199.

Odom, S. L. et al. (2002): Social Relationships of Children with Disabilities and Their Peers in Inclusive Preschool Classrooms. In: Odom, S. L. (Ed.) (2002): Widening the Circle. Including Children with Disabilities in Preschool Programs. N. Y.: Teachers College Press, 61-80.

Prengel, A. (1993/2006.3): Pädagogik der Vielfalt. Wiesbaden: VS Verlag für Sozialwissenschaften.

Sennett, R. (2004): Respekt im Zeitalter der Ungleichheit. Berlin: Berliner Taschenbuch Verlag. (Orig.: Respect in a world of unequality: N. Y.: W. W. Norton 2002.)

Textor, M. (1999): Qualität der Kindertagesbetreuung: Ziele des Netzwerks Kinderbetreuung der Europäischen Kommission. In: Nachrichtendienst des Deutschen Vereins für öffentliche und private Fürsorge, 1999, 79, 17-24.

Vandenbroeck, M. (2007): Beyond anti-bias education. Changing conceptions of diversity and equity in European early childhood education. In: European Early Childhood Education Research Journal, 15, 1/2007, 21-35.

Kap. 3.1

Bredekamp, S., Copple, C. (Ed.) (1997): Developmentally appropriate practice in early childhood programs (rev. Ed.). Washington, DC: National Association for the Education of Young Children.

Burchinal, M., Roberts, J. E., Nabors, L. A., Bryant, D. M. (1996): Quality of center child care and infant cognitive development and language development. In: Child Development, 67, 301-314.

Cost, Quality and Child Outcomes Study Team. (1995): Cost, quality and child outcomes in child care centers. Executive summary. Boulder: University of Colorado.

Dunn, L. (1993): Proximal and distal features of day care quality and children's development. In: Early Childhood Research Quarterly, 8, 167-192.

Dunst, C., Trivette, C., Humphries, T., Raab, M., Roper, N. (2001): Contrasting approaches to natural learning environment interventions. In: Infants and Young Children, 14 (2), 48-63.

Elkind, D. (2007): The power of play. How spontaneous, imaginative activities lead to happier children. Cambridge, MA: DaCapo Press.

McWilliam, R. (2007): Engaging every child in the preschool classroom. Baltimore, MD: Brookes.

McWilliam, R., Trivette, C., Dunst, C. (1985): Behaviour engagement as a measure of the efficacy of early intervention. In: Analysis and Intervention in Developmental Disabilities, 5, 33-45.

Mead, M. (1954): Research on primitive children. In: Carmichel, L. (Ed.): Manual of child psychology. N.Y.: Willey, 735-780.

Odom, S., Bailey, D. (2000): Inclusive preschool programs. Ecology and child outcomes. In: Guralnick, M. (Ed.): Early childhood focus on change. Baltimore, MD: Brookes, 253-276.

Postman, N. (1985): The disappearence of childhood. In: *Childhood Education*, 286.

Sandall, S. R., Schwartz, I. S. (2002): Building Blocks. Strategies for including preschool children with special needs. Baltimore, MD: Brookes.

Vigotsky, L. (1978): Mind in society. The development of higher psychological processes. Cambridge, MA: Harvard University Press.

Wolery, M., Strain, P., Bailey, D. (1992): Reaching potentials of children with special needs. In: Bredekamp, S., Rosegrant, T. (Ed.): Reaching potentials. Appropriate curriculum and assessment for young children. In: National Association for the Education of Young Children, vol. 1,92-113.

Wolery, M., Wilbers, J. (Ed.) (1994): Including children with special needs in preschool programs. Research and implications for practice. In: National Association for the Education of Young Children.

Kap. 3.2

Bakonyi, A., Borsi, T., Garai, D., Kerekes, V., Schiffer, Cs., Tamás, K., Zászkaliczky, P. (2008): Country Report of Hungary. In: Early Childhood Education in Inclusive Settings – Basis, Background and Framework of Inclusive Early Education in Five European Countries. Siegen: ZPE, 153-224.

Booth, T., Ainscow, M., Kingston, D. (2006): Index for Inclusion. Developing play, learning and participation in early years and childcare. Bristol: Center of Studies on Inclusive Education

Bowlby, J. (1988): A Secure Base: Parent-Child Attachment and Healthy Human Development. London: Routlegdge.

Harbin, G. L., McWilliam, R. A., Gallangher, J. J. (2000): Services for young children with disabilities and their families. In: Shonkoff, J. P., Meisels, S. J. (Ed.): Handbook of Early Childhood Intervention, 2nd ed., Cambridge: University Press.

Lieberman, M. A., Yalom, I. D., Miles, M. B. (1973): Encounter groups. First facts. N.Y.: Basic Books.

Oberhuemer, P. (2000): Conceptualizing the Professional Role in Early Childhood Centers. Emerging Profiles in Four European Countries. In: Early Childhood Research and Practice vol. 2, no. 2. URL: http://www.ecrp.uiuc.edu/v2n2/oberhuemer.html .

Rogers, C. (1951.): Client-Centered Therapy. Houghton: Mifflin Company.

Soriano, V. (2005): Early Childhood Intervention. Analysis of Situations in Europe. In: Lieber, J. A., Beckman et al. (1997): The impact of changing roles on relationships between adults in inclusive programs for young children. In: Early Education and Development, 8, 67-82.

Kap. 3.3

Booth, T., Ainscow, M., Kingston, D. (2006): Index for Inclusion. Developing play, learning and participation in early years and childcare. Bristol: Center of Studies on Inclusive Education

Kovács Gy., Bakosi, É. (2004, 2005): Óvodapedagógia I. és II. Budapest: Szerz i kiadás.

Kovács Gy., Bakosi, É. (2005): Játék az óvodában. Debrecen: Didakt Kiadó.

Kron, M. (Ed.) (2008): Basis, Background and Framework of Inclusive Early Education in Five European Countries: France, Germany, Hungary, Portugal, Sweden. Siegen: ZPE

Mérei, F., Binét, Á. (1975): Gyermeklélektan. Budapest: Gondolat, 135-137.

Molnár, M. (1997): Az irányított nevelés és a szabad nevelés dilemmája. In: Bábosik I. (szerk.): A modern nevelés elmélete. Budapest: Telosz Kiadó, 63-85.

Kap. 3.4

Bailey, D. B., Wolery, M. (1992): Teaching Infants and preschoolers with disabilities. Columbus, OH: Merril.

Bricker, D. (1989): Early intervention for at-risk and handicapped infants, toddlers and preschool children. Paolo Alto, CA: Vort.

Brown, W. H., Odom, S. L., McConnell, S. R. (2007): Social Competence of Young Children. Risk, Disability, and Intervention. Baltimore, MD: Paul Brookes.

Gordon, J. (1987): Assumptions underlying physical therapy intervention. Theoretical and historical perspectives. In: Carr, J. H., Shepherd, R. B., Gordon, J. (Ed.): Movement science. Foundations for physical therapy in rehabilitation. Gaithesburg, MD: Aspen Publishers.

Hanft, B. E., Pilkington, K. O. (2000): Therapy in natural environments. The means or end goal for Early Intervention? In: Infants and Young Children, 12 (4), 1-13.

Harbin, G. L., Gallagher, J. J., Terry, D. V. (1991): Defining the eligible population. Policy issues and challenges. In: Journal of Early Intervention, 15, 13-20.

McWilliam, R. A. (1996): A program of research on integrated versus isolated treatment. In: McWilliam, R. A. (Ed.): Rethinking pull-out services in early intervention. Baltimore, MD: Paul Brookes, 71-102.

Odom, S. L., Horn, E. M., Marquart, J., Hanson, M. J., Wolfberg, P., Beckman, P. J., Lieber, J., Li, S., Schwartz, I., Janko, S., Sandall, S. (1999): On the forms of inclusion. Organizational context and individualized service delivery models. In: Journal of Early Intervention, 21, 283-293.

Sandall, S. R., Schwartz, I. S. (2002): Building Blocks. Strategies for including preschool children with special needs. Baltimore, MD: Paul Brookes.

Sandall, S., McLean, M. E., Smith, B. J. (2000): DEC recommended practices in early intervention/ early childhood special education. Longmont, CO: Sopris West.

Stokes, T. F., Baer, D. L. (1977): An implicit technology of generalization. Journal of Applied Behaviour Analysis, 10, 349-367.

Warren, S. F., Horn, E. M. (1996): Generalization issues in providing Integrated services. In: McWilliam, R. A. (Ed.): Rethinking pull-out services in early intervention. Baltimore, MD: Paul Brookes, 121-143.

Widerstrom, A. H. (2004): Achieving learning goals through play. Baltimore, MD: Paul Brookes.

Wolery, M. (1996): Early childhood special and general education. In: McWilliam, R. A.: Rethinking pull-out services in early intervention. Baltimore, MD: Paul Brookes.

Wolery, M., Strain, P., Bailey, D. (1992): Reaching potentials of children with special needs. In: Bredekamp, S., Rosegrant, T. (Eds.): Reaching potentials. Appropriate curriculum and assessment for young children. In: National Association for the Education of Young Children, vol. 1, 92-113.

Yoder, P. J., Warren, S. F. (1993): Can developmentally delayed children's language development be enhanced through prelinguistic intervention? In: Kaiser, A., Gray, D. (Eds.): Enhancing children's communication. Research foundations for intervention. Baltimore, MD: Paul Brookes, 35-61

Kap. 3.5

Belmont, B. (1999) : Un partenariat éducatif est-il possible avec tous les parents? In: Nouvelle revue de l'AIS, no. 7, 41-48.

Belmont, B., Vérillon, A. (2004): Collaborations dans le cadre de l'intégration scolaire d'enfants handicapés. In: Marcel, J. F.: Les pratiques enseignantes hors la classe. Paris: L'Harmattan.

Booth, T., Ainscow, M. (2000): Index for Inclusion. Bristol: Centre for Studies on Inclusive Education.

Breton, J., Belmont, B. (1984): Les différents milieux sociaux face à l'école. In: CRESAS, Ouvertures. L'ecole, la crèche, les familles. Paris: L'Harmattan-INRP.

Desforges, C., Abouchaar, A. (2003): The Impact of Parental Involvement, Parental support and falily education on Pupil Achievement and Ajustment. A litterature review. London: Department for education and skills.

Dubet, F. (dir) (1996): Ecole et familles. Le malentendu. Paris: Textuel.

Favre, B., Jaeggi, J. M., Osiek, F. (2004): Famille, école et collectivité. La situation des enfants de milieux populaires. Genève: Service de la recherche en éducation.

Glasman, D. (1992): L'école réinventée? Le partenariat dans les zones d'éducation prioritaires. Paris: L'Harmattan.

Herrou, C., Korff-Sausse, S. (1999): Intégration collective des jeunes enfants handicapés. Semblables et différents. Ramonville Saint-Agne: Erès.

Kron, M. (2008): Inclusive Early Education in European Countries. Common Ground and Differences. A Résumé. In: Kron, M. (Hg.) (2008): Early Childhood Education in Inclusive Settings. Siegen: ZPE, 7-41.

Lantier, N., Vérillon, A., Belmont, B., Waysand, E., Aublé, J. P. (1994): Enfants handicapés à l'école. Des instituteurs parlent de leurs pratiques. Paris: INRP-L'Harmattan.

Montandon, C. (1991): L'école dans la vie des familles. In: Genève: Cahiers du Service de recherche sociologique, no 32.

OECD (2003): Analyse des politiques éducatives. Paris: OCDE.

Thin, D. (1998): Quartiers populaires, l'école et les familles. Lyon: PUL.

UNESCO (1994): The Salamanca Statement and Framework for Action on Special Needs Education. Paris: UNESCO.

Van Zanten, A. (1990). L'école et l'espace local, les enjeux des Zones d'éducation prioritaires. Lyon: PUL.

Kap. 3.6

Burchinal, M. R., Cryer, D. (2003): Diversity, child care quality and developmental outcomes. In: Early Childhood Research Quarterly, 18, 401-426.

Burchinal, M. R., Cryer, D., Clifford, R. M., Howes, C. (2002): Caregiver training and classroom quality in child care centers. In: Applied Developmental Science, 6 (1), 2-11.

Cassidy, D. J., Hestenes, L. L., Hegde, A., Hestenes, S., Mims, S. (2005): Measurement of quality in preschool child care classrooms. An exploratory and confimatory factor analysis of the early childhood environment rating scale – revised. In: Early Childhood Research Quarterly, 20, 345-360.

Chen, J.-Q., Chang, C. (2006): Testing the Whole Teacher Approach to Professional Development. A Study of Enhancing Early Childhood Teachers' Technology Proficiency. In: Early Childhood Research and Practice, 8 (1), 1-18.

de Kruif, R. E. L., McWilliam, R. A., Ridley, S. M., Wakely, M. B. (2000): Classification of teachers' interaction behaviours in early childhood classrooms. In: Early Childhood Research Quarterly, 15, 247-268.

Dickinson, D. K., Caswell, L. (2007): Building support for language and early literacy in preschool classrooms through in-serve professional development. Effects of the Literacy Environment Enrichment Program (LEEP). In: Early Childhood Research Quarterly, 22 (2), 243-260.

Early, D. M., Bryant, D. M., Pianta, R. C., Clifford, R. M., Burchinal, M. R., Ritchie, S., Howes, C., Barbarin, O. (2006): Are teachers' education, major, and credentials related to classroom quality and children's academic gains in pre-kindergarten? In: Early Childhood Research Quarterly, 21, 174-195.

Early, D. M., Maxwell, K. L., Burchinal, M., Bender, R. H., Ebanks, C., Henry, G. T., Iriondo-Perez, J., Mashburn, A. J., Pianta, R. C., Alva, S., Bryant, D., Cai, K., Clifford, R. M., Griffin, J. A., Howes, C., Jeon, H-J., Peisner-Feinberg, E., Vanderfrift, N., Zill, N. (2007): Teachers' Education, Classroom Quality and Young Children's Academic Skills. Results From Seven Studies of Preschool Programs. In: Child Development, 78 (2), 558-580.

Jackson, B., Larzelere, R., St. Clair, L., Corr, M., Fichter, C., Egertson, H. (2006): The impact of HeadsUP! Reading on early childhood educators' literacy practices and preschool children's literacy skills. In: Early Childhood Research Quarterly, 21 (2), 213-226.

Justice, L. M., Mashburn, A. J., Hamre, B. K., Pianta, R. C. (2008): Quality of language and literacy instruction in preschool classrooms serving at risk pupils. In: Early Childhood Research Quarterly, 23 (1), 51-68.

Karlsson, M., Björck-Åkesson, E., Granlund, M. (2008): Changing services to children with disabilities and their families through professional development – is the organization affected? In: European Journal of Special Needs Education, 23 (3), 207-222.

Landry, S. H., Swank, P. R., Smith, K. E. (2006): Enhancing Early Literacy Skills for Preschool Children. Bringing a Professional Development Model to Scale. In: Journal of Learning Disabilities, 39 (4), 306-325.

LoCasale-Crouch, J., Konold, T., Pianta, R., Howes, C., Burchinal, M., Bryant, D., Clifford, R., Early, D., Barbarin, O. (2007): Observed classroom quality profiles in state funded pre-kindergarten programs and associations with teacher, program, and classroom characteristics. In: Early Childhood Research Quarterly, 22, 3-17.

Mashburn, A. J., Pianta, R. C., Hamre, B. K., Downer, J. T., Barbarin, O. A., Bryant, D., Burchinal, M., Early, D. M. (2008): Measures of classroom quality in pre-kindergarten and children's development of academic, language and social skills. In: Child Development, 79 (3), 732-749.

Sheridan, S. (2007): Dimensions of pedagogical quality in preschool. In: International Journal of Early Years Education, 15 (2), 197-217.

Slider, N. J., Noell, G. H., Williams, K. L. (2006): Providing Practicing Teachers Classroom Management Professional Development in a Brief Self-Study Format. In: Journal of Behavioural Education, 15 (4), 215-228.

Kap. 3.7

Belmont, B., Vérillon, A. (2004): Relier les territoires par la collaboration des acteurs. In: Poizat, D. (Ed): Education et handicap. Ramonville Saint-Agne: Erès.

Booth, T., Ainscow, M. (2002): Index for Inclusion. Bristol: Centre for Studies on Inclusive Education. [Übersetzt, für deutschsprachige Verhältnisse bearbeitet, hg. von und zu beziehen über Ines Boban und Andreas Hinz, Martin-Luther-Universität Halle-Wittenberg.]

Booth, T., Ainscow, M., Kingston, D. (2006): Index for Inclusion. Developing play, learning and partipation in early years and childcare. Bristol: Centre for Studies on Inclusive Education. [Übersetzt, für deutschsprachige Verhältnisse / Kindertageseinrichtungen bearbeitet, hg. von und zu beziehen über GEW Hauptvorstand Frankfurt/M.]

Bréauté, M., Rayna, S. (1995): Jouer et connaître chez les tout-petits. Des pratiques éducatives nouvelles pour la petite enfance. Paris: Mairie de Paris/INRP.

Chauvière, M., Plaisance, E. (2008): Les conditions d'une culture partagée. In: Reliance, no. 27, 31-44.

CRESAS (2000): On n'enseigne pas tout seul. Paris: INRP.

Gather Thurler, M. (1994): Relations professionnelles et culture des établissements scolaires. Au-delà du culte de l'individualisme? In: Revue française de pédagogie, no. 109, 19-39.

Gather Thurler, M. (2004): Stratégies d'innovation et place des acteurs. In: Bronckart, J. P., Gather Thurler, M.: Transformer l'école. Bruxelles: De Boeck.

Gather Thurler, M., Perrenoud, P. (2005): Coopération entre enseignants. La formation initiale doit-elle devancer les pratiques? In: Recherche et formation, no. 49, 91-105.

Herrou, C., Korff-Sausse, S. (1999): Intégration collective des jeunes enfants handicapés. Semblables et différents. Ramonville Saint-Agne: Erès.

Hugon, M. A., Hardy, M. (2006): Susciter des dynamiques de découverte et de changement. Analyse de formations interactives dans le premier et le second degrés. In: Recherche et formation, no. 51, 57-72.

OCDE (1999): L'insertion scolaire des handicapés. Des établissements pour tous. Paris: OCDE.

Plaisance E., Bouve C., Grospiron M.F., Schneider C. (2006a) : Petite enfance et handicap. La prise en charge des enfants handicapés dans les équipements collectifs de la petite enfance. Dossier d'étude, no. 66, CNAF.

Plaisance E., Bouve C., Schneider C. (2006b). Petite enfance et handicap. Quelles réponses aux besoins d'accueil? Recherches et prévisions (CNAF), no. 84, 53-66.

Rayna, S., Dajez, F. (Ed.) (1997): Formation, petite enfance et partenariat. Paris: INRP, Collection CRESAS, no. 13.

Schön, D. (1994): Le praticien réflexif. Montréal: Editions logiques.

UNESCO (1994): Déclaration de Salamanque et cadre d'action pour les besoins éducatifs spéciaux. Paris: UNESCO.

Vérillon, A., Belmont, B. (1999): Integration of disabled children in French schools. Partnership between mainstream school teachers and specialist professionals. In: European Journal of Special Needs Education, vol. 14, no. 1, 1-11.

Kap. 3.8

Hinz, R. (2007): Kindliche Entwicklung im Vor- und Grundschulalter. In: Brokmann-Nooren, C. et al. (Hg.): Bildung und Lernen der Drei- bis Achtjährigen. Bad Heilbrunn: Klinkhardt, 14-28.

Liegle, L. (2003): Kind und Kindheit. In: Fried, L. et al. (Hg.): Einführung in die Pädagogik der frühen Kindheit. Weinheim: Beltz, 14-53.

Schütz, A., Luckmann, T. (2003): Strukturen der Lebenswelt. Weinheim, Basel, Berlin: Beltz/UTB.

Treibel, A. (2006.7): Einführung in soziologische Theorien der Gegenwart. Wiesbaden: Verlag für Sozialwissenschaften.

Kap. 3.9

Dockett, S., Perry, B. (2001): Starting School. Effective Transitions. In: Early Childhood Research and Practice. Fall 1, vol. 3, no. 2.

Early, D. M., Pianta, R. C., Taylor, L. C., Cox, M. J. (2001): Transition practices. Findings from a natural survey of kindergarten teachers. In: Early Childhood Education Journal, 28 (3), 199-206.

Ladd, G. W., Birch, S. H., Buhs, E. S. (1999): Childrens social and scholastic lives in kindergarten. Related spheres of influence? In: Child Development, 70 (6), 1375-1400.

Pianta, R. C., Cox, M. E. (2001): Preface / The transition to kindergarten. In: Canadian Journal of Research in Early Childhood Education, vol. 8, no.4, 83-89.

Pianta, R. C., Kraft- Sayre, M. (2003): Successful kindergarten transition. Your guide to connecting children, families and schools. Baltimore, MD: Paul H. Brookes.

Pramling, I., Klerfelt, A., Williams Graneld, P. (1995): "Först var det roligt sen blev det tråkigt och sen vande man sig" – barns möte med skolans värld. "First it was fun, then it was boring and the one got used to it" – children's meeting with the world at school. Göteborgs universitet: Institutionen för pedagogic, Rapport nr. 9.

Rimm-Kaufman, S. E., Pianta, R. C., Cox, M. J. (2000): Teacher's judgement of problems in the transition to kindergarten. In: Early Childhood Research Quarterly, 15 (2), 147-166.

Vuorinen, T. (2006): Övergången mellan förskola och skola – sett ur flickors och pojkars perspektiv. Transition between preschool and school – from a perspective of girls and boys. Västerås: Mälardalens högskola, Institutionen för sociologi och beteendekunskap.

Kap. 4

Kron, M. (Ed.) (2008): Basis, Background and Framework of Inclusive Early Education in Five European Countries: France, Germany, Hungary, Portugal, Sweden. Siegen: ZPE.

Kron, M., Papke, B. (2006): Frühe Erziehung, Bildung und Betreuung von Kindern mit Behinderung. Bad Heilbrunn: Klinkhardt

13 Autorenspiegel

Autorinnen und Autoren, Forscher und Forscherinnen, Erzieherinnen, Lehrerinnen und Übersetzerinnen, die an dem Manual und/ oder in dem Projekt „Inklusive frühkindliche Erziehung und Bildung"/ „Early Childhood Education in Inclusive Settings" (ECEIS) mitgearbeitet haben

Alle genannten Personen und Einrichtungen freuen sich, an dieser Stelle als Mitglieder der gemeinsamen Arbeit in ECEIS namentlich zu erscheinen. Auf Grund ethischer Verpflichtung der wissenschaftlichen Forschung, die von dem *„Schwedischen Rat für Forschung in der Human- und Sozialwissenschaften'* (HSFR) entwickelt wurden, bleiben die schwedischen Einrichtungen, die an dem Projekt teilnahmen, jedoch anonym.

Deutschland:
Maria Kron, Diplom-Psychologin, Professorin der Sonder-und Heilpädagogik und Inklusion, Universität Siegen; wissenschaftliche Forschung und Koordination des Projekts ECEIS.
Birgit Papke, Dipl. Päd., Universität Siegen; wissenschaftliche Mitarbeiterin in Forschung und Koordination des Projekts ECEIS, Dozentin der Universität Siegen.
Stephanie Schür, Dipl. Päd., wissenschaftliche Mitarbeiterin in dem Projekt ECEIS, Promovendin der Universität Siegen.
Marcus Windisch, Dipl.Soz.arb., Universität Siegen; wissenschaftlicher Mitarbeiter in Forschung und Koordination des Projekts ECEIS.
Städtische Kindertageseinrichtung KT 89: Brigitte Hagner, Leiterin, und *das Team der Kindertageseinrichtung,* Frankfurt am Main.
Ludmilla Niemeyer-Wagner, Städtische KiTas Frankfurt am Main, Fachberatung mit dem Schwerpunkt Integration/ Inklusion.
Evangelische Tageseinrichtung für Kinder „Martini": Elisabeth Betz-Requadt, Leiterin, und *das Team der Kindertageseinrichtung,* Siegen.

Frankreich:
Brigitte Belmont, Dipl. Psych., Universität Paris Descarte/ Sorbonne, Paris; wissenschaftliche Forschung in dem Projekt ECEIS.
Aleksandra Pawlowska, Diplom-Erziehungswissenschaftlerin, Promovendin der Universität René Descartes/ Sorbonne, Paris; wissenschaftliche Forschung in dem Projekt ECEIS.

Eric Plaisance, Dipl. Soziologe, Professor der Erziehungswissenschaft, Universität Paris Descartes/ Sorbonne, Paris; wissenschaftliche Forschung in dem Projekt ECEIS.

Cornelia Schneider, Dipl. Soziologin, Assistenzprofessorin, Universität Mount Saint Vincent, Erziehungswissenschaftliche Fakultät, Halifax, Canada (zuvor: Universität René Descartes/ Sorbonne, Paris).

Aliette Verillon, Dipl. Psych., Universität René Descartes/ Sorbonne, Paris, und Nationales Institut für pädagogische Forschung; wissenschaftliche Forschung in dem Projekt ECEIS.

École maternelle Octobre: *Armelle Namy*, Schuldirektorin, und *das Lehrer/innenteam*, Alfortville.

Jardin d'enfants Gulliver: *Cécile Herrou*, Leiterin, und *das Team des Kindergartens*, Paris.

Ungarn:

Dóra Garai, Psychologin (MA, PhD), Eötvös Loránd Universität Budapest, Dozentin für Psychologie an der Gusztáv Bárczi Fakultät für Sonder- und Heilpädagogik; leitende Forscherin des ungarischen Teams in dem Projekt ECEIS.

Valéria Kerekes, MA, Promovendin, Lehrerin, Eötvös Loránd Universität Budapest, Dozentin für Erziehungswissenschaft an der Gusztáv Bárczi Fakultät für Sonder- und Heilpädagogik; wissenschaftliche Forschung in dem Projekt ECEIS.

Csilla Schiffer, MA, Promovendin, Lehrerin der Sonder- und Heilpädagogik, Eötvös Loránd Universität Budapest, Dozentin für Erziehungswissenschaft an der Gusztáv Bárczi Fakultät für Sonder- und Heilpädagogik; wissenschaftliche Forschung in dem Projekt ECEIS.

Katalin Tamás, MA, Promovendin, Lehrerin der Sonder- und Heilpädagogik, Eötvös Loránd Universität Budapest, Dozentin für heilpädagogische Therapie an der Gusztáv Bárczi Fakultät für Sonder- und Heilpädagogik, wissenschaftliche Forschung in dem Projekt ECEIS.

Zsófia Trócsányi, Studentin der Sonder- und Heilpädagogik, Eötvös Loránd Universität Budapest, Mitarbeit in dem Projekt ECEIS.

Júlia Weiszburg, Studentin der Sonder- und Heilpädagogik, Eötvös Loránd Universität Budapest, Mitarbeit in dem Projekt ECEIS.

Péter Zászkaliczky: Professor der Allgemeinen Sonder und Heilpädagogik an der Gusztáv Bárczi Fakultät für Sonder- und Heilpädagogik, Eötvös Loránd Universität Budapest; wissenschaftliche Forschung in dem Projekt ECEIS.

Kindergarten Újpesti Deák Óvoda, Budapest: *das Team des Kindergartens*.

Kindergarten Manoda Óvoda, Budapest: *das Team des Kindergartens*.

Portugal

Ana Serrano, Professorin der Sonderpädagogik und Frühen Intervention, Institut für Kindheitsforschung, Universität Minho, Braga, Vorstandsmitglied von Eurlyaid, wissenschaftliche Forschung in dem Projekt ECEIS.

Joana Lima Afonso, Lehrerin der frühen Erziehung, MA Früherziehung, Universität Minho, Braga, Forschungsassistentin in dem Projekt ECEIS.

Jardim de Infância da Igreja, Vale do Âncora: *Maria Irene Gomes,* Lehrerin der frühen Erziehung, *Anabela Sampaio* und *Rosa Branco,* Sonderpädagoginnen.

Jardim de Infância da Igreja, Vale do Âncora: *Maria Irene Gomes,* Lehrerin der frühen Erziehung, *Anabela Sampaio* und *Rosa Branco,* Sonderpädagoginnen.

Schweden

Kerstin Göransson, ap. Professorin der Pädagogik für Kinder mit besonderen Bedürfnissen an der Mälardalen University in Västeras, arbeitet und forscht zu Themen der inklusiven Erziehung, wissenschaftliche Forschung in dem Projekt ECEIS.

Maria Karlsson, Dozentin der Pädagogik für Kinder mit besonderen Bedürfnissen an der Universität Mälardalen in Västeras und Doktorandin (Sonderpädagogik) der Universität Stockholm; wissenschaftliche Forschung in dem Projekt ECEIS.

Agneta Luttropp, Dozentin der Pädagogik für Kinder mit besonderen Bedürfnissen an der Universität Mälardalen in Västeras und Doktorandin (Sonderpädagogik) der Universität Stockholm; wissenschaftliche Forschung in dem Projekt ECEIS.

Übersetzungen (deutsche Ausgabe):
Kap. 2.1, Kap. 3.1-3.7 und 3.9: Maria Kron. Kap. 2.2: Maria Kron, Cornelia Schneider. Kap. 4.2 und 4.3, Kap. 5-9: Stefanie Schür, Birgit Papke, Marcus Windisch.